NENG LIANG JU YE

HUO LI SI RAN

能量聚业
活力四燃

以供给侧改革理念
促进成人高校转型发展
的探索与建树

费秀壮 ◎ 主编

文汇出版社

目 录

总 揽 篇

供给侧改革为成人高校转型发展再点"心灯"

成人高校，是成年人进一步获得深造的再学习场所，是终身教育的重要组成部分，更是建设学习型社会的骨干力量。

　　成人高校的发展，要与时代脉搏相谐，与社会需要对接，与百姓素养提升接轨。

　　供给侧改革理论，为成人高校在新时代实现转型发展提供了指引方向，为成人高校在新形势满足社会需要提供了动力源泉，为成人高校在新业态优化成人学习提供了广阔空间。

　　供给侧改革理念，为成人高校转型发展再点"心灯"。

　　这个"心灯"重在理念的更新、意识的强化、专业的认知和市场的预判。

审视中国成人高等教育发展历程可以看到，在新中国成立初期，尤其是改革开放以来，随着社会经济的突飞猛进，对人才的需求迅速膨胀。在这种背景下，我国的成人高等教育，迎来了兴旺发达的黄金时期，办学规模不断扩大，就学者源源不断，局面红红火火。这种情况，在20世纪90年代后、21世纪初达到高峰。近十几年来，情况有了很大变化。我国教育领域的总体态势已经今非昔比。经过全社会的努力和二三十年的积累，已培养出相当数量的高端人才，社会上和各行业单位，本、专科学历的成员比例，有了明显的提高。特别值得重视的是我国人口结构的态势发生了重大变化，成人高等教育学龄段学习者群体的人数大幅度下降。

近些年，上海市黄浦区业余大学逐渐意识到这种困境的存在，放宽视野，开始朝着社区教育、老年教育、职业技能培训拓展。但由于多年形成的格局和思维套路的局限，各方面都还存在着原有板块与新辟板块之间互不融通与衔接的弊病，重心未能根本转移，教师与设施，呈现出闲置的依然闲置、不足的照样不足的矛盾，局面并没有真正改观。如果这种情况继续下去，必将出现大部分教师无课可教、设备无处可用、人员无事可做的状态，必将陷入无源之水、无米为炊的困境。

2016年初，黄浦区业余大学基于对国情、校情、学情的了解，正视学校转型发展的要求，正式引入"供给侧改革"的指导理念。同年10月，黄浦区业余大学以"供给侧改革理念　促进区办成人高校转型发展"为题，申报了"黄浦区推进教育综合改革项目"，并于当年底被黄浦区教育局确定为"重点项目"，2017年正式全面启动，时至今日，整整四年。从筹划、申报、实施、推进到结项，是个有计划、有目的、有步骤地逐步推进的过程；从理论引入、需求调研、局部试点、长远规划，又是一个系统思考的过程。黄浦区业余大学在未来很长一段时间，将继续以供给侧改革理念为指导，持续推进各方面的工作实践。

审视过去，在供给侧理念指导下，黄浦区业余大学的各项工作有序开展，有摸索、有思考，也有研究，且形成相关成果，在市、区乃至全国都有一定的影响。

供给侧改革，成人高校转型发展的逻辑必然

一、供给侧改革的基本理论

经济领域的"供给侧改革"是指从供给侧入手、针对供给侧问题而推进的改革。所谓"结构性改革"是指针对经济结构性问题的制度性矛盾而推进的改革。"供给侧"理论即萨伊定理，来源于法国经济学家萨伊的供给自动创造需求。萨伊定律认为："供给创造自己的需求。"此定律是对"供应会自行创造需求"或"生产会自行创造销路"论断的提升。当然，供给侧改革的相关理论与经济学历史一样源远流长，而非始于萨伊定律和供给学派，只不过萨伊和供给学派提出了较鲜明的"供给创造需求"和"供给管理政策"而已。从经济思想史和经济史来看，是供给管理理论而非需求管理理论在历史上居于主导地位。

马克思在《政治经济学批判导言》中指出，作为政治经济学研究领域对象的社会生产和再生产是由生产、分配、交换和消费四个环节构成的有机体系。马克思在论及供给侧理论时，不是孤立地单方面看待供给与需求关系，而是强调对供求关系产生影响的各个要素之间的联系和辩证关系进行研究。习近平总书记在提出"供给侧结构性改革"概念时指出"在适度扩大总需求的同时，着力提高供给质量和效率，增强经济持续增长动力"，其实质是"强调在供给角度实施结构优化、增加有效供给的中长期视野的宏观调控"。

供给侧改革，简言之，就是从供给、生产端入手，通过解除供给约束，积极进行供给干预促进经济发展。

二、教育领域供给侧改革的主要内容

2015年中央经济工作会议后，供给侧改革的理念和实践开始在各个领域持续延伸。尤其是与经济发展密切相关的教育领域，更是因其自身特点和存在的问题而亟待引入供给侧结构性改革理念，推进改革不断深入。2016年1月，李克强总理在对教育工作的重要批示中指出："'十三五'时期，进一步深化教育综合改革，优化调整教育结构。"教育领域供给侧改革的研究成果主要聚焦在以下方面：引领高等教育发展，优化高等教育结构，解决"优化组合"问题和"产能过剩"问题，走创新发展之路；高水平的人才供给是教育供给侧改革的重要策略，加大劳动力供给、多渠道多方式促进劳动力跨地区、跨部门流转，同时大力提高劳动力素质，加大教育

投入力度，提高教育质量、提升人力资本；强调良好的环境对推进教育供给侧改革的重要性；教育供给侧改革需要民办教育机构的加入和参与，激发教育发展的活力；"供给侧"改革应加强"互联网+教育"的研究，实现教育的"精准供给"。

三、成人高等教育领域供给侧改革的内涵界定

将供给侧理论迁移和转化运用到成人高等教育领域，其内涵就是要通过加强政府的政策供给（法律法规、体制机制、促进终身学习奖励举措）满足成人高等教育和社会教育资源整合的需要；通过提升成人高等院校人才培养质量、加强社会服务来满足社会成员选择性学习的多元需求；着力从"供给侧"发力，聚焦成人高等教育内涵发展，推进全方位、全员、全过程供给侧结构性改革，以聚焦结构优化、提质增效、品牌引领提升供给水平为主线，以搭建平台为重点任务，以项目引领、机制优化、借用外脑等举措作为支撑，促进成人高校转型发展。

在当今经济新常态、社会新变化、文化新发展的形势下，人们对接受良好教育有了更多的期待。为了满足这一需求，成人高等教育仍应发挥重要作用。主要表现在：一是有利于促进教育公平。促进教育公平是新一轮教育改革的重要方向，不仅要实现义务教育阶段的公平，还要推进面向全体社会成员的教育，对全体民众的受教育权利和机会给予关注，成人高等教育拥有广泛的教育对象，更具开放性，可以通过提供免费课程和公益活动，充分发挥平等化功能，有利于促使弱势群体通过知识、技能的学习改变自身命运。二是有利于保障学习权利。教育是实现社会公平正义的一个重要平台，尤其是具有全员、全程、全面的特点的成人高等教育。开展成人高等教育的一个重要目的就是唤起人们的学习热情，提供各类社区教育资源，实现有教无类，促进精神资源的再分配，从而保障全体公民的受教育权利。三是有利于完善教育体系。完整的教育体系需要多种类型的教育，各级各类教育应是有机联系的整体，成人高等教育突破了传统的学校教育的框架，在普惠性、多样性、开放性、终身性等方面都具有其他教育类型不可比拟的优势。

需求侧导向，成人高校转型发展的主要方向

一、深度满足个体学习需求

成人学习者或是为了满足自己求职、获得积分，或是为了职位晋升，或是为了

学知识充电，总而言之，对学历教育始终存在一定的需求。在"互联网+"时代，信息技术的飞速发展，带来生产效率的提升，发展动力的变革，学历教育必须与时俱进经历创新才能满足成人学习者的新需求。基于此，黄浦区业余大学每年、每学期都会开展相应的调研，对不同群体学习需求展开调研。经宏观分析后得出相关结论，成人高校的学习需求主要如下：

（一）期望提高社会实践能力

随着社会经济、文化、教育产业结构的调整，成人学习者的知识结构面临新的要求，过去传统的知识结构或多或少已无法单方面满足社会生产要求。为此，他们选择继续学习，期望通过进修解决工作中遇到的实际问题，具有强烈的目标导向性。与此相对应的，学历教育的专业课程注重系统理论知识的学习，能够帮助学习者养成系统思考能力，但是，又因为缺乏对社会实践的解析，往往难以充分调动学习者的积极性和参与性。面对这样供不应需的情况，学校在提供专业课程理论学习的同时，还应适当引入专业培训，注重学习者社会实践能力的提高。

（二）希望创建多种学习方式

成人学习者存在较为突出的工学、家学矛盾，无法保证面授课的出勤率。另一方面，成人学习者趋向年轻化，他们更喜欢在线学习和移动学习的方式方法。越来越多的学习者希望学校能够提供多种教学方式并行的课程模式，例如：在教师的辅导下借助新媒体、新渠道，通过网上学习平台展开自主学习，教学团队开发出更丰富的网上教学资源等。学校应抓住互联网发展机遇，利用信息技术优化课程教学，开展线上线下混合学习，提高教学质量。

（三）渴望获得学习支持服务

受学习时间限制，成人学习者普遍存在学习投入不足、自主学习能力欠缺等问题，渴望得到来自班主任、老师和同伴的更多帮助。学校要全力提供"支持"和"服务"，而不仅仅是管理和监督。例如，在每次面授课后能有针对面授课程重点、难点的总结，便于课后的自主学习；在学习过程中能获得辅导教师对课程重点难点、形成性考核作业的辅导；当未能出席面授辅导课时，学习者能获取与自主学习相关的各种指导，包括当次面授课主要内容、自主学习资源的获取方式等。

二、高度服务社会发展需要

（一）社会需求日益强烈

随着高等教育的普及，人们对学历教育的需求转变为具有差异化、个性化和区域特点、时代特色的社会需求。黄浦区业余大学所在的黄浦区地处上海市中心，是典型的小而精的中心城区，辖区内商业区众多，有打浦桥商圈、淮海中路商圈、南京东路商圈，等等，具有典型的商业特性，这就对从业人员和居民素质提出较高的要求。2017年黄浦区提出"智慧黄浦"和"数字惠民"的建设要求，对辖区内居民的信息化应用水平提出特别要求，黄浦区业余大学对此开展了一系列的项目探索实践活动。

（二）政策需求层出不穷

每年国家和市、区都会出台一些政策，其中有一些是对提升人员素质的培训需求。例如：2017年1月20日上海市第十四届人民代表大会第五次会议通过了《上海市食品安全条例》，另据《上海市餐饮服务从业人员培训和评估考核管理办法》有关规定，餐饮服务从业人员必须按照规定参加食品安全培训，而后参加由市食品药品监督管理局统一命题的网上考试。2018年，随着"二孩"政策的落实，上海市要求开展"育婴员"培训，学校响应上海市政府的号召，在上海开放大学的牵头下向市人力资源和社会保障局申请了该培训项目。为把上海打造成人才高地，政府对上海常住居民的学历也提出了明确的要求，而且对外来人员、军人给予相应的扶持政策。学校要积极响应各类政策，开展培训，服务社会。

3.终身学习需求旺盛

伴随着终身教育、终身学习和学习型城市建设三大理念的推广和普及，辖区内的终身学习需求旺盛。学校更是要积极拓展终身学习网络，加大供给，满足居民的终身学习需求。社区学院利用监测中心，对辖区内市民的终身学习需求和能力进行实时监测。

综上，个体学习需求和社会发展需要的明确，为成人高校转型发展指明了方向。成人高校要与个体学习需求和社会发展需要相匹配，就要改革供给体制、优化资源配置、增强师资建设、调整课程教学，等等。除此之外，成人高校也要通过调整和创新供给，来引导、刺激和发现新的学习需求，激发学校的新活力，促进成人高校的转型发展。

三、充分提供各类发展平台

（一）倡导"三个全"

一是全方位整合优质教育供给。全方位是指成人教育现有的各种教育类型，即成人高等学历教育、社区教育（形式多样的文化教育、健康教育、闲暇教育、家庭教育、生活教育等）、职业技能培训（技能等级培训、职业资格培训、转岗再就业培训）以及社会工作培训等形成优质教育供给的整体。着力破除各自为政、互为隔离的弊端，力争形成资源有效整合，提升教育服务的质量。二是全员形成共识，致力于各级各类人才培养质量。成人高等学校是提升市民生活质量的重要场所，着力为市民提供可供选择的学习内容、学习途径和学习条件，并以适切的教学方法、教学手段和学习形式提升市民学习激情、质量和效果。三是参与成人高等教育供给侧结构性改革的全过程。在成人高等教育发展规划的基础上，汇聚众智、凝聚众力，实现成人高校转型发展，从而在教育质量、教育结构和教育匹配程度上适应和引领市民学习的多元选择需求。

（二）着力"三个点"

以聚焦结构优化、提质增效、品牌引领提升供给水平为三个重点。具体而言，一是成人高校的教育类型结构调整优化：以学历教育为基础、社区教育为重点、职业技能培训为取向、社会工作为探索，不断探索和创新成人高等学校转型发展，以新项目创设驱动发展。由单纯的学历教育或者以学历教育为主，转化为多元地、全方位地适应"需求方"新的需求，不是局部调整，而是办学方向的根本转变，因而在学校内部有三方面的工作要做：首先要对原来的专业、机构设置进行必要的调整，使之适应新的需要。其次要在各单位、机构之间理顺关系，如从学校内部来说，教与学之间，教育对象是"需求方"，教学工作者是"供给方"，"教"必须因应服务于"学"；"教与学"与各个管理机构之间配合，教与学是"需求方"，其他部门是"供给方"，同样要处理好"供"与"需"的关系。最后既然因应的是多元需求，任务上必然有所分工，形成不同的板块，但这些板块不是各自分立的，而是统属于一个整体，因此彼此间应该加强协调与融通。这些关系理顺之后，就应该建立起新的管理规范。二是提质增效，从单一关注学校教育质量转向关注学员的学习质量或学习感受度、认可度和有效度的提升，这对教师提出了更高的要求。成人高等教育领域，有着数量不少的优秀教师，他们有较高的业务素质，积极饱满的工作热情，很好地承担了以往的教学任务。但面对新的形势与需要，他们必须及时提高和更新知识面，而且要打破固有的专业界线，改善教学方式方法，做到灵活转换角色，以适应新的多元化的教学需求。这对即使从教多年的教师来说，也是相当艰巨而又不能不加以解决的问题。三是持续发展业已形成的若干品牌，拓展成人教育办学领域，强化与社区教育的衔接，开发地域特色鲜明的课程体系，对接国民教育系列，实现教育资源的共享和融通，研究市场需求，探索动态化定制式的校企合作模式。

（三）建设"三平台"

以上海成人高等教育为例，基于上海"十三五"经济社会发展的需要，以及《"健康中国2030"规划纲要》《"十三五"卫生与健康规划》《关于实施中华优秀传统文化传承发展工程的意见》等文件的精神，积极推进"三个平台"建设。"三个平台"建设是一个整体性重点任务，具体可包括项目创新建设平台、教师专业发展建设平台和学校服务能力建设平台。

项目创新建设平台由三大类组成：一是教学课改创新项目（内容、方法、手段、形式）；二是教育创新项目（包括市民健康、优秀传统文化传承、非遗文化传承、文化休闲、职业技能提升）；三是适应社区文化发展的推进与指导等创新项目。概而言之，项目创新建设以专职教师为主，整合社区资源和社会资源，设计和论证创新项目，一般建设步骤分为三步：一是项目设计论证；二是项目试点与实施；三是形成文本和成果，推广与辐射。

教师专业发展建设平台具体是通过学校发展思路和转型发展进程，倡导和激励教师参与创新项目，根据教师不同的知识结构和发展重心以及承担不同的工作任务，以私人定制、自主选择和发展兴趣为运作机制，使其投入参与式体验，不断提升教师专业化水平，旨在形成学习是前提，研究是基础，参与是途径的专业化发展的共识。

学校服务能力建设平台。一是现代化服务学习能力提升；二是教育产品多样化，可供选择学习的内容、形式、类型、途径呈多元、多样；三是教育与学习的成果有助于社区终身学习能力提升和社会文明和谐建设。

为确保成人高等教育供给侧结构性改革的有效推进，还须以项目引领、读书分享、机制优化、借用外脑等举措作为支撑，结合成人高等学校实际现状和发展的需求，采取"非常规的"倒逼机制，通过三大平台建设的有序进行，形成转型发展的新局面。创新项目引领一方面可提供教师发展机遇，另一方面学校组织发展目标与教师专业化发展互动平台，有助于提升学校服务能力。与此同时，学校发展既改变以往"追求正规教育"的窠臼，又可使成人教育的社会性、开放性和终身学习性的"性质维度"精准落地。读书分享的举措在于全校上下形成读书学习的良好氛围，结合项目实施与推进，学习新知识、新理论、研究新方法。毋庸置疑，读书分享不仅是个体的工作必需，也是学校整体办学水平提升的一个基础性常规活动。机制优化包括绩效评价机制、办学机制和引进市场机制，提升办学活力，在有效整合社会教育资源方面走出新的探索之路。借用外脑是在学者、专家指导下，科学规划、设计操作性适度超前的项目。

供给方优化，成人高校转型发展的实践路径

一、改革供给体制

（一）加强党政领导

学校现有上海市黄浦区业余大学、上海开放大学黄浦分校、上海市黄浦区社区学院、上海市黄浦区老年大学四家教学机构，分门别类开展学历教育、职业技能培训、社区教育、老年教育，实行的是"四块牌子，一套班子"的管理体制。党务工作统一管理，在区教育党工委的领导下，对从事社区教育、老年教育、职业技能培训和学历教育的党员教师团体，由中共上海市黄浦区业余大学（大同学院）党总支委员会统一领导，并任命新的党总支书记、副书记。

（二）重组组织机构

重组学历教育教务处。原先两个教务处，无论人员组成、岗位职责，还是功能结构等方面，都存在交叉重复的问题，学校经过研讨决定，将两个教务处合并重组，分为"教育发展处"和"教育教学处"，教育发展处主要负责学校的招生和发展规划，教育教学处主要负责教学教务管理。组织结构的重设，加快了学校管理的效率，也提高了学校整体的服务质量。

合并社区教育、老年教育。从领导班子合署办公、院务校务会议合并召开，到管理团队、师资队伍管理、场地设施、课程建设和项目设计，达到步调一致、互为你我、协同推进。由此形成了良好的管理运行机制：校级领导班子顶层设计、校务管理委员议事执行，逐步实现了老年教育与社区教育的高度融合。黄浦区老年大学完成了"一体两翼"的发展格局，即黄浦区业余大学为主体，陆家浜路和马当路办学点为两翼。

打造社区教育4.5级网络架构。黄浦区社区教育工作在管理机构深入整合、组织架构不断完善的基础上，打造集各方优质教育资源于一体的终身教育大平台，并构建起日益完善的社区教育网络，形成了以第一级社区学院为龙头，第二级街道社区学校为骨干，第三级居民学习点、市民学习基地为基础，第四级（终身教育社会学习点、养教结合学习点）和4.5级（人文行走学习点、楼宇学堂）为立足点的整体架构，实现了社区教育的5—8分钟学习圈，小区、楼组等"家门口的学堂"逐步建设完成。

（三）探索相关机制

明确需求监测体制和机制。2016年12月28日，上海市民终身学习需求与能力

监测中心揭牌仪式在黄浦区业余大学、社区学院举行，标志着上海市民终身学习需求与能力监测中心正式落户黄浦。黄浦区教育局委托黄浦区业余大学、黄浦区社区学院承接上海市市民终身学习需求与能力监测中心的建设项目，承担监测的组织实施、数据采集、监测人员队伍的培训等职责。

通过移岗锻炼，培养领导干部，促进四教融通。黄浦区业余大学先后鼓励3名中层干部走上了社区学校、老年大学的管理岗位。其中1名中层干部经过锻炼，已经被区委组织部、区教育党工委任命为黄浦区业余大学校级干部——黄浦区业余大学党总支副书记。另外2名则双肩挑，既承担学历教育的教学工作，又承担社区教育、老年教育的管理工作。

合理换算工作量，鼓励教师走进非学历教育。在绩效考核制度下，适度将学历教育与非学历教育的教学工作量进行换算，鼓励在校学历教育教师走入社区教育、老年教育和职业技能培训教学体系。同时，聘请非学历教育的师资力量走上学历教育的讲台，促进教学资源交流转化。黄浦区业余大学英语系、艺术系的系主任，先后带头走进老年大学课堂。2019年，黄浦区业余大学艺术系共有5位老师，根据老年学员的需求，开发了5门创设性的实操课程送入老年大学。

通过创新机制，促进师资共享。黄浦区老年大学与黄浦区业余大学、黄浦区社区学院共享优质师资，精心培育了一批由品牌教师领衔的师资队伍。学校组建了市级联合教研室——"艺术鉴赏专题联合教研室"，学历教育的骨干老师担任联合教研室的业务负责人。开设的《诗词赏析》课程深受欢迎，每学期一个班的学员数达到80人，给同类教师起到了很好的示范引领作用。

通过课程学分转换制度，为学生架起学历教育与非学历教育之间的桥梁。学习者如果获得相关证书，可以凭证书获得相应专业选修课程的学分。近年来，应社会需求，学校开设了行政管理专业的家政班，为其量身设计了相关课程。为增加家政人员的专业技能，根据上海开放大学《公共管理与服务大类公共服务类（家政服务与管理专业人才培养方案）》，学校开设了"家政服务上岗证""育婴员"等岗位证书的技能培训，只要获得相关证书，就可以获得专业选修课学分。学生在获得系统的理论知识学习的同时，在实践能力方面也得到锻炼。

制定相关制度，推进学习基地建设。社区学院先后制定了《校社联动、校企联动的相关制度》《学校教育与社区教育共建共享的制度》《关于黄浦区市民学习基地建设经费的相关说明》《上海市民海派文化体验基地管理办法》等一系列办法。制度先行大大加快了校区、社区和企业的联动，推进学习基地的进一步建设。

二、优化资源配置

（一）教学场地共建共享

校内共享场地。 过去学历教育和职业技能培训分布在建国路校区和四川路校区，社区教育分布在街道和居委教学点，老年教育主要分布在马当路校区和陆家浜路校区。近几年，为了更有效地推进四教融合发展，各类教育不再按照校区进行分布，经过统筹整合后，各校区打通教学门类限制，白天开展社区教育、老年教育、职业技能培训，晚上和周末开展学历教育，课程配置趋于合理，共享校内场地。

校外整合场地。 社区学院以"校校合作""校企合作""校馆合作"的模式，将分布于全区的公共资源联合建设成市民的学习场所。社区学院又根据老年人学习的需求与特点，定期举办主题教育活动和学习课程，向老年人开放活动场地和学习资源，学院自主开设、与企业合作开设公益课程提供给老年大学，拓展了老年人终身学习的渠道，使之成为具有黄浦特色的老年教育实体化学习资源。

（二）教学设备统筹安排

根据学校转型发展的要求，学校信息化工作由原先服务于学历教育转变为辐射学历、职业技能培训、社区教育、老年教育等多个模块。对硬件设施进行改造，引入实物投影等设备，便于开展老年教育，并对多功能厅进行功能升级，为老年教育、社区教育提供便利。近两年来，社区教育利用原专供学历教育的录播教室、直播课堂等资源进行教学，大大提高了设备的利用率。

（三）信息平台有效整合

"四教"融通体现在方方面面，学校的信息平台整合了学历教育、职业技能培训、社区教育和老年教育四个模块，统一发布教学通知、新闻。每年投入开展的精神文明创建工作，更是高效地推进了各模块的信息沟通与整合。

三、加强师资建设

（一）通过对外招聘，引进师资力量

面临教师处于退休高峰期的情况，学校各部门陆续提出师资招聘的需求，社区学院、老年大学也因指导和推进社区教育、老年教育的工作需求提出招聘需求。为了完善师资队伍配置，形成良性健康的师资队伍梯队，学校近几年陆续开展了各类招聘工作，取得了一定进展。其中，招聘方式类型多样，有的面向社会和大专院校直接招聘，有的通过教育系统内部流动招聘，还有的通过二线招聘。2018年，黄浦区业余大学、社区学院，引进了2名教师，1名教师为计算机专业的副教授，另外1

名为中学教师，从事社区工作。2019年共招聘4名教师，1名教师为系部教师，1名教师从事社区工作，1名教师为教辅人员，1名教师为二线行政人员。

（二）通过在岗培训，提高师资素养

黄浦区业余大学每年以"送出去，请进来"的形式，借助沙龙平台、上海开放大学平台开展各种有关师资素养的培训和相关专业培训。针对社区教师则拟订了《黄浦区社区教师在职培训方案（草案）》，构建了社区教师培训课程的框架，通过区教育学院的360专业化培训，搭建了与中小学教师培训学分互认的通道，并以社区专职教师培训学分与中小学校教师培训学分互认机制建设为例，展开了供给侧改革理念指导下黄浦区社区教育师资队伍建设的研究。

（三）通过培育团队，实现教学相长

对老年学员进行分类指导、培育骨干，帮助"老学员"组建学习团队，开展课外团队学习活动，让班级"老面孔"成为团队"新骨干"。积极鼓励优秀团队成立"线上团队"，在网上发布讨论学习团队的学习动态、参与网上活动。同时又通过老年教育艺术节、学历教育结业典礼等线下活动的形式开启"公益巡展"，为团队搭建展示交流平台，实现教学相长。

（四）挖掘人才优势，扩大师资供给

在供给侧改革理念的指导下，充分挖掘学员多重身份的人才优势。学员有的在学历教育中担任专业实践指导教师，有的在街道社区学校和老年学校担任教师，有的在志愿者团队中担任志愿者，有的在日常教育教学中担任管理者。多样的角色让学员在学习中感受幸福黄浦的魅力。

四、调整课程教学

（一）整合供给结构

成人教育现有的各种教育类型，即成人高等学历教育、社区教育和老年教育（形式多样的文化教育、健康教育、闲暇教育、家庭教育、生活教育等）、职业技能培训（技能等级培训、职业资格培训、转岗再就业培训）等，要形成优质教育供给的整体，着力破除各自为政、互为隔离的弊端，力争形成资源有效整合，提升教育服务的质量。

终身教育理念下，单纯学历教育已不能满足广大市民对知识的需求，教育类型从学历教育到学历与非学历并举，举办各种类型培训班；办学形式从闭门办学到合作办学，向社会开放；与市民热线、区妇联、武警部队、兄弟院校合作；与终身学习对接，整合社区资源和社会资源，设计、论证并推进教育创新项目，主动创造需求，寻求教育结构调整的突破口。如随着"二孩"政策的到来，对保育员、育婴员等专业人才的需求越来越强烈，为此，学校的职业技能培训开设了由上海市人力资源和社会保障局认证的"育婴员"培训，提供更开放更适切更丰富的教育供给服务，学历教育根据市场需求开设了家政服务与管理、老年服务与管理大专班、学前教育，毕业证书与职业资格证书对接，并进行了经验总结。上海市是国际性大都市，十分重视城市安全，所以又开设了"城市公共安全与管理"专业本科班。

（二）丰富供给内容

教学内容超市化。 学历教育开设选修课、通识课供学生选择，跨专业培训课程向学生和社会开放；职业技能培训开设与岗位需求对应的各类短、平、快的专业培训，同时开展能够满足辖区居民学习需求的职业技能类、休闲文化类、信息素养类等多元课程供学习者选择。

教学资源多元化。 学历教育和非学历教育除文字教材外，均建设了教学平台，提供丰富的网上学习资源，包括文档、音频、视频；开通了学校微信公众号，学历教育还开通了不同课程的微信公众号，及时向移动端推送学习资源，社区领域也录制了很多精美的微课程资源向居民推送。

（三）扩大供给方式

教学手段多样化。 学校一直致力于探究信息技术与教学的融合发展，积累了一定的经验。根据需求调研，再次开展"基于混合教学的教学改革"，以实现传统课堂和网络互动教学相结合，学生自主学习和教师导学相结合，在线学习和邮件、电话、社交平台、面授辅导相结合，实时交互和非实时交互相结合，开展了课程实践的展示和探讨。根据成人在职学习工学矛盾、学习基础参差不齐、学习需求不同的特点，提供参加面授辅导、线上线下自主学习、小组学习等个性化学习形式。社区教育、老年教育、职业技能培训除上述学习形式外，更加注重学习者的体验学习和个别化辅导。为了给居民提供更为就近、便捷的学习路径，瑞金二路街道整合、梳理现有课程，提供"菜单式"课程服务，为居民提供了课堂教学、团队学习、网络学习、体验学习、行走学习等多种学习方式，让居民拥有了"家门口的新课堂"。目前，该街道老年人参与学习已经达到50%以上，而且这种相对成功的形式已辐射到其他街道。

关注移动端学习。 为缓解学员的工学矛盾，减轻学员负担，让更多的居民获取受教育的机会，学校要求各领域、各课程创建微信公众号。利用微信公众号等平台，实现信息互通，资源共享，进行基于微信公众平台的移动教学模式的实践与研究，在供给侧视角下审视微信在成人高校教学中的应用。

供与需平衡，成人高校转型发展的成果展现

一、实践性成果

（一）各类教育如火如荼

表1：学历教育学生人数统计

年　限	业大（大专）	开　大		自　考	
		大　专	本　科	大　专	本　科
2017	1443	1623	1262	54	558
2018	1185	1395	1096	58	507
2019	1067	1326	1048	34	340

表2：职业技能培训人数统计

年　限	食品安全	营业员上岗培训	继续教育	育婴员	电子商务	图形图像处理	企业集中培训	档案岗位培训
2017	2532	1715	4968	0	31	55	4062	195
2018	2547	1487	4952	89	64	62	3142	217
2019	1277	705	3221	140	0	0	1334	256

表3：社区老年学员人数统计

年　限	社　区　教　育				老　年　教　育			
	课程数	人数	活动场次	人次	课程数	人数	活动场次	人次
2017	493	25060	565	217527	533	22913	未统计	未统计
2018	506	25006	576	257421	749	36288	2177	95066
2019	451	25342	未统计	未统计	未统计	未统计	未统计	未统计

从上述表格数据可以看出，学历教育人数趋于稳定；职业技能培训受国家政策影响比较大，培训课程有大的波动；社区教育和老年教育的人员数量也基本稳定，但据了解，社区教育和老年教育由于场地、师资等的限制，能承担的学员数量已达到饱和，存在报名人数远超实际可录取人数的情况。

（二）教学改革成果显著

学校共有63门课程开展了基于混合式学习的教学模式；学历教育有41门通识课和40门课程共录制了947个教学视频以及微课；形成了系列微课；有58门课程开设了微信公众号，每日推送新课程、新信息；学历教育和非学历教育的微信公众号日益成熟，用户人数也日益增多，统计结果如下表。（截止2019年10月14日）

表4：业大微信公众号使用情况

年　限	累计关注人数	年　限	阅读人数	阅读人次
建号–2017	556	2017	8525	3633
建号–2018	849	2018	6611	3825
建号–2019	1005	2019	7973	4485

表5：开大微信公众号使用情况

年　限	累计关注人数	阅读人数	阅读人次
2017	1985	18492	33718
2018	2445	13448	23560
2019	2744	9596	15455

表6：社区老年微信公众号使用情况

年　限	实名注册用户	粉丝量	阅读人数
建号–2017	3815	4432	3744
建号–2018	4010	4504	4819
建号–2019	4170	4574	5919

（三）师资培训稳步推进

2017年—2018年，学校组织教师参与了专题讲座、网上学习、拓展训练等各类培训38场次，累计培训近600人次。2019年，学校全体教师又参与了超星在线课程的学习，每个教师至少在师德师风、科研素养与教学能力等领域共修满12个学分。

（四）场地供给资源充足

为了服务社会，学校利用闲暇时间，提供场所服务。2019年最新统计，在辖区内，一共建有69所学校类市民学习基地，分布于全区10个街道，其中公办学校类市民学习基地37家，民非院校类市民学习基地17家。企业类市民学习基地7家，范围涵盖食品、服装、饰品及餐饮服务等多个门类。场馆类市民学习基地8家，覆盖全区5个街道。海派文化体验基地在整合69个市民学习基地的基础上，还增设了2家行业协会。

（五）形成一批优秀团队

据不完全统计，截至2019年10月，黄浦区老年大学共有251个市级老年学习团队，其中16个优秀团队，6个五星级团队。此外，又申报成功了15个一星团队和2个五星团队。其中最为出色的是学校的"新歌合唱团"：他们远赴维也纳，唱响金色大厅；他们深入社区，服务社区居民；他们走进监狱，为服刑人员带去老年人的关爱。2017年5月，新歌合唱团在上海贺绿汀音乐厅举行了专场音乐会，精彩的演出获得上海音乐家协会专业人士的赞赏。黄浦区老年大学学习团队的培育，一方面提升了团队的专业素养，另一方面以优秀团队为引领，营造了崇尚学习、健康向上的校园文化。

（六）塑造许多优秀典型

黄浦区业余大学推选出了多位"我心目中的好老师"。黄浦区老年大学学员王树培，是学校摄影班的班长，在黄浦新苑居委学习点担任"老年多媒体班"的授课老师，并成立了为学习点服务的"彩视工作室"。目前，工作室已为居委学习点制作各类微电影、微视频、公益广告300余部。

二、制度性成果

（一）《上海市民终身学习需求与能力监测中心管理守则》等相关制度文件

（二）校社联动、校企联动的相关制度

（三）学校教育与社区教育共建共享的制度

（四）关于黄浦区市民学习基地建设经费的相关说明

（五）教育培训机构与中小学和社区教育资源对接的课程推介机制

（六）上海市民海派文化体验基地管理办法

（七）黄浦区业余大学三年发展规划（2020—2022）

三、荣誉性成果

（一）国家级奖项

- 黄浦区获评"全国社区教育示范区"
- 黄浦区获评"全国数字化学习先行区"
- 黄浦区老年大学荣获"全国示范老年大学"称号
- 黄浦区社区学院荣获"全国成人继续教育优秀院校"称号
- 荣获"首届全国传统文化进社区微视频大赛"一等奖
- 荣获"第二届全国传统文化进社区微视频大赛"一等奖
- 荣获"全国社区教育微课大赛"一等奖、优秀奖
- 荣获"第二届NERC杯全国社区教育优秀微课程评选"优秀组织奖
- 荣获"第三届NERC杯全国社区教育优秀微课程评选"优秀组织奖、一等奖、优秀奖
- 荣获"全国社区教育优质课程资源共享先进单位"荣誉称号

（二）市、区级奖项

- 荣获2017年—2018年度"上海市文明单位"称号
- 2017年荣获黄浦区社区学院"黄浦低碳行"上海市终身学习品牌项目
- 2017年被评为上海市优秀成人继续教育院校
- 荣获"2017年上海社区教育优秀出版教材评选"优秀组织奖
- 荣获第12届上海市全民终身学习活动周最佳组织奖
- 黄浦区社区学院的《京剧艺术欣赏》《珠宝鉴赏与保养》两门系列课程经过网上初评、用户评价、专家集中评审等多个评审环节，分获一等奖和优秀奖。
- 上海市黄浦区海派嘉年华、星光怀旧集市被评为2018年终身学习品牌项目
- 黄浦区荣获上海市第14届全民终身学习活动周组织工作贡献奖
- 2018年度被评为上海开放大学非学历培训工作先进集体
- 2018年度被评为上海开放大学服务学习型社会建设工作先进集体
- 2018年度被评为上海开放大学教学管理工作先进集体
- 2018年度被评为上海开放大学考试工作先进集体
- 2018年度被评为上海开放大学信息化与数字资源建设工作先进集体
- 2018年度被评为上海开放大学招生工作先进集体
- 2019年荣获上海开放大学学生决策仿真实践大赛组织奖

（上海市黄浦区业余大学校长、上海开放大学黄浦分校校长、上海市黄浦区社区学院院长、上海市黄浦区老年大学校长　费秀壮）

B

谋 划 篇

供给侧改革为成人高校转型发展再挂"顶灯"

成人高校的转型发展，是一个系统工程，需要理念的更新、思路的开阔、文化的引领、队伍的建设、制度的重构等"齐头并进"。

　　问题导向、需求导向、目标导向、文化导向、成效导向，成人高校转型发展坚持的原则，犹如"顶灯"，照亮了前行的道路。

　　供给侧改革，让问题成为课题，让需求成为供应，让目标成为现实，让文化成为力量，让成效成为惠泽。

　　供给侧改革理论的"顶灯"辉映了成人高校的天际。

　　这个"顶灯"重在系统的思维、结构的完善、科学的匹配和队伍的提升。

需求就是新的"增长点"

——区办成人高校学习需求调研报告

区办成人高校是教育部备案，区政府主办的独立设置成人高校，是区域内中高等学历教育的重要载体，是全日制高等教育的补充，是我国教育体系中不可或缺的组成部分，在历史发展的进程中，源源不断地为社会输送人才。

近年来，随着上海城市产业结构调整，专业人才需求结构相应变化，学历教育的生源逐渐萎缩，区办成人高校相应办学面临困境。与此同时，社区教育、老年教育、职业技能培训的蓬勃发展又为区办成人高校带来了新的希望。以黄浦区业余大学为例，1998年在校学历教育学生10000多名，2010年萎缩到不足3000名，2017年又萎缩到1600多名。与此相反，社区教育和老年教育从刚开始的无人问津，发展到现在门庭若市。尽管目前社区教育、老年教育的在校人数已近万人，但仍有很多居民因班级满额无法入学。职业技能培训则受国家政策调整和项目自身因素的影响，在读人数虽有波动，但一直居高不下，维持在6000～10000人之间。由上推断，区办成人高校应逐步向社区教育、老年教育和职业技能培训拓展。

但由于多年形成的格局和思维套路，各方面都存在着原有板块与新辟板块之间互不融通的弊病，学历教育重心的格局未能根本转移，局面并没有真正改观。面对如此境遇，区办成人高校的出路就是：以供给侧改革理念为指导，深化对成人高校供给的结构性改革，改变多年形成的旧格局和思维套路。当务之急就是厘清区域内符合区办成人高校定位的学习需求，有效对接，精准供给。

一、厘清符合区办成人高校定位的学习需求

（一）社会需求

1.服务区域发展之需，提升人口素质

从"文革"结束至本世纪初，辖区内居民对学历教育的需求一直比较强烈。但随着区域经济、政治和文化的发展，高等教育的普及，人们对学历教育的需求有所降低，而具有区域特色、时代特色的社会需求则日益强烈。黄浦区地处上海市中心，是典型的小而精的中心城区，辖区内商业区众多，有打浦桥商圈、淮海中路商圈、南京东路商圈等，具有典型的商业特性，这就对从业人员和居民素质提出较高

的要求。2017年黄浦区提出"智慧黄浦"和"数字惠民"的建设要求，对辖区内居民的信息化应用水平提出特别要求。

2. 贯彻政府政策精神，促进社会发展

每年国家和市、区都会出台各类政策，其中不乏一些对提升人员素质的培训需求。例如：2017年1月20日上海市第十四届人民代表大会第五次会议通过了《上海市食品安全条例》，另据《上海市餐饮服务从业人员培训和评估考核管理办法》有关规定，餐饮服务从业人员必须按照规定参加食品安全培训，而后参加由市食品药品监督管理局统一命题的网上考试。又如：为把上海打造成人才高地，对上海常住居民的学历也提出了明确的要求，而且对外来人员、军人给予了相应的扶持政策。这些都是与学校定位相吻合的社会需求所在，也是学校的职责所在。

（二）学习需求

1. 学历教育需求

出于不断补充知识结构，提升业务水平的目的，在职社会成员对学历教育仍有一定的需求，但是，传统的教学方式、手段已不能满足"互联网+"时代的学习者需求。通过对560名在校学历生的调查，了解到学习者有如下学习需求：

（1）在专业课程学习的同时拓展知识面

随着社会、经济、产业结构的调整，成人学习者的知识结构面临新的要求，过去传统的知识结构已经无法满足社会的要求。为此，他们选择学习，期望通过学习解决工作中遇到的实际问题，具有强烈的目标导向性。与此相对应的，学历教育的专业课程注重系统理论知识的学习，能够帮助学习者养成系统思考能力，但是，又因为缺乏对社会实践的解析，往往难以充分调动学习者的积极性和参与性。面对这样供不应需的情况，学校在提供专业课程学习的同时，还应引入专业培训，注重学习者社会实践能力的培养。

（2）利用信息技术提供多种学习方式

成人学习者存在较为突出的工学、家学矛盾，无法保证面授课的出勤率。另一方面，成人学习者趋向年轻化，他们更喜欢网上学习和移动学习。在被调查学生中，12.31%的人喜欢网上自主学习，43.85%的人喜欢网上自主学习和面授相结合。对于面授课，76.92%的学生认为每门课面授安排4—5次比较合适。对于特殊的课程，如难度较大的英语、计算机、会计类课程，部分基础较差的学生希望能增加一些面授课时数。结合座谈发现，单纯到校参加面授或单纯通过学习平台进行自主学习的人数不多，更多的同学希望在教师的辅导下通过网上学习平台、微信平台进行自主学习。因此，学校应该利用信息技术提供多种学习方式，适当减少面授课的次数，提高面授课效率。

（3）丰富微信学习资源，满足移动学习需求

虽然学校通过网上教学平台已经提供了比较丰富的学习资源，例如音视频、PPT、文字、文字资料包以及创设在线练习平台等，但学生更希望使用移动端作为有效学习工具"时时处处可学"，更欢迎由辅导教师制作的课程总结、重点难点、案例分析及作业讲评等推送内容。

（4）提供学习支持服务，缓解工学矛盾

受学习时间限制，成人学习者普遍存在学习投入不足，自主学习能力欠缺等问题，渴望得到来自班主任、老师和同伴的更多帮助。在每次面授课后能有针对面授课程重点、难点的总结，便于课后的自主学习；在学习过程中能获得辅导教师对于课程重点难点、形成性考核作业的辅导；当未能出席面授辅导课时，学习者能获取与自主学习相关的各种指导，例如当次面授课主要内容、自主学习资源的获取方式等。

2. 非学历教育需求

以社区居民为调查对象，发放问卷1100份，回收有效问卷1024份。结合访谈，将问卷统计结果与访谈内容有机结合。

（1）对网上学习的兴趣点有所提升

调查显示：被调查的社区居民，59%选择网上查看社区新闻，39%选择网上浏览报纸杂志，39%选择网上参与学习活动，35%选择网上查看课程信息，27%选择网上参与在线课程。这对社区教育、老年教育群体来说是一个显著的变化，他们对网上学习的兴趣点有所提升。

（2）网上学习课程注重实用性

被调查学员中，69%的关注点在于养生保健，50%的人喜欢数码摄影，之后依次是报纸杂志、生活环境、家庭理财和法律维权的相关内容，排在最后的是信息技术。这些内容大多与日常生活息息相关，有一定的实用性，能够激发居民参与网上学习的自主性。

（3）参与网上学习有赖在线互动

被调查学员中，64%喜欢在线互动交流，46%青睐个性化学习方法、课程推荐，28%选择学习效果检测，21%选择了注册学习并累计时长，19%选择课程、活动在线报名预约。

（4）越来越关注移动学习终端的使用

针对市民信息化技能培训内容，52%选择数码照片处理技巧，47%选择电子邮件、文字书写等基本应用知识，43%选择浏览登录常用网站，36%选择网络聊天工

具使用，32%选择手机、平板电脑等移动学习终端使用。座谈中，学员反映，随着电子设备的日新月异，无线网络的全覆盖，手机、平板电脑等移动学习终端使用越来越受到关注。

二、根据需求确定供给侧改革策略

（一）调整教育结构，满足社会需求

在教育供给侧结构性改革推进过程中，满足多元化的社会需求，要调整教育结构，从以学历教育为主，非学历教育为辅，转向以学历教育为基础，社区教育和老年教育为重点，职业技能培训为取向，社会工作为探索，进而实现成人高校的转型发展。在教学形式上，学历教育在提供专业课程的同时，可以借助非学历教育，通过开展专业培训、职业技能培训，甚至通过参与社区教育和老年教育，拓展学习者的知识面，增加文化涵养。在办学形式上，可以更加灵活，从闭门办学到合作办学，向社会开放，利用辖区内的经济、政治和文化资源，加强与社会各方的联系和沟通，大力开展合作。在管理方式上，以新项目创设驱动发展，设计、论证并推进教育创新项目，寻求教育结构调整的突破。

（二）调整专业设置，对接市场需求

在教育供给侧结构性改革推进过程中，对接多样化的市场需求，要调整专业设置，全方位整合优质教育供给，整合现有的各种教育类型，包括学历教育、社区教育、老年教育和职业技能培训，形成优质教育供给整体，提升教育服务供给的质量。从注重实用的闲暇教育，到有行业认证的职业技能培训，再到系统科学的学科专业，可以逐步凝练出新专业，对接市场之需；优质的专业设置和课程也可以通过学分互认的方式，在各种教育类型中共享，以适应和引领学习之需。

（三）丰富教育供给结构，满足学习者多元化学习需求

1.教学内容超市化

学历教育开设选修课、通识课供学生选择，跨专业培训课程向学生和社会开放；职业技能培训开设与岗位需求对应的各类短、平、快的专业培训；社区教育、老年教育继续开展能够满足辖区居民学习需求的职业技能类、休闲文化类、信息素养类等课程供学习者选择。

2.教学资源丰富化

除文字教材外，建设教学平台，提供丰富的网上学习资源，包括文档、音频、视频；开通各类微信公众号，及时向移动端推送学习资源。在互联网时代，最重要的学习资源之一就是教学微视频。教育微视频是一种知识点教学，即系统性地策划

课程教学知识体系，在实现方式上，分层次、分类别地确定课程体系中的教学"知识点"群，通过提炼核心知识点，关联重要知识点，组合成精炼的教改"知识点"范围，构筑能准确表达学科主要内涵的教学范围，进而将系统的知识以"碎片化"的方式呈现课程教学的全过程。微视频有效适应了成人学习者的个性化学习需求，也赋予了学习者较强的自主学习选择性和便利性。

3. 教学手段多样化

学校自2003年以来，一直致力于探究信息技术与教学的融合发展，一直也非常重视教学改革。先后开展过《基于信息化技术的课程教学模式改革》《基于翻转课堂教学模式的比较研究》《基于混合学习的教学设计与应用研究》等研究，并先后在学校组织开展了微课程大赛、微信公众号比赛等多种活动。近年来，随着信息技术手段的日益变化，教学内容的日益更新，学校已经将教学改革作为一个常规的重要工作来抓，多年的教学改革实践，也积累了一定的经验。根据需求调研，学校应继续开展"基于混合教学的教学改革"，以面授辅导与自主学习结合，线上线下学习结合，专业学习与工作实践结合，通过精心的一体化教学设计及个性化的学习支持服务，适当减少面授课数量、提升面授课质量、加强学习过程中的督促及个性化学习指导，引导学生使用现有优质资源，同时通过学生喜爱的微信资源推送等方式进行资源补充。

4. 学习形式个性化

根据成人在职学习工学矛盾、学习基础参差不齐、学习需求不同的特点，提供参加面授辅导、线上线下自主学习、小组学习等个性化学习形式。职业技能培训学习者更喜欢实用性的知识，依赖教学互动，因此，除上述学习形式外，要更加注重学习者全方位的体验学习和线上线下的个别化辅导。

5. 教育资源共享化

供给侧结构性改革过程中，要打通学历教育、社区教育、老年教育和职业技能培训之间的壁垒，整合各种类型优质教育供给，必须实现各类教育资源的共享，尤其是教师资源和场地资源。对于教师资源，要创造各种条件鼓励教师走出学历教育的象牙塔，进入非学历教育。对于场地资源，则要借助区办成人高校的办学主体，与社区教育、老年教育和职业技能培训共享校舍场地资源，为其发展提供坚实的基础和支持。同时，对接终身教育的要求，依托老年教育和社区教育，积极开发、利用辖区内的各类经济、文化、政治资源，打造新型的教学空间，扩展教学场地。

（四）加强师资队伍建设，提高教育供给质量

供给侧改革的关键是人。学校转型发展需要教师从学术型向技能型、应用型、导师型等"双师型"转换，为此，可以组织教师参加各类培训，提高专业知识和信息化教学技能；可以开展教学交流与教改研讨，鼓励教师参与教学改革，培养教改能力和创新能力；可以鼓励专业教师主动适应办学功能的拓展，参与老年教育、社区教育、职业技能培训等各类教学活动。

三、学习需求调研的反思与思考

（一）影响学习需求的因素分析

1. 学习群体的复杂多样

区办成人高校涵盖的学习者主体为成人，成人学习群体复杂多样，按照在职情况分为在职人员和非在职人员；按照年龄分为青年、中年、老年；按照是否在读分为在校生和社区居民；等等。按照性别、年龄、文化程度、在职情况等不同的分类标准，有不同的群体分类，也映射出不同的学习需求。

2. 信息技术的日新月异

信息技术发展日新月异，网络工具从电脑端向移动终端发展；沟通形式从单一输入到多向互动；呈现形式从PPT到视频等日渐多元。随着"互联网+"时代的来临，学习需求也发生了翻天覆地的变化。信息技术带来的日新月异，让学习需求也始终处在变化中。

3. 社会发展的飞速变化

我国社会正处在转型发展过程中，产业结构不断调整，新兴行业层出不穷，城市居民的行为方式、价值观念等都发生了明显变化，由此引出的社会需求也在不断改变，继而产生新的学习需求。

4. 专业知识的及时更新

现代社会，专业知识的更新周期越来越短，越来越频繁，学习者需要"重新回炉"，不断加强学习。区办成人高校的学习者，多为在职人员，他们更渴望结合社会与工作的实际情况，加强对专业知识实践能力的学习。

（二）需求调研的思考

1. 需求调研应成为一种常态

从上述影响学习需求的因素分析来看，对学习需求的调研不能一劳永逸。面对复杂多样的学习群体、日新月异的信息技术、飞速变化的社会发展和及时更新的专业知识，供需永远处在变化之中，而且变化的周期和频率会加速。因此，需求调研成为一种常态，成为学校提供有效教育供给的前提条件和机制。

2. 应多角度界定需求方

需求方与供给方是相对而言的。从教与学的角度来讲，需求方是教育供给的对象，教师和学校是供给方；从教师管理角度讲，教师是需求方，学校其他职能机构是供给方；从学校管理角度讲，各职能部门是需求方，学校则是供给方等。为了深化学校的教育教学改革，应从多角度界定需求方，并了解需求，确定供给。

总而言之，学习需求调研是阶段性的、暂时的，甚至是片面的，需求调研应该是一种常态化的运作机制。不仅要及时了解学习者的需求，还要知晓学校各个方面的需求，方能精准供给。

（上海市黄浦区业余大学综改项目组）

"全景式"洞察 "数据化"监测

——持续推进上海市民终身学习需求与能力监测

党的十九大报告明确提出，深化供给侧结构性改革是我国当前全面深化改革的主要着力点之一。而深化终身教育供给侧结构性改革，持续推进上海市民终身学习需求与能力的监测和研究，是黄浦区正在做，而且未来还将继续深化推进的一项工作。

持续监测上海市民终身学习需求与能力，是上海市教育综合改革的重要项目，也是上海通过深化改革，推进终身教育供给结构调整，完善终身教育体系，更好地满足广大市民终身学习需求，不断提升上海市民终身学习能力的重要制度建设。

一、背景介绍

在上海市"学习的城市，卓越的未来"这一共同愿景下，在上海市教委终身教育处的支持下，2016年底，上海市民终身学习需求与能力监测中心在黄浦区业余大学、社区学院揭牌，上海市民终身学习需求与能力监测中心正式落户黄浦。上海市民终身学习需求和能力监测项目成为上海市教育综合改革的重要项目之一。

二、工作目标

黄浦区业余大学、社区学院自2016年底承接上海市民终身学习需求与能力监测中心的建设项目以来，坚持以供给侧结构性改革为主线，以"创新发展"为发展理念，以"跨界融合"为建设机制，持续进行上海市民终身学习需求与能力的监测调研。努力将上海市民终身学习需求与能力监测中心建设成为国内市民终身学习需求与能力监测的研究基地与孵化基地；国内功能强大、基础数据完备的市民终身学习需求与能力发展的监测数据库；国内终身学习能力监测有影响力的合作与交流平台；专业水平一流、集聚优秀专家资源的终身学习决策咨询服务机构。以期持续为终身教育综合改革提供市民学习需求与能力相关的数据支撑，推进终身教育供给侧结构性改革，调整终身教育供给结构，减少终身教育领域的无效和低端供给，扩大有效和中高端供给，增强供给结构对市民终身学习需求变化的适应性和灵活性，提高供给质量，使供给体系更好适应市民终身学习需求结构的变化。

三、工作内容

上海市民终身学习需求与能力监测中心,由黄浦区业余大学、黄浦区社区学院负责提供必要的人员、场地和设施,专兼职人员相结合,实行"监测实施、数据分析、成果发布"等工作运行机制,同时完善监测中心内部各项运行及管理机制,加强区域合作,定期对上海市民终身学习需求和能力开展监测、研究工作,组织访问员培训和监测跟进工作的开展实施,为开展具有国际视野、中国特色和上海特点的市民终身学习需求与能力监测工作保驾护航,为上海终身教育供给侧改革提供科学的数据及研究支持。

四、工作成果

(一)监测中心建设

上海市民终身学习需求与能力监测中心在上海市教委的指导下,构建起多机构联合推进的工作机制,形成了《上海市民终身学习需求与能力监测中心管理守则》等相关制度文件,在全市范围内初步培育并建立起一支专兼职相结合的访问员队伍。2018年2月,市教委专门组织召开上海市民终身学习需求与能力监测工作会议,明确了监测中心的功能定位和协调发展,确立了"市民终身学习需求与能力监测中心"承担监测的组织实施、数据采集、监测人员队伍的培训等职责。

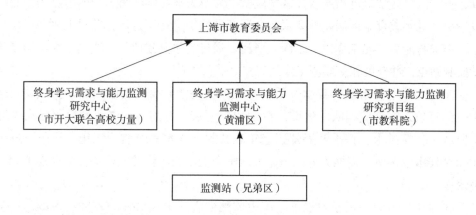

(二)数据发布

为对标全球顶级城市,着力提升城市能级,全面增强城市核心功能,持续推进上海市学习型城市建设,2018年9月,上海首份"市民终身学习需求与能力监测研究"成果报告在上海开放大学发布。

"市民终身学习需求与能力监测研究"项目组由市教科院、上海开放大学、华东师范大学、上海师范大学和黄浦区社区学院等单位组成，在全国首次建构了成人终身学习需求与能力的监测指标体系，该测评体系既包括了国际通用指标，也包括指向上海本土问题解决的特定指标。

项目组在全国范围内率先对上海16个区的16—65周岁户籍和非户籍人口进行了5000样本的分层随机抽样调查，以摸清市民终身学习状况。此次调研旨在科学、有效地评估终身教育建设的成效，并基于市民的终身学习需求、目前存在的主要问题，调整终身教育供给结构，为市民提供更为精准的、更具针对性的终身学习资源、机会和更加丰富的学习方式，以增强市民终身学习的有效体验和获得感。

（三）监测服务及站点拓展

2017年，上海市民终身学习需求与能力监测中心与上海零点市场调查有限公司合作，从老年朋友居家养老的现实需求出发，在科学设计监测问卷的基础上，通过小样本试测调整后，在全市范围内开展了10000份大样本调研，了解到上海老龄化程度最高的中心城区老年群体的居家养老学习需求，通过细致分析，精准把握老年人居家养老学习偏好、学习取向与需求差异，为"十三五"期间中心城区乃至全市老年教育阶段发展及创新制度、资源等供给，提供了科学的决策依据和参考。

为进一步推进监测中心发展，强化区域联动，拓展工作路径，2018年5月11日，黄浦区社区学院赴崇明区社区学院就上海市民终身学习需求与能力监测中心建设情况，老年教育服务居家养老项目监测开展情况进行了交流，并对上海市民终身学习需求与能力监测工作进行了深入研讨。通过签署共建协议，明确了在崇明区建设监测站点，并开展相关监测工作的思路。

2019年，上海市民终身学习需求与能力监测中心与崇明监测点紧密联动，拓展监测对象，完善监测队伍建设，在2017年开展的针对市区老年教育服务居家养老监测工作基础上，携手开展郊区老年教育服务居家养老监测工作，目前正进行5000个样本的调研，以期为郊区老年人居家养老的教育供给结构提供数据参考和决策依据。

2019年，上海市民学习需求与能力监测中心还聚焦50—80岁老年人群，在全市范围内进行抽样调查，了解当前上海市老年群体学习需求与学习能力的总体情况及存在的问题，为改进老年教育实践工作、完善老年教育供给结构提出建议，进一步服务上海市学习型城市建设。目前该项目正进行中心城区黄浦区和郊区崇明区的试测工作。

（四）资源统整

从区域角度来讲，通过监测项目推进，进一步探索"全景"视野开展市民终身学习需求与能力监测，思考居家养老服务平台建设，整合多部门力量，吸纳更多方面资源，初步建成了一支专、兼职队伍相结合的访问员队伍，持续扩大老年教育资源供给，共同推进老年教育居家养老事业发展。

五、后续规划

在前期工作基础上，上海市民终身学习需求与能力监测中心将继续夯实中心建设，强化与上海市民终身学习需求与能力监测研究中心的沟通与衔接，邀请稳定、专业的第三方监测机构参与，有效运用信息化技术，通过网络监测手段提升监测工作效能，提升监测工作的实效性与科学性，切实发挥监测中心服务市民终身教育供给侧改革的功能。

正如上海开放大学袁雯校长所说，构建市民终身学习需求与能力监测的长效运行机制，已成为进一步深化终身教育供给侧改革，完善终身教育体系，夯实学习型社会建设的重要抓手。下一阶段，上海市民终身学习需求与能力监测中心将在市区相关单位的指导下，逐步形成功能完善、开放共享、多渠道采集的大数据平台，构建终身学习评价促进终身教育政策调整的良性互动机制，立足上海城市发展，关注学习者的终身发展能力，使终身教育的供给体系能够更好地适应市民需求结构的变化，积极为提升上海城市的综合竞争力提供决策依据和科学支撑。

（上海市黄浦区社区学院项目组）

将区域社会资源转化为"能源"

——完善黄浦区终身教育服务体系

一、黄浦区实施区域社会资源整合的现实基础

黄浦区位于上海市中心，是上海的经济、行政、文化中心所在地，人文底蕴深厚，历史遗迹众多，是上海的心脏、窗口和名片。截至2016年，全区面积20.52平方公里，户籍人口86.9万，常住人口67.9万。辖10个街道，共183个居委会。

回顾过去，从教育"十一五"到"十二五"，黄浦区完成了从"实验区"向"示范区"的跨越。"十一五"期间，黄浦区被教育部评为"全国社区教育实验区"，区域社区教育的大胆创新实践促进了社区教育事业的蓬勃发展，也有力推进了区域终身教育体系的构建。"十二五"期间，原卢湾、黄浦区"撤二建一"组建新的黄浦区，新黄浦区围绕建设精品学习型城区的发展目标和区域教育现代化规划发展方向，明确以"办人民满意的教育""为了每一位市民的终身发展"为宗旨，以"整合提升、创新发展，传承经典、打造精品"为主线，逐步完善体制和机制，加强区域教育资源整合，坚持国民教育体系与终身教育体系融合发展的道路，提升了区域教育治理和社区治理的能力，被教育部评为"全国社区教育示范区"。时至今日，在教育"十三五"时期，黄浦区大力推进区域社会资源整合，坚持不懈走国民教育体系和终身教育体系融合发展的道路。

黄浦区持续大力推进区域社会资源整合，完善黄浦终身教育服务体系的出发点主要基于以下两个：

（一）终身教育的本质和特征决定了终身教育的发展需要依靠区域社会资源的整合

终身教育是人们在一生中所受到的各种培养的总和，既包括纵向维度上的个体从婴儿到老年期各个不同发展阶段所受到的各级各类教育，也包括横向维度上的个体从学校、家庭、社会各个不同领域受到的教育；既包括学校教育，也包括社会教育。终身教育的这种二维特征，决定了公民的终身教育发展并非仅靠教育部门一家之力就能够实现，还必须依赖包括市民、各类非政府社会组织、政府各部门在内的社会各界的积极参与、齐心协力；从政府的社会治理的角度来看，推动社会各界参与学习型城区建设，实现国民教育体系与终身教育体系融合发展的有效途径之一就

是整合区域社会资源，并将之转化为优质的教育资源。

黄浦区教育局作为区域推进终身教育的牵头部门，在"十二五"期间已经初步建立以"社区学院—社区学校—居民学习点"社区教育三级办学网络为轴心的区域终身教育体系，但即使如此我们所能提供的教育资源仍无法满足区域内市民的学习需求。然而，黄浦区的"国民教育体系"发展得成熟且完善，尤其是中小学校，不仅数量多、分布广，而且有相当多的中小学校具备优质的场地、师资、课程等教育资源，这些资源在寒暑假以及非教学时段完全可以利用起来，为市民学习提供服务。所以整合区域中小学教育资源，体现"国民教育体系"的资源向"终身教育体系"的输送是推进区域社会资源整合，发展区域终身教育的重要一环。

（二）区域面积有限但资源丰富、市民学习需求高的区情，推动着黄浦区走区域社会资源整合的道路

黄浦区地处上海市的中心地带，虽然区域面积狭小，但黄浦区商业繁荣，经济发达，人文底蕴深厚，辖区内非政府社会组织的种类和数量繁多，诸如学校、文化馆、艺术馆、老字号企业等社会机构蕴藏有丰富多样的资源，其中有相当多的社会公共文化的优质资源可被开发、整合、利用。这些有利条件为我们充实教育资源提供了得天独厚的优势。以"黄浦区每一位市民的终身发展"为目标，以终身教育理念为指导，黄浦区鼓励辖区内各类社会组织通过多种途径参与社区教育、终身教育，从而整合社会组织的资源为市民学习所用。而且区域社会经济可持续发展的目标对市民的综合素质有着更高的要求，市民对于"利用一切可用的资源，实现自身的终身发展"的要求越加强烈。在过去的数年里，区域人口连年增长，老龄人数持续增多，近年来，黄浦区60周岁及以上老年人口为301515人，占到总人口的35.01%。各类人群对优质学习资源的需求总量不断攀升，种种现状不断激励我们通过整合区域社会资源，并将其转化为优质教育资源，以期更好地满足不同人群、不同类型、不同层次的教育需求。

二、黄浦区实施区域社会资源整合的具体举措

（一）建立政府统筹领导、社会各方参与的治理机制

黄浦区委、区政府高度重视学习型城区建设和终身教育工作。在"十一五"至"十二五"期间，以学习型城区建设与发展目标为指导，黄浦区建立了政府统筹领导、社会各方参与的治理机制，包括：

1. 制订了《黄浦区终身教育发展规划》及《黄浦区推进终身教育体系建设三年行动计划（2013—2015年）》等指导性的文件。

2. 在区级层面建立了"黄浦区推进学习型社会建设指导委员会"，及其下设办公室"黄浦区学习型社会建设与终身教育促进委员会办公室"（简称"黄浦区学习促进办"），发挥牵头抓总作用；在街道层面成立了"社会发展部办公室"，建立了社区教育委员会，确立了联席会议制度，搭建了由街道办事处、社发办、社区学校、辖区内公办学校、辖区内其他社会组织等多方参与沟通交流的平台。

3. 在黄浦区学促办指导下，建立了"区社区学院—街道社区学校—市民学习基地"社区教育三级网络，并以社区教育三级网络为轴，以区社区学院为龙头，街道社区学校为骨干，纵向和横向整合教育系统内部资源及外部社会资源。

制度、组织架构、沟通平台及社区教育三级网络的建立有力推进了辖区内教育资源的开放与共享，也为资源整合的组织准入、经费运作、资源共享、项目开发及人员管理等工作机制的建立和健全奠定了坚实的基础。

（二）整合机构场所资源，建设"市民学习基地"

1. 与学校合作，建设"市民学校"及学校类市民学习基地

"十一五"时期，在黄浦区委、区政府的统领下，黄浦区学促委成员单位达成一致意见，将区域内18所公办中小学校作为街道社区学校的分校教学点，挂牌成立了"市民学校"，向街道辖区内的市民适度开放校内场地、开设课程、提供校内师资。

从"十一五"后期开始，黄浦区学促办对全区公办学校及民办学校的教育资源状况进行了考察和梳理，对符合开放条件的学校授牌成立"市民学习基地"，并且制定了《黄浦区市民学习基地建设运行管理办法》，分别授权黄浦区社区学院及黄浦区终身教育指导服务中心，指导公办学校类和民非学校类市民学习基地的建设。

区社区学院、街道"社发办"与"学校类市民学习基地"开展教育资源供需对接，三方签订《黄浦区市民学习基地（公办学校类）共建协议》，公办学校市民学习基地与所属街道合作，在学校平日上课时段及寒暑假期，实施场地开放、特色课程和校内师资的共建共享。

黄浦区终身教育指导服务中心以"黄浦区终身教育课程推介活动"为平台，鼓励民非学校类市民学习基地与各街道对接学习需求，三方签订《黄浦区终身教育课程推介培训协议》，将民非学校的优质课程资源和师资送入社区。

近年来，黄浦区一共建有53所学校类市民学习基地，分布于全区十个街道，其中公办学校类市民学习基地37家，民非院校类市民学习基地16家。

2. 与企业、文化场馆合作，建设企业类和场馆类市民学习基地

在黄浦区学促办的领导下，黄浦区社区学院与区内一批老字号企业实施"院

企合作",签订了《黄浦区市民学习基地（企业类）共建协议》。根据协议，企业以"双向"的方式为市民提供学习资源：一方面迎接吸引广大市民走入企业门店，感受和体验名企文化，另一方面企业主动走进社区面向广大居民"送资源"。院企合作的市民学习基地通过聚焦企业文化资源的整合与转化，开设具有企业文化特色的社区教育课程，一方面为广大市民了解老字号企业的历史发展进程、感受商业文化魅力、体验传统生产技艺提供了重要的学习平台，另一方面也有助于企业提升品牌影响力和竞争力，实现社会效益向经济效益的有效转化。

截至目前，黄浦区企业类市民学习基地共有9家，范围涵盖食品、服装、饰品及餐饮服务等多个门类。

作为黄浦区终身教育体系结构的基石，黄浦区市民学习基地经过近几年与学校、企业、文化场馆的合作共建和更深层次的资源整合，已经展现出类别多样、分布广泛、资源丰富的运作优势，成为深受市民喜爱的"就近享学的园地"。作为发展区域社区教育、终身教育的前沿阵地，黄浦区各类市民学习基地的资源直接与社区居民学习的需求对接，其优质资源持续向社区输出，促进了学校、企业、文化场馆等社会组织参与终身教育治理和社区治理，也开辟出了一条创新社会治理的新路子。

（三）整合海派文化资源，打造"海派文化体验基地"品牌

黄浦区是上海海派文化的发源地，以豫园、文庙等为代表的老城厢文化、以传统老店为代表的中华老字号文化和以现代化音乐美术为代表的现代艺术文化在黄浦交相辉映，造就了"海纳百川，兼容并蓄"的海派文化。正是基于对区情的准确把握，黄浦区社区学院在建设"市民学习基地"的基础上选择了在教育资源建设比较成熟的企业类市民学习基地，申报、获批成立了"海派文化体验基地"，为市民学习基地的建设指明了新的方向，注入了新的内涵。

1. 各展所长，跨界合作，实现海派文化资源的有机整合

要建设好"海派文化体验基地"，就需要把老城厢文化、老字号文化和现代艺术文化这三个海派文化的组成部分有机、有效地整合起来。而要实现多样文化资源的有机整合，一方面需要先各展所长，充分发掘和展现每一种文化的独特魅力。为此，黄浦区通过独立运作的方式，将老城厢的文化场馆打造成一个个海派文化的体验点，例如三山会馆的"城里城外看上海"大家谈频道、"会馆古戏台秀风采"大家演舞台等；通过对中华老字号企业实施"相约老品牌""相会新时尚"等特色项目，开设体验课程，使之"变店堂为学堂""变企业经营者为教育服务者""变企业文化资源为终身学习资源"。另一方面，需要在各取所长基础上，实现资源的跨界

整合。为此，黄浦区通过引入跨界运作的模式，推出"四季音乐会"等项目，将代表现代艺术文化的交响乐团及现代艺术展览请出音乐厅和展览馆，走进文庙的明伦堂和三山会馆的古戏台，通过古今中外的文化碰撞，诠释海派文化"兼容并蓄，海纳百川"的精髓，并给市民带来别样的文化体验。

2. 对接需求，广泛参与，实现海派文化资源的有效整合

实现海派文化各部分资源的有机整合只是第一步，要进一步实现文化资源的有效整合就离不开公众的广泛参与，为此，黄浦区也一直在不断地探索，并从实际的工作案例中汲取宝贵经验。例如红房子西餐厅在社区学院的帮助指导之下，将企业内部的厨师、调酒师、自编读物、培训教材等作为市民海派文化学习体验的资源，通过为老年人开设系列体验课程，为青少年举办"西菜小达人"暑期专场体验活动，为青年白领组织"半日体验"活动这种富有针对性的学习体验活动，成功吸引大批市民广泛参与，取得了良好的工作成效。又例如恒源祥与街道社区学校对接需求，开展"趣味编织沙龙系列活动"，打通了各类教育机构之间的壁垒，得到了市民的积极响应。另外，区社区学院还积极与区内各中小学及学校类"市民学习基地"合作，将各类海派文化体验点面向中小学生开放并作为学生社会实践的基地，赢得了参与活动的学生和家长的好评。

黄浦区推进海派文化资源有效整合的努力也结出了累累硕果。2014年"市民海派文化体验"被评为"全国终身学习品牌"。目前，海派文化体验基地共设9个体验点，含企业类体验点6个、场馆类体验点3个，共有24个体验项，体验点与社区学校合作开发了《中医养生与保健》《简易西式餐饮与制作》《茶文化与生活》等一系列区级精品课程16门，全区有近20门课程被评为上海市社区教育特色课程，多次获得上海市社区教育教学资源征集活动奖项，连续两年获得"特色课程优秀组织奖"。截至目前，"海派文化体验基地"项目已接待来自上海市其他区、外省市乃至国外的交流访问团十余支，在社会各界的关心支持之下，基地正在逐步打造成为市民日益喜爱的品牌项目以及黄浦区终身教育发展的耀眼名片。

（四）整合线上线下资源，培养"互联网＋终身教育"思维

2013年，黄浦区被评为"全国数字化学习先行区"，这为黄浦区终身教育探索线上线下的社会资源整合提供了契机。近年来，黄浦区在线上线下的社会资源整合上主要做了三方面工作：一是做好线下活动的线上宣传；二是做好线下课程的线上学习；三是做好线下体验的线上参与。

做好线下活动的线上宣传。黄浦区主要借助黄浦学习网、"文文明明"幸福微信公众平台、"学在黄浦"微信公众平台、博雅"海派文化体验基地"专栏等网络

媒介及时预告和宣传"市民学习基地"和"海派文化体验基地"举行的一系列活动，并做好活动有关信息的发布。这些线上的活动宣传对提升线下活动的社会关注度和公众参与度起到了积极的作用。

做好线下课程的线上学习。配合"线下"的社区教育三级网络，黄浦区利用移动数字化平台，完善了"线上'四库一线'（即课库、师资库、教材库、资源库和区黄浦学习网）"建设；推出了"线上线下一体化运作"的"学在黄浦"微信公众平台；推进了"微课程"项目。这些平台项目，将线下体验点的体验课程和活动以在线视频教学、网络互动直播等方式吸引更多市民通过各类终端设备进行观看、参与和学习。截至目前，黄浦区共制作社区教育系列微课程5门，其中《京剧》和《珠宝鉴赏》两门特色课程已建设成为系列微课，《京剧的表演特征》还获得了首届"全国社区教育微课大赛"一等奖。

做好线下体验的线上参与。互联网时代，终身教育资源要适应公众多样的学习需求，要尊重公众的自主选择，就必须转变观念，推进线上需求与线下资源的对接。目前，"海派文化体验基地"已经向中小学开辟了网上预约体验活动的通道，在线"微"课程的推出也丰富了市民参与终身学习、体验海派文化的途径。这些行动都体现了资源提供者和配置者在思维观念上的积极转变。

从"十一五"到"十二五"，黄浦区在持续大力推进区域社会资源整合，完善区域终身教育服务体系进程中，取得了许多有目共睹的成就，但也不可否认地存在着很多尚须不断探索解决的难题。在"十三五"期间，黄浦区认真贯彻《上海市终身教育发展"十三五"规划》《黄浦区教育改革和发展"十三五"规划》及《黄浦区推进终身教育体系建设三年行动计划2013—2015年》的工作要求，继续深入推进区域社会资源整合，建成立足黄浦、高度开放、适应市民多样化学习与发展需求的完备的终身教育服务体系，最终实现"一切为了人的终身发展"。

（上海市黄浦区业余大学校长、上海开放大学黄浦分校校长、
上海市黄浦区社区学院院长、上海市黄浦区老年大学校长　费秀壮）

弥漫氛围　润泽心灵

——供给侧改革理念下的校园文化建设

上海市黄浦区业余大学是一所经上海市政府批准、国家教育部备案的独立设置成人高等学校。学校于1958年建校，耕云播雨六十载，滋育桃李万千。学校长期坚持"以质量求生存，以特色求发展"的办学理念，以学生为本，实施实践性课程教学改革，探索符合终身学习理念下的教育教学方法。在2017年的开学典礼上，费秀壮校长提出教育"供给侧改革"理念，促进学校转型发展，将学校教育教学模式从需求侧的拉动转向供给侧的推动，实现教育教学资源更优化配置，进一步满足成人学生个性化发展需求。教育"供给侧改革"指通过课程建设、教师队伍培养、教育规划管理等内容提高教育教学供给端的质量、效率和创新性。基于"供给侧改革"理念，学校从校园环境营造、精神润泽以及制度文化三方面入手，不断加大教育供给投入，用匠心铸梦，打造出润泽心灵的校园文化。

一、营造怡心静美的校园环境

学校应该是静美的，学校应该是充满文化气息的，来自各方的成人学员需要有这样的学习环境、喜欢这样的文化氛围。校园的文化环境是学校积累和创造的，以物化形式存在的一种文化，是学校精神文明、核心文化的有形载体。优美的校园环境能带给师生归属感与自豪感，进一步提升师生凝聚力，激发出师生的热情与干劲。

学校目前分设四川南路（总校）、陆家浜路、建国中路三个校区，占地13230平方米，建筑面积31249平方米。2017年，随着校园环境建设工程基本竣工，学校校园面貌得到进一步的改善。新校舍整体格调优雅、大气，面砖色彩柔和、亲切，建筑风格海派、和谐，为一流校园文化建设打下了坚实的基础。学校礼堂独具文化韵味。学校四川路校区秉承"建筑是石头的史书"、要延续历史文脉的理念，在礼堂建设过程中，沿用其传统教堂框架式结构，将高顶长廊的复古样式修复保留。现在礼堂承接学校各类专题活动、讲座，例如教育教学会议、开学典礼、毕业典礼、师生联谊活动、发展规划大会等。礼堂已成为学校教职员工、全体师生共商校事、携手谋发展的重要公共文化空间，进一步增强了学校的凝聚力，为构建师生精神家园注入正能量。同时，礼堂也无偿提供给社区、街道进行各类文化活动，支持区域文化建设。

学校还建有图书馆、资料室、高级多媒体数字会议厅、智能录播教室、标准化多媒体教室、多功能软件实训室、会计实验室、案例讨论室、网络计算机实验中心等各类硬件设施，并逐步投入运营。图书馆是学习的重要资源，是保障教师教科研水平、提升学生学习能力的重要场所之一。学校重视图书馆建设，现设有藏书10.19万册。各类现代化教学设施、科研设备、活动设施、图书资料等，夯实了学校怡心静美的校园环境建设，从供给侧的角度助力打造一流校园文化环境。

二、丰富校园精神文化建设内涵

校园精神文化是一种更深层次的校园文化，是师生共同的思维模式、道德规范、行为准则和价值观的综合体现，是师生对学校办学理念的认同。精神文化是校园文化的核心，丰富其内涵建设能营造浓厚的人文氛围，增强全校师生的使命感与综合素养，形成学校独具特色的教育教学模式。2017年学校以"供给侧结构性改革"项目为主线，秉承以学生为本的理念，在教育教学原有基础上进一步深化教学改革，实现课程模式多样化；举办中青年教师主题沙龙活动，促进师资力量专业化成长；开展多元化的学生活动，提升学校凝聚力。学校精心搭建多个教育教学新平台，丰富校园精神文化内涵，不断探索服务育人的新思路、新方法。

（一）深化教学改革，课程模式多样化

学校就成人教学目前存在的线上学习需求旺盛、知识和专业诉求多样化等特点，采取"知识点"教学方法、实施通识教育、运用"互联网+教育"模式进行系列课程的课改工作，形成教风、学风、校风的良性循环。

在学校"供给侧改革"理念的引领下，教师不断钻研、深化、超越教材，提炼学科核心知识点，将其以碎片化方式呈现给学生，极大提高成人学生的学习效率。同时，学校致力于培养能适应多元化社会需求的复合型人才，增强学生的人文修养。截至目前，已开设《传统文化的复兴》《爱上电影》《职业生涯规划》《劳动合同的纠纷与处理》《西方流行音乐与文化》《四季居家茶艺》等16门通识课程，均以单次大型现场讲座形式授课。通识课程丰富了学生的知识面，提升学生的综合素养，受到成人学生的普遍欢迎。近年，学校开始探索与实行"互联网+教育"的"课改课"教学模式，先后建成了"微信公众号""在线学习平台""毕业论文（毕业设计）指导交流系统""在线考试系统"等信息平台，任课教师还开通了课程微信公众号或微信群，通过手机端及时发布课程重难点、课程总结与学习要求，在缩

短面授课课时的同时，通过录播视频、推送资料等方式确保教学质量，提高教学效率。截至目前，教学平台上已建有216门课程信息，建有网上教学资源517件。高质量的面授课、便捷的手机端新媒体操作方式，使基于供给侧改革理念下的"课改课"授课模式深受学生青睐。成人学生自主学习更加便利，学习动力有所提升。

（二）举办教师沙龙活动，促进师资队伍专业化成长

学校"中青年教师沙龙"是为教师提供思想交流、教学示范、成果共享的优质平台。全校性的沙龙讲座截至目前已举办多次，专题覆盖"教师科研""教学改革""微课建设""翻转课堂""以供给侧改革理念，促有效性课堂教改""说课"等内容，并聘请校内外专家教授予以指导讲评。沙龙活动凝聚学校教学思想、促进教师间的专业交流、汇聚教师教学智慧。中青年教师在活动中得到锻炼与成长，并逐步养成优秀的教学教改及科研创新能力。雄厚的师资力量是优良校风、学风的保障，中青年教师沙龙为推动学校精神文化建设提供优质营养供给，营造团结、和谐、友爱的集体氛围。

（三）开展多元化学生活动，提升校园文化活力

学生是校园精神文化建设的主体，多样化的学生活动有助于拓宽学生的知识面、提升学生的思想道德素质和人文素养，营造出团结合作、积极向上的校园文化氛围。学校通过组建学生会开展多类别文化活动；通过举行具有仪式感的活动传达学校办学理念；通过开展公益讲座提升成人学生文化素养，增强校园文化活力，促进和谐校园建设。

现在，学校开设的学生文化活动涵盖艺术、体育、思政教育、道德实践等多方面。学校充分发挥学生会作用，定期召开学生会代表会议，基于供给侧改革理念，让学生对学校章程、教学工作与活动制度提出意见和建议，推进校园建设，成效显著。学校加大学生参与学校仪式活动的深度，增进学生参与学校活动的热情，提高学生对学校的认同感，让成人学生更积极、专注地度过大学学习生活。学校于暑期开办"主题学习日"公益讲座，开讲课程由学校学生自主投票选出。《生活实用财务知识》《职场英语口语》《影视英语赏析》以及《室内家居布置艺术》当选最热门课程。参加讲座的学员表示，感谢学校创建的平台为自己提供了切实所需的培训，拓宽了自己的思路与视野。多样化的学生活动用满满的正能量凝聚人心，聚力校园精神文化建设。

三、建立健全良好校园制度文化

校园制度文化是由学校制度所承载、表达、衍生和推动的文化。制度建设是实现依法治校的前提和基石，建立健全的校园制度文化是营造优质校园文化氛围、提升学校品牌魅力的坚实基础。近年来，学校认真研究优秀教育理论，先后制定和完善了《黄浦区业余大学高职高专教学改革课程教学工作要求》《黄浦区业余大学关于教学事故的认定和处理的规定（试行）》《黄浦区业余大学课程教学改革工作要点（试行）》等规范性制度二十余项，为推动学校教育教学开创新局面。2017年，全校上下深入学习贯彻党的十九大精神，以《黄浦区业余大学课程教学改革工作要点（试行）》作为制度依据，基于"供给侧改革"思路，进一步做好教学要素的监管落实、全面深化课程改革。制度性的安排体现了教育供给侧改革的实践深化和理性提升，为学校可持续发展创设了制度保证。制度文化的建设红利必将为学校的科研进步、学科发展、教师成长、学生成才创造良好的保障。

中国经济供给侧改革的提出是基于我国经济发展的现状；成人教育供给侧改革，同样是基于当下成人教育发展的现状。相信费秀壮校长对于教育供给侧改革理念的贡献，会惠及本校的发展，也会为其他成人高校的教学和发展提供思路和借鉴意义。

（上海市黄浦区业余大学　高小凡）

让"人力"变为"动力"

——为供给侧结构性改革提供人事工作支撑

2015年11月，习近平总书记提出供给侧结构性改革理念，旨在我国经济进入了一个新阶段之时，调整经济结构，使要素实现最优配置，提升经济增长的质量和数量。

经济改革的理论对教育领域也极具启发与借鉴意义。2016年初，黄浦区业余大学费秀壮校长做了题为《着眼于发展战略，探索办学新思路、开创学校工作新局面》的主题报告。报告将供给侧结构性改革理论引入学校发展战略，探索新的办学思路，意图开创学校工作新局面。在此，结合学校发展战略，谈谈供给侧结构性改革下，人事工作的一些思考与做法。

一、黄浦区业余大学供给侧结构性改革下的发展战略

《着眼于发展战略，探索办学新思路、开创学校工作新局面》提出，学校要改革学校办学思路，要打破僵局，要优化存量资源，优化师资，用好校舍及设施设备资源，开发新课程、新专业，提供优质教育产品。报告指出学校工作要牢固树立、切实贯彻"创新、协调、绿色、开放、共享"的发展理念，坚持学历教育、老年教育、社区教育三线并举，借助互联网+，成比例、有规模地进行发展。报告还提出了学校管理规范化、教学手段信息化、课程设置社会化的"三化"行动目标。

2017年初，主题报告《推进全方位、全员、全过程供给侧结构性改革》进一步明确了学校全面推进供给侧结构性改革的总体发展思路，以聚焦结构优化、提质增效、品牌引领、提升供给水平为主线，着力于建设项目创新平台、教师专业化发展平台、学校服务能力平台，以项目引领、读书分享、机制优化、借助外脑的四大举措作为支撑。

二、黄浦区业余大学人事工作对象的需求分析

结合学校发展战略，在人事工作方面贯彻供给侧结构性改革理论，首先要分析学校人事工作中的供需关系，了解需求。

（一）专业性——学校大局对人事工作的需求

学校推进全方位、全员、全过程供给侧结构性改革。其中"全员"，即全校教

师、行政人员、全体教工等在编教职员工，还包括社区学院、老年大学的在编人员。这些是人事工作的主要对象。学校发展以人为根本，对人员的专业素养、综合能力、投入程度等提出要求。这些都需要通过提升人事工作的效能，进一步优化人才队伍建设、完善绩效工资管理、规范岗位设置管理来保障，即对人事工作提出专业性的需求。

（二）规范性——教职工个人对人事工作的需求

传统的人事工作，人是被动的，是生产要素，受管理，附属于组织。现代人力资源管理的理念下，人是主动的，是宝贵资源，组织与员工须互相匹配，共同发展。供给侧结构性改革下的人事工作，要分析教职工的实际情况，把握共性与个性，了解、预测教职工的需求，支持教师专业化发展与员工实现自我价值，执行政策、开展工作要公平、公正、公开。这就对人事工作提出了规范性的需求。

（三）严谨与协作——相关部门对人事工作的需求

学校工作既需要各部门依据职能分配，各司其职，又需要相互沟通，协同配合。一些与人事工作关系较密切的部门，如行政办公室、工会、退管会等，需要人事提供相关数据支持，同时，这些部门也为人事工作提供信息以及管理、协调方面的配合，人事工作离不开部门间严谨、协作的良性互动。

三、"供给侧"改革下的人事工作反思与应对

事业单位的人事工作主要是执行政策和制度，重在操作层面，表面上看比较被动。然而在供给侧结构性改革下，学校发展战略提出人事工作的专业性、规范性、严谨与协作的需求后，一些工作中遇到的案例引发了反思，促进了应对。

（一）绩效工资，体现教职工保障与激励的"供给侧"

事业单位实施绩效工资，是事业单位收入分配制度改革的重要内容，对于调动人员积极性，促进发展，提高服务水平具有重要意义。学校根据上级主管部门的部署，于2014年制订并执行绩效工资分配方案。当时依据文件精神，学校分配方案中，基础性绩效工资占总量的60%，奖励性绩效工资占40%，体现了事业单位执行绩效工资方案之初，分配方案设计适度偏向保障作用，并尝试发挥绩效工资的激励导向作用的特点。方案中，奖励性绩效部分内容，可以反映出当时学校的中心工作与导向。

三年过去了，2017年学校全面推进供给侧结构性改革，如能在薪酬激励方面，与之匹配起来，将能更好地激发教职员工的改革动力。当年，适逢市教委出台关于进一步加强中小学绩效工资管理的《指导意见》，在2017年底黄浦区教育局下达的

区级层面增资工作部署中，要求学校参照《指导意见》对绩效工资分配方案进行调整。此项增资工作体现了"供给侧"改革理论中的"增量撬动存量"，以增资的形式，促进学校绩效工资分配比例和分配形式的优化。参照文件精神，此次调整后的奖励性绩效工资（即搞活分配的总量）应当不低于绩效工资总量50%。经过校级班子充分讨论，广泛听取意见，人事部门反复测算，此次调整适当拉开了各职称等级教师的超工作量课时津贴的差距，适度上调了各类实践教学津贴，适当增加了二线教辅岗位以及身兼多职人员的增量津贴，上调了月考核奖的基数，提高了非固定绩效奖励（含教育教学改革、科研、招生、突出贡献等）所占绩效总量的比例等。坚持贯彻了"多劳多得，优绩优酬，重点向关键岗位、业务骨干和做出突出成绩的工作人员倾斜"的文件精神，使激励贯穿收入分配的全过程。

（二）职称晋升，兼顾学校与教职工个人发展的"供给侧"

现代人力资源管理的理念认为，薪酬与晋升是员工激励的比较直接的方式。事业单位的人事工作中职称晋升、岗位晋升及聘任是体现学校管理，关系学校发展的重要工作，同时因其关乎教职工的专业发展与工资待遇，受到普遍关注。

在以往的职称申报中，人事工作的基本流程是：征求申报意向→收取申报材料→安排教育教学与政治思想考察→整理、上交材料→拿到评议结果后，安排聘任工作会议→聘任、兑现工资。2014年沪人社局发文进一步加强本市事业单位岗位管理工作，指出要严格以岗位设置方案开展事业单位人员聘用，涉及招聘录用、竞聘上岗、职称评聘、岗位等级晋升等工作。因此，相应的人事工作一定要着眼学校发展大局，预测学校与教职工个人发展需求，促进教师资源合理布局，为优化师资及二线服务人员队伍助力。从"供给侧"的角度，就不仅仅是根据时间进行节点操作。

近年来，借助学校专业化发展的平台，不少教师及辅系列专技人员通过自身努力，积累起了教科研成果，在职称晋升评议中逐渐显现优势。人事工作就要敏锐地发现此中关联，分析需求，不仅要把握学校发展思路，还要增进与各部门以及教职工个人的沟通，重视政策、制度的宣传与解读工作，注重教职工的职业生涯规划，主动提供相应的支持，将教职工个人发展与学校发展联系起来。

（三）规范流程，体现人事工作服务质量的"供给侧"

人事工作既有着眼学校工作大局的人才队伍建设、绩效工资、岗位设置管理，也有落实到每个教职员工个体的人事制度管理工作。其中个人相关证明开具、退休手续办理等工作虽常规、细小，但关乎人事工作的服务体验。

退休手续办理对于人事而言是一项常规性工作，但对每一位即将办理退休手续的教职工而言，既希望对数十年工作画上一个圆满的句号，又希望对退休后的养老金、学校的安排了解清楚。以"供给侧"的思路，我们设计了一套退休手续办理流程：1. 提前一个月将人事室设计的《办理退休手续的通知》发给本人，告知其办理退休手续的时间、需个人准备材料，什么时候交材料给人事室，什么时候结束在职的工作等，并附校办设计的《清还所借物品流转单》。2. 教职工递交材料时，我们将已准备好的社保申领养老保险的表格，当场输入个人账户信息后，请本人确认基本信息并签字。同时，告知后续工作：人事短信告知社保核定后的养老金金额、其他一次性发放金额以及查询银行卡的时间；通知领取退休证；办理公积金提取手续。这套流程顺利的话，办理退休手续的人员最多到人事室三次，甚至可以通过发送电子邮件省去第一个环节，其他校区的教职工也可以通过书面委托的形式，请同事代领退休证。流程的规范与合理简化，提升了服务体验。

每年假期前的一两个月，会有教职工陆续来开在职证明，此类在职证明大多是用于出境旅游前办理签证用。一般在职证明，仅需证明个人身份、职务、工资收入等信息，依据人事数据核对，开具即可。然而，签证用的在职证明，旅行社提供固定模板中有行程安排的起止时间，有些教职工为了避开旅游高峰，自行计划的时间可能与学校尚未发布的假期安排发生冲突。这个时间差如处理不当，会造成两种情况：要么草率开具了证明，后续与学校工作安排冲突，造成人事管理工作上的失误；要么教职工个人已订好了机票、旅馆，因人事拒绝开证明，激发矛盾。因此宜设计更为高效、透明的规范流程，广而告之，并与负责发布学校各阶段工作安排的校办做好沟通，尽可能避免此类情况的发生。

（四）多想简做，重视沟通，体现部门协作中的"供给侧"

某天，教务部门的一位同事来交需要在绩效工资中进行发放的单据时，问需不需要把不同编制的人员分开造单，但同时又表示，由于工作的类目多样，每样造单再拆为两份的话，人数核对、领导审核签字的量都要增加。

之前思考人事工作中贯彻"供给侧"改革理论时，曾想到"统一表式"的问题，主要也是希望把各部门交来的发放造单整得"好看"些。但通过这个实际问题，促进了工作中的更多反思：统一表式如果出于精简流程的角度，自然必要，但如果单纯为了某个中间环节上的操作人员的便利，增加了其他环节的麻烦，这就违背了供给侧有效供给、提升供给质量的初衷了。按工作类目造单，不同编制的在职人员在一张表上，人事部门做工资的时候只需要把其中一个编制单位的人员标识出来即可，在不同单位工资的电子文档中，把表头设为统一名称，校对总金额，还是很方便的。最主要的是，这样可使原始造单部门降低出差错的概率，而人事部门熟悉人员分布，操作中并没有增加工作难度。

　　因而，在人事工作中贯彻"供给侧"理念，宜多思考，全面考虑，然后"做减法"，简化优化操作流程，以达到有效供给、提升供给质量的效果。而与相关部门的沟通也很重要，换位思考，交换意见，能更好地优化流程，提质增效。

　　2018年，在黄浦区业余大学提出探索办学新思路、开创学校工作新局面，全面推进供给侧结构性改革的第三年。在学校迎来60周年诞辰的喜庆之年，人事工作需要更深刻领会供给侧结构性改革的深刻内涵，立足本职，主动思考，更专业、更规范、更优化，切实为学校管理、改革与发展的需求服务。

（上海市黄浦区业余大学　仇培芳）

柔性化发展　个性化定制

——终身教育背景下教师的融合发展

随着经济社会的发展，区办成人高校既要着力破解成人高等教育现实发展瓶颈，又要应对未来经济社会发展和技术换代新态势，与此同时还要满足社区市民多元优质的教育需求。为此，学校将坚持推进成人高等教育供给侧结构性改革，坚持以人为本，有效整合资源，扩大供给，不断提高学校竞争力，努力构建学习型社会建设大平台，推动学校整体工作再上新的台阶。

面对区办成人高校教育发展的瓶颈，成人继续教育与终身教育各自为政，双方不能互通有无、资源同享，特别是教师培养供给侧与需求侧不匹配，教师迫切需要二次转型，而校内教师教育资源分散，严重制约成人高校提升教师教育质量，不能更好地服务于终身教育。

笔者所在的应用艺术系为整合分散的教师教育资源开了个好头，探索教师融入终身教育的新举措，加大教师融入终身教育的力度，在协调发展中拓宽教师发展空间，迈出了可喜的第一步。本学期，在学校的大力支持下，系部有5位中青年教师根据老年教育市民的需求，打破传统单一的绘画类教育，开设了一些不同以往的有创设性的实操课程，实施了一些适合老年学员学习的教学新模式，大大提升了老年大学教育服务的新台阶。笔者去年参加上海美协在上海大学美术学院举办的漆画高研班培训以后，通过一年的精心准备，本学期在黄浦区老年大学首创引入非物质文化遗产的中国传统《漆艺漆画》课程，在校内开设了漆艺漆画工作室，将传统文化融入老年教育，着力推动中国传统手工艺的文化传承，打造工匠精神，探索传承创新传统技艺的现代终身教育机制，推动了漆艺传统文化的普及。刘秋雁老师开设的《创意丙烯画》课程，将非遗的旗袍文化元素融入教学，运用不同的媒介进行创作表现，制作了有创意性的DIY文创作品，丰富了课堂教学内容，引来了老年学员们的关注。朱文嵘老师开设的《手绘速写及电脑综合》将手绘与电脑绘画课程有机融合，打破了传统单一教学模式，带学员到生活中去挖掘素材，体验自然的美，线上线下同步混合实操，激发了老年学员学习的兴趣点。张燕婷老师的《素描、色彩》课程，在价值追求方面，从"健康快乐"向"康乐＋发展"转型，从单纯的休闲绘画，转入有品位的艺术创作。邵波老师开设的《图像处理》将泛在性的教学模式引入课堂，让乏味枯燥的图像处理课程活起来了，把年轻人特有的朝气带给了老年朋友，让他们时时刻刻都感受到在学习，时时刻刻都感受到学习的快乐。教师们的这些创新举措切实让更多老年人享受更高质量、更加愉快的教育服务，彰显了教育工作的开拓创新。

为全面推进终身教育内涵发展，加强老年教育教师队伍建设，保障终身教育工作者专业化发展，整合提升内涵是教师转型发展的当务之急。要求专业课教师努力提高自身价值渗透的意识，磨炼价值渗透的绝招，着力提升老年教育的服务能力。教师为应对教学需求变化，要通过各种渠道的教育培训，内练苦攻，有效提高自身教学能力，努力提升教学服务水平，积极开拓教学新思路。

新时代的终身教育对教师教育提出的新要求，倒逼承担老年教育的成人高校、老年大学和社区学院这类学校必须整合教师教育资源，服务新需求。终身教育要"瞻前顾后"，促进教师积极融入终身教育一体化发展，整合教师教育资源一体化，优化教师教育组织机构，加强师资专业性培训，投入硬件基础设施，激励教师转型发展，并把它转换成一种长效化的管理机制，不断与教师的转型发展相接轨。学校从自发随意性办学走向规范专业性办学，从封闭式课堂走向开放式课堂，与传统课堂教学融合互补，教学内容从完全休闲型走向发展型，教学效果从被动学走向主动学，师生关系更为融洽、亲和、互动，教学相长，更有凝聚力，逐步提升老年教育服务等级，把学校真正办成培养高素质、专业化、创新型、健康快乐教育学习的基地。

信息时代，终身教育面临转型，其教育理念、教育功能、教育内容和教育方式等都发生了深刻的变化。以人为本、柔性化发展、个性化定制，正在成为教育的新理念。学科先行、实践跟进、学术引领，是突破教师教育单一性与前瞻性困境的前进方向，授课内容从碎片化的学科知识转向成体系的教师核心素养能力课程，动手实践性的课程更为强化实训、实操。终身教育从课堂面授走向线上线下的混合教育方式；从教师唱独角戏走向师生间互动，学员间互动，让教学过程成为一种有吸引力、有趣味的享受；运用动画、视频等多媒体手段，深入浅出、开放式教学、泛在性学习；对于课程、教师、学习进度、学习方式，给予学员充分的选择权，满足学员的不同需求。同时进行"个人定制"，启发学员的思考力和创造力。根据学员的不同背景文化层次需求，设置通识课、专业课和休闲课，利用互联网电脑、移动媒体、手机微信平台，对讲座课件进行反复泛在学习，加深理解和记忆。不断使现代教学模式走向网络化、多样化、碎片化、个性化，有效促进成人继续教育与终身教育体系的融合发展上一个新的台阶。

（上海市黄浦区业余大学　陈文彪）

视 域 篇

供给侧改革为成人高校转型发展再亮"路灯"

教育是普惠性的事业，也是百姓的民生。成人高校要为这种事业注入生机，要为这种民生激发活力。

学历教育，具有提高学历的功能。非学历教育包括社区教育、老年教育和职业技能培训，具有提升能力与素质的功效。学历教育与非学历教育，只有需求、程度、期冀的不同，都是教育"大家庭"中的成员，没有高低之分。

供给侧改革，要为学历教育强化文化的基因，要为社区教育增加多元的可能，要为老年教育增添快乐的元素，要为职业技能培训增强出彩的机会。

供给侧改革，为各类教育敞亮"路灯"。这"路灯"，就是打开学历教育、非学历教育的"长命灯"，也是点亮街区文明发展、满足市民学习的"大众灯"。

打破老旧格局　扩大有效供给

——改进成人学历教育的供给方式

一、发展战略与总体目标

（一）发展战略

近年来，供给侧改革的理念和实践开始在各个领域持续延伸。尤其是与经济发展密切相关的教育领域，更因其自身特点和存在的问题而亟待引入供给侧结构性改革理念，推进改革不断深入。李克强总理在对教育工作重要批示中指出："'十三五'期间，要进一步深化教育综合改革，优化调整教育结构。"因此，现阶段在促进学校转型发展中，引入供给侧改革理念，体现了时代性和紧迫性，有较强的现实意义。

供给侧改革即侧重、偏重供给方面的改革，用改革的办法推进结构调整，矫正供给要素的配置，使供给方面更加优化、有效，提高供给体系的质量和效率，更好地满足各方需求。它不是否定需求，而是要达到供给与需求的有效平衡，提高供给结构对需求变化的适应性和灵活性。教育供给侧改革就是在了解学习需求的同时，改革教学产品内容、模式的供给，提供更好的教育服务，这是学校全面深化改革，实现转型发展的发展策略和基本思路。

（二）总体目标

以供给侧改革理念为指导，深化对成人高校供给的结构性改革，改变多年形成的旧格局和思维套路，厘清供给方与需求方的关系，从学校发展的战略高度，全面地、根本地扭转办学的方向与重心，减少无效供给，扩大有效供给，提高供给结构适应性和灵活性，使供给体系更好地适应需求结构变化，促进成人高校转型发展，实现成人高校与终身教育体系的融合优质发展。

二、以科研项目为引领，促进学校的转型发展

一直以来，学校领导都非常重视课题和项目研究，同时以此为抓手，鼓励广大教师积极参与，以课堂为基地，开展实践探索与改革。学校每年都积极申报各类课题和项目，鼓励教师在参与科研项目的过程中，边做边学，边教学边总结边研究，

做到了在做中学，在做中研究。通过教育科研工作的开展，广大教师积极学习相关教育教学理论，了解最新的信息平台技术，深入调查，分头实施，逐步推进，有力地推进了学校的整体教学改革，还促进了教师队伍的成长，提高教师科研能力，促进学校的转型发展。

（一）以沙龙为平台，提高教师教研能力

学校的中青年教师沙龙，已成为帮助学校中青年教师展示实践成果、探讨课程教学改革、交流专业教学科研的重要载体。年轻教师在参与沙龙活动中得到锻炼，在参与教学改革和课题研究中快速成长。自沙龙建立以来，每学期开展一次全校性讲座、交流示范、评比等不同形式活动，以"教师科研""教学改革""微课建设""翻转课堂"等为专题，聘请校外专家教授和校内专家（副教授以上）进行评审和指导，中青年教师沙龙活动有效增强了教师的教研能力。借助中青年沙龙的辐射作用，教师最新的科研成果经常引起全校教师的共鸣，进而对提升全体教师的教科研能力有所裨益，中青年沙龙现已成为学校中青年教师成长的主要平台和重要舞台。

（二）以综改为契机，促进学校转型发展

近年来，随着上海城市产业结构调整，专业人才需求结构相应变化，学历教育的生源逐渐萎缩，区办成人高校陷入了困境。与此同时，社区教育、老年教育、职业技能培训的蓬勃发展又为区办成人高校带来了新的希望。但由于多年形成的格局和思维套路，各方面都存在着原有板块与新辟板块之间互不融通的弊病，以学历教育为重心的格局未能根本转移。按照上海市教委颁发的《2016年上海市教育委员会工作要点》以及《黄浦教育改革与发展"十三五"规划》《2016年上海市黄浦区教育工作要点》等文件精神要求，以成人继续教育与终身教育体系融合发展为目标，结合新时期发展的新要求和黄浦区域特点，进一步优化教育供给，努力为建设学习型社会，构筑黄浦终身教育大平台添砖加瓦，立足区域，辐射全市，做好终身教育服务。2016年，在校领导的高度重视下，以学校提出的供给侧改革理念为引导，进一步深入开展教育科研工作。研究当前的学习需求，摸索教育供给方式改革，探索教育服务方式和教学模式的转变，优化现有教育资源存量配置，实践拓展现代教育服务的新途径，探索成人教育与终身教育的融合发展，进而促进学校转型发展。

（三）以考核为手段，提升教师科研能力

学校制订了《科研管理方案》，对学校教师参与科研的权利和义务做了明确的规定，明确了科研管理的目的、职责、流程。同时，为了鼓励和加强学校的科研工作，提升教师专业能力，学校还将科研成果纳入绩效考核范畴，进一步激励了全校教师投身和参与科研的积极性。通过梳理学校的科研成果发现，目前核心刊物的研究内容主要集中在教师不同的专业领域和课程教学改革领域，教师的专业能力和科研能力得到了进一步的提升。

三、以学习需求为导向，推动教学的不断改革

2017年，学校对在校560名学历生进行了学习需求调研。调查显示：12.31%的人喜欢网上自主学习，43.85%的人喜欢网上自主学习和面授相结合。结合座谈后发现，单纯希望到校参加面授或单纯通过学习平台进行自主学习的人数不多，更多的学习者希望线上线下相结合，在专业教师的辅导下结合网上学习平台、公众号平台进行自主学习。成人学习者之外，社区学习者对网上学习的兴趣点也有所提升，39%选择网上参与学习活动，27%选择网上参与在线课程；注重课程的实用性，64%喜欢在线互动交流；随着电子设备的普及，无线网络的全覆盖，手机、平板电脑等移动学习终端使用越来越受到关注。新时代、新技术、新需求，必将推动教学的不断改革。

（一）探索基于信息技术的教学改革发展之路

信息技术的发展与更新，对教育的发展提出了新的要求，甚至产生了革命性的影响，信息技术成为教育改革不可或缺的力量。学校一直致力探索信息技术与教学的融合发展，也非常重视教学改革。先后开展了"基于信息化技术的课程教学模式改革""基于翻转课堂教学模式的比较研究""基于混合学习的教学设计与应用研究"等课题研究，并在课堂研究的基础上，在全校逐步推广实施。

（二）开发适合移动端学习的系列微视频资源

学校通过网上教学平台已经提供了比较丰富的学习资源，例如音视频、PPT、文字资料包等以及创设在线练习平台等，但同时，学生更希望使用移动端作为有效学习工具"时时处处可学"，更欢迎由辅导教师制作的课程总结、重点难点讲解、案例分析及作业讲评等推送内容。在此基础上学校大力推进微视频录制，并组织开展了微视频课程大赛、微信公众号比赛等多种活动。

（三）构建运用微信公众平台的混合学习模式

学校以微视频为元素，以微信公众号为载体，构建运用微信公众平台的混合学习模式，全面推进教学改革。根据需求调研，学校开展"基于混合教学的教学改革"，以面授辅导与自主学习结合、线上线下学习结合、专业学习与工作实践结合，加强学习过程中的督促及个性化学习指导，引导学生使用现有优质资源，同时通过学生喜爱的微信资源推送等方式进行资源补充。截至2019年，有58门课程进行了

教学改革，开设了微信公众号，每日推送新课程、新信息，以便于缺勤学生展开学习。公众号内容推送虽然便于移动学习，但具有碎片化的特点，为了补上短板，使在线学习更具系统性，学校还以"黄浦区业余大学在线学习平台""黄浦学习网"和"黄浦区数字化学习港"建设为核心，整合网络学习资源，系统化地进行资源的远程配送。

（四）提供符合成人学习特点的学习支持服务

成人学习者经常受工学矛盾和家学矛盾限制，学习投入不足，无法保证面授课的出勤率，自主学习能力欠缺。调查显示，对于面授课，76.92%的学生认为每门课面授安排4—5次比较合适。对于这些课程，可以借助信息技术手段，通过精心的一体化教学设计及个性化的学习支持服务，适当减少面授课次数，提升面授课的效率和质量。但是，对于特殊的课程，如英语、计算机、会计类课程，对部分基础较差的学生而言，增加面授课时数仍有很大必要。鉴于课程的不同特点和学生的不同需求，学校经过研讨，提供了不同的符合成人学习特点的学习支持服务。

（五）参加利于实践能力培养的创新实践项目

随着社会、经济、产业结构的调整，对成人学习者的知识结构提出了新的要求，他们固有的知识结构已经无法完全满足社会的要求。成人学习者再度走进课堂具有强烈的目标导向性，追求所学知识的实用性。学历教育的专业课程不仅注重系统理论知识的学习，帮助学习者养成系统思考能力，同时注重课程社会实践的解析，充分调动了学习者的积极性和参与性。学校积极参加利于实践能力培养的创新实践项目，在学校领导的大力支持下，学校管理、基础、计算机等系部老师积极参与，认真选拔参赛学员，并全程给予精心指导。梁正礼老师指导的软件工程专业高俊同学"在线测试系统"获得第九届上海市大学生计算机应用能力大赛三等奖；李浦、程继辉老师指导的黄浦分校——日之升、月之恒队分别获得第三届上海市大学生决策仿真实践大赛二、三等奖；张玉莲老师指导的行政管理本科王凌云、高路，城市公共安全管理吴新华等三位同学的"静安区居民养老保险参保率探究"调研类项目和梁正礼老师指导的软件工程田玉佳、应晓睿等两位同学的"网上电子商城"实物设计类项目均获得第三届上海开放大学学生创新研究项目二等奖。创新实践项目注重培养学生的学习力、应用力、发展力，让学生学以致用，同时，也培养了学生严谨的学习态度和坚韧不拔、持之以恒的精神。

四、以结构调整为手段，实现服务的精准供给

随着区域经济、政治和文化的发展，高等教育的普及，人们对学历教育的需

求有所降低，而具有区域特色、时代特色的社会需求则日益强烈，且呈现多元化趋势。黄浦区地处上海市中心，是典型的小而精的中心城区，辖区内商业区众多，有打浦桥商圈、淮海中路商圈、南京东路商圈等，具有典型的商业服务特性，这就对从业人员和居民素质提出较高的要求。另一方面，每年国家和市、区都会出台各类政策，其中不乏一些是对提升人员素质的培训需求。这些都是与学校定位相吻合的社会需求所在，作为区办成人高校，在教育供给侧结构性改革推进过程中，时刻以促进社会发展为责任，以结构调整为手段，提供教育服务，实现精准供给。

（一）调整教育结构

学历教育日益萎缩，非学历教育蓬勃发展，区办成人高校按需调整教育结构。以学历教育为主，非学历教育为辅，转向以学历教育为基础，社区教育和老年教育为重点，职业技能培训为取向，社会工作为探索，进而实现成人高校的转型发展。办学形式更加开放，从闭门办学到合作办学，逐步向社会开放，利用辖区内的经济、政治和文化资源，加强与社会各方的联系和沟通，大力开展合作。2017年，学校先后与市民热线、区妇联、驻区部队、兄弟院校合作；与终身学习对接，整合社区资源和社会资源，设计、论证并推进教育创新项目，寻求教育结构调整的突破口。2018年—2019年，又先后开展了"育婴员"职业培训，以及家政服务和学前教育学历班。

（二）优化专业设置

在教育供给侧结构性改革推进过程中，对接多样化的市场需求，要优化专业设置，全方位整合优质教育供给，整合现有的各种教育类型，包括学历教育、社区教育、老年教育和职业技能培训，形成优质教育供给整体，提升教育服务供给的质量。从注重实用的闲暇教育，到有行业认证的职业技能培训，再到系统科学的学科专业，逐步凝练出新专业领域对接市场之需；优质的专业设置和课程通过学分互认的方式，在各种教育类型中共享，以适应和引领学习之需。例如，开设"城市公共安全与管理"本科班，"家政服务与管理""老年服务与管理"大专班，实现了学历毕业证书与职业资格证书的对接，在提供专业课程的同时，借助职业技能培训，开展专业培训，提升学生的实践操作能力。又如，将社区教育系列微视频引进学历教育，开展女性教育，深受欢迎，通过引入社区教育和老年教育的通识性课程，可以拓展学习者的知识面，增加文化涵养。再如，学校举行了法律、投资理财、心理辅导、子女升学计划、本专科入学报名等五大现场主题咨询活动，6位教师开展了"22楼的故事""职场英语口语""生活实用财务知识""影视英语赏析""室内家居布置艺术"5个公益讲座，并向社会免费开放，获得一致好评。在优化专业设置的过程中，突破了课程供给壁垒，加速了学历教育与非学历教育的融合发展和共生发展。

（三）重设组织结构

教育领域供给侧改革有两个作用，分别是引领教育发展，优化教育结构，以解决"优化组合"问题和"产能过剩"问题。以供给侧改革理念为指导，学校将同属于学历教育的黄浦区业余大学教务处和上海开放大学黄浦分校教务处的组织机构进行了重设。原先两个教务处，无论人员组成、岗位职责，还是功能结构等方面，都存在交叉重复的问题，学校经过研讨决定，将两个教务处合并重组，分为"教育发展处"和"教育教学处"，教育发展处主要负责学校的招生和发展规划，教育教学处主要负责教学教务管理。组织结构的重设，加快了学校管理的效率，也提高了学校整体的服务质量。

（四）加强师资建设

供给侧改革的关键是人。转型发展需要教师从教学型向技能型、应用型、导师型等"双师型"转换，为此，学校组织教师参加各类培训，提高专业知识和信息化教学水平；开展教学交流与教改研讨，鼓励教师参与教学改革，培养教改能力和创新能力；鼓励专业教师主动适应办学功能的拓展，参与老年教育、社区教育、职业技能培训等各类教学活动。一学期一次的中青年沙龙活动更是教师展示教学实践成果、探讨课程教学改革、交流专业教学科研的重要平台。教师拓展教学服务内容，外语类、艺术类的专业教师率先主动参与非学历教育，他们针对社区老年人的学习需要策划课程，进入老年大学、社区学校、武警部队实施理论与技能的教学活动，专业教师精心策划并成功转化的已有"诗词赏析"等十多门课程。

五、以地域文化为依赖，彰显区域的办学优势

黄浦区地处上海市中心，是上海的经济、行政、文化中心所在地，人文底蕴深厚，历史遗迹众多，商业繁荣发达，是上海的心脏、窗口和名片。下辖南京东路、外滩、瑞金二路、淮海中路、豫园、打浦桥、老西门、小东门、五里桥、半淞园路10个街道、183个居委。黄浦是海派文化的发源地、民族工业的发祥地、中国共产党的诞生地。悠久的岁月积淀了以豫园为代表的老城厢文化、以江南造船厂为代表的近现代工业文化、以外滩万国建筑群和上海石库门经典建筑为代表的建筑文化、以中共一大会址为代表的红色文化，是上海城市发展之"根"。上海博物馆、上海大剧院、文化广场等全市标志性文化设施矗立其间；上海音乐厅、人民大舞台、天蟾逸夫舞台等上海最具代表性的剧场、音乐厅在此集聚；外滩、人民广场、南京路

步行街、淮海中路商业街、新天地、豫园、田子坊等一大批内涵丰富、特色鲜明的"城市地标"蜚声中外。学校依赖得天独厚的地域文化,彰显特有的办学优势。

（一）加强校园建设，夯实校园文化创建基础

2017年，四川路校区的工程进入尾声，校园环境得到进一步的改善。学校在建设布局上讲求整体美，同时进一步完善其他硬件设施，为打造一流校园文化创造了良好的基础支持。目前，配有专业大屏幕、多媒体讲台的标准化教室，集数字会议、专业扩声、多媒体投影显示、集成控制系统、智能综合布线于一体的会议厅，设备齐全的录播教室、多功能软件实训室、会计实验室、案例讨论室、网络计算机实验中心等现代化的教学设备与场地都已逐步投入使用与运营。学校礼堂原是教堂，属于历史建筑，具有独特的西方文化韵味，学校将礼堂恢复为高顶长廊的复古样式，以求保留、延续其独有的文化脉络。现代化的设备设施、悠久的西式历史建筑、优雅整洁的法式校园环境，生动地展示了中西结合、华洋共融的海派文化，彰显了校园的特有文化魅力，为教师、学生创建了舒适而惬意的工作与学习环境。

现在的学校礼堂在各类活动中发挥着校园文化建设的重要载体功能，既是举行教育教学会议、服务社区市民、聚集员工的场所，也是促进校园文化建设，打造一流校园文化的重要平台，发挥了凝聚人心、共商校事的作用。学校开学典礼、毕业典礼、发展规划大会、各类联谊活动、退休员工交流大会等均在礼堂中举行。学校还将礼堂无偿提供给社区、街道、市民举办各类文化活动，作为社区文化建设的平台，积极服务社区文化建设。

（二）推进资源整合，完善终身教育服务体系

面对加强学习型城区建设的要求和日益增长的终身学习需求，学校有必要，也有义务对辖区内的社会资源进行整合，转化为可服务于社区居民的优质的教育资源，增加资源供给，完善并服务于辖区终身教育体系的建设。在黄浦区委、区政府的统领下，黄浦区学促委制定了系列整合资源的举措。建立了政府统筹领导、社会各方参与的治理机制；分别与学校、企业、文化场馆合作，建设了学校类、企业类、场馆类等市民学习基地；整合海派文化资源，打造了"海派文化体验基地"品牌。鼓励学历教育的师生走进社区，同时享有社区教育和老年教育的资源。

（三）响应智力拥军，再谱鱼水情深全新篇章

学校自2009年以来，本着服务区域社会发展的理念，积极响应"智力拥军"号召，为驻区部队开设党委常委学科技课程，举办官兵及家属学历教育，提供骨干技能培训，全方位对接武警黄浦支队、嵩山消防支队的教育教学需求，与驻区部队开展精神文明共建，推动建立军地双方合作共建，多次荣获拥军优属模范单位称号。

驻区部队训练任务重，学习时间不规律，学校在供给侧理念的引导下，为了保证教育供给质量，使共建共享工作走上常态化、制度化、持久化、规范化轨道，定期开展教学研讨，制订出了适合武警部队、消防部队的教学计划。广大教师更是结合培训课堂实际，创新教学形式，充分利用现代教学手段，力争让学员学有所获。一段时间以来，学校在学历教育、专项培训、资源提供、服务保障等多个领域为驻区部队提供供给服务，在驻区部队官兵的学历提升、技能培训、心理辅导等多领域做出应有的贡献，不断提升和深化了"智力拥军"的内涵，再谱鱼水情深全新篇章。

学校在黄浦区教育局的领导下，认真贯彻区教育党工委的决议和指示，进一步推进区域终身教育内涵建设，坚持以人为本，创新资源整合方式，完善体制机制，科学布局、扩大供给，不断提高学校竞争力，努力为构建黄浦区学习型社会建设大平台服务，促进学校整体工作再上新的台阶。

（上海市黄浦区业余大学学历教育项目组）

强"面授课堂" 施"混合式教学"

——成人高校混合式教学的实践和研究

一、相关理论支撑

2017年，黄浦区业余大学费秀壮校长要求学校引入"供给侧改革"理念，促进学校转型发展，将学校教育教学模式从需求侧的拉动转向供给侧的推动，实现教育教学资源更优化配置，进一步满足成人学生个性化发展需求。建构主义理论强调以学生为中心，在学生建构知识的过程中应充分发挥他们学习的主动性，教师则起到组织、指导、帮助、促进学习的"脚手架"作用，通过积极调动学生的主观能动性，以期达到良好教学效果。本文将介绍学校学历教育课程改革供给方式现状，并以"建构主义理论"为理论支撑，阐述目前学校学历教育课程改革中存在的问题及原因，并提出相应改善建议。

二、课程改革供给方式的现状

混合式教学是将线上教学和线下传统教学优势有机融合，将学习者引向深度学习的教学模式，是当代教育重要的发展方向之一。学校始终秉承建构主义理论：以学生为中心，为解决成人学生的工学矛盾突出、专业诉求多样化等特点，在学历教育板块探索与实行了"互联网+教育"的"课改课"教学模式，采取"知识点"教学方法、运用"互联网+教育"模式进行系列课程的课改工作，形成教风、学风、校风的良性循环。

学校先后建成了"微信公众号""在线学习平台""毕业论文（毕业设计）指导交流系统""在线考试系统"等信息平台，任课教师还开通了课程微信公众号或微信群，通过手机端及时发布课程重难点、课程总结与学习要求，在缩短面授课课时的同时，通过录播视频、推送资料等方式确保教学质量，提高教学效率。截至2018年，教学平台上已建有216门课程信息，建有网上教学资源517件。

基于混合学习模式的"课改课"建设强调双向互动性的教学设计，在课前、课中、课后进行相应的资源推送。课前导学阶段，任课教师通过在线学习平台、微信公众号等信息媒介推送基于任务的预热案例，充分激发学生在线下教学中的学习热情；课中教学展示阶段，教师以知识点为维度切入，通过面授讲述、案例分析、小组讨论等教学手段剖析学科知识以加深学生理解；课后巩固复习阶段，通过主客观作业题、知识点提炼视频、总结视频的微信推送等方式，帮助学生进一步提升理解，提高学生学习的有效性。高质量的面授课、便捷的手机端新媒体操作方式、现代化的在线学习平台，使基于供给侧改革理念下的"课改课"授课模式深受学生青睐。成人学生自主学习更加便利，学习动力有所提升。

三、课程改革供给方式方面的问题及原因分析

在学校"供给侧改革"理念的引领下，学校教师不断钻研、深化、超越教材，提炼学科核心知识点，将其以碎片化方式呈现给学生，极大提高成人学生的学习效率。但随着国家教育综合改革的进一步推进，精准化、个性化的教育已逐步成为未来改革的发展方向。目前的混合式教学模式尚缺乏差异性的供给方式，未能充分认识到成人学生的个体化差异，真正实现资源点对点的有效推送，无法全方位提供和满足成人学生个性化发展的教育需求。

（一）学生学习惰性形成　视频推送进一步减弱学习有效性

学校成人学生来自各行各业，他们的年龄、家庭、文化背景、个人素质各不相同，这种差异性与丰富度造就学生个体性格、智商类型、学习风格的迥异。

目前学校的混合式教学课改为缓解成人学生的工学、家学矛盾，采用在线上平台上传"知识点视频"的方式减少学生参加面授课的次数；采用课后推送总结视频的方式，为因事、因病无法到校的学生提供跟上学习进度的机会。但部分成人学生由于日常家庭、工作压力大，学习有一定的惰性。教师知识点及总结视频的及时推送，进一步增大这部分学生对到校参与面授课堂的排斥度，并且视频观看率虽计入总分，但视频快进看、消声看、不在屏幕前看已成为一种较为普遍的现象，这部分学生学习的实际有效性减弱。

（二）无差异化的线上教学　学生学习积极性不高

每一个成人学生的天赋、个性、兴趣爱好和潜力各不相同。成功的教育，就是要发现学生自身的优势，树立他们的信心，充分发挥他们的潜能。目前的混合式教学采用无差异化的线上资源推送建设，忽略了成人学生本身的个体差异性，无法满足不同层次学生的学习需求，部分学生学习有效性不高。

（三）学生间缺乏有效互动　教学相长的学习乐趣不足

成人高校服务的学生群体有其特殊性，成人学生大部分都是有阅历、有实践、有思考的成年人，学生相互间的交流能为他们带来更大的思考与进步空间。现有的

"课改课"课程供给方式强调了线上线下的教学方式供给，没有涉及学生间的互动，而成人学生间的信息交流、社会关系共享恰恰是学员们来校学习最大的乐趣。

四、课程改革供给方式方面问题的改善建议

效益从宏观上指对国民经济的物质贡献，微观上反映了一个企业的发展前景。但效益不是企业的专属名词，学校线上线下教学也应追求效益的最大化。效益的高低，直接反映教职员工个人的管理水平，间接反映学生学习的成效，而提升效益的最佳手段就是信息化与内驱力的激发。本文建议在教育"供给侧改革"的视域下，以建构主义理论为支撑，坚持以学生为中心，以 Word 版开放式总结推送、一流面授课堂建设为抓手提升学生学习有效性；采用大数据实施个性化教育，以信息化手段激发学生学习内驱力，提高学生学习成效；开设学生面授课"学员讲课"板块，增强成人学生间的交流互动，提升学生彼此间教学相长的学习乐趣。

（一）变更课改课程总结资料供给方式、建设一流面授课堂，提升学生学习有效性

部分成人学生因工学、家学矛盾及个人问题形成学习惰性，排斥到校参与面授课堂的同时无视在线知识点及总结视频资料的推送。详尽的在线视频资料推送反而进一步减弱这部分成人学生的学习有效性。本文建议变更课改课程总结资料供给方式，增进学生参与面授课兴趣；同时建议进一步提升教师教学水平，建设一流面授课堂，以内驱力提高学生对面授课堂的兴趣。

1. 推送 Word 版开放式总结，增进学生参与面授课兴趣

基于混合式教学的"课改课"总结视频及知识点视频的及时推送，部分工学、家学矛盾突出且自制力不强的成人学生对线上教学产生假性依赖，对线上及线下教学产生真实惰性，在进一步排斥到校参与面授课堂的同时也略过本应观看掌握的视频内容。本文建议将"课改课"课后总结视频改为推送 Word 电子版开放式总结资料，罗列课上所授重点、难点，并由学生填充完全，以此提升学生学习参与度、激发学生好奇心，从而提高学生参与面授课堂的积极性；同时，静态无声的电子版总结资料也为成人学生能在上下班途中、在旅途中、在一切闲暇时随时随地安静巩固复习提供极大便利。

2. 进一步提升教师教学水平，建设一流面授课堂

线下面授课堂是了解学生需求、增进师生感情、提升教学成效的最佳途径。面授学习能增强学生的逻辑推理能力，线下学习的真实感和现场的代入感能进一步激发学生的学习效率、解决学生遇到的实际问题，使学生能及时理解、巩固对知识

点、对在线资料内容的理解。在信息化日益发达的今日，如何将善于获取信息的成人学生吸引住并留在面授课堂已是各成人高校，乃至各普通高校共同面临的紧迫问题。提升教师教学水平、建设一流面授课堂刻不容缓。然而，打造能留住学生的一流面授课堂，对教师提出更高的要求。

一流面授课堂的打造需要依托于不断提升的教师教学水平。优质的师资是激发学生来校参加面授学习的动力。过硬的专业底蕴、勤勉的教学态度、广博的胸襟和宽阔的视野，是教师赢得学生尊重的根本，也是学生学习重要的原动力之一。教师应时刻保持知识恐慌的危机感，坚持提升自身专业修养与教学能力；涉猎更多不同领域知识，以期丰富教学模式与内容。同时，教书的根本不是为了教知识，而是启发学生用思辨的思维看世界。教师应全面提升学生的人文素养、全方位开启学生思维大门、大力提高学生的知识实践能力。教师应始终秉承"授人以鱼不如授人以渔"的教学思想，在教学中更注重学生思辨、创新、沟通、合作能力的发展。在教学上不断浓缩学科关键知识点，为学生的思考、沟通、探讨、创新预留出充分的时间，将面授课堂真正建设成为开启学生思考大门的钥匙。教师应为能成为专业型及综合型师资力量而不懈努力，依托校内校外教学、科研交流平台，掌握多样教学方法；定期参与各类优质讲座，掌握全球前沿知识；博览群书勾画思考笔记，提升自身文学修养，多方位丰富自己的教学经验，提升专业技能，形成自己特点的教学经验体系。同时，积极参与各类职业技能培训并取得职业技术证书，拓宽自身任教宽度，增强自身综合性，成长为学生尊重的综合型教师。教师还应争取各行业企业及基层社区的实践机会，直观了解社会的发展动态，拓宽自身专业与视野，提高实践教学能力，为进一步优化个人课程教学改革，实现跨科目、实务性的优质教学做好铺垫；力争短期浸入式体验企业社会实践工作，充实亲身体验的案例素材。不断开发适应社会发展潮流的学生小组课题，进一步增进课上学生沟通交流机会与讨论热情，激活思维，全面提高学生素养，提高学生知识运用能力。

一流的教师，建设一流的面授课堂，要以更优质的师资力量更精准发现学生学习上的不同特点，理解学生的差异，不断促进学生的差异化发展，真正实现因材施教，提升成人学生的学习兴趣，将学生留在课堂。

（二）采用大数据实现个性化教育，以信息化手段激发学生学习的内驱力

大数据指面对巨量的无法通过现有软件工具在一定时间内得到处理、管理、整理的资料，透过新处理模式成为具有更大流程优化能力、多样化、富有决策力的信息资产以帮助政企事业单位进行经营决策，实现进一步发展。当今世界，大数据技术迅猛发展，通过构建各领域相关数据模型，探索各数据变量之间的关系，改变传统政企事业单位数据应用范式，为各单位的重大决策提供强有力的支持已是大势所趋。大数据的应用不局限于政务、不局限于营利性企业、不局限于非营利性机构，大数据对各大产业行业都有非常重要的价值，教育也不例外。通过大量教育数据的收集、处理、分析，教育研究从宏观走向微观，以更精准的教育数据为个性化教育教学模式、方法提供强有力的决策支持，为实现个性化教育、科学化教学提供可能性；通过激发学生学习的内驱力，提升学生的学习成效，真正实现因材施教。

个性化教育是指为被教育对象根据自身的潜质、目标、要求、价值取向量身定制教育方法、教育计划、教育目标，从最大限度上开发学生的学习潜能、素养、能力。不同于传统大班、标准程序化的工业化教学，个性化教育是教育教学未来的发展趋势，通过对学生的全面追踪，掌握学生学习行为、需求、风格、模式、态度的异同，以最适合的教学方式优化对于每位学生的教学过程，真正实现不再"以教师为中心"重在强调知识灌输，而是基于建构主义理论，以学生为中心，促进学生的个性化发展。

目前基于线上线下混合式教学"课改课"采用无差异化的线上资源，学生学习积极性不高，不看、跳看、略看线上资源，客观题随意选现象较为普遍，教师建设的资源因此失去原本功效。发现不同学习者的个性、特点、兴趣、背景、能力差异是个性化教育实施的前提，而处理速度快、同时兼具多样性的大数据正是个性化教育的有效支撑，是实现个性化和人性化教学的重要抓手。建议以大数据为抓手，通过数据的收集、处理、分析，做到不同层次学生分层练习，即知识掌握程度高、基础好的学生跳过基础题，直接做进阶题；程度一般基础差的学生反复做基础题以期打下扎实基础，通过有针对性的练习实现学生在一定时间内学习效果的最优化。同时，通过数据的收集、处理、分析，做到分层视频、资料的在线推送，考虑学生的差异性，向不同兴趣点学生推送适合自身学习的资料，尊重学生的个性，以信息化手段激发学生学习的内驱力。此外，通过数据的收集、处理、分析，在面授课堂，教师从每位成人学生不同的兴趣点、背景和潜力出发，能给到每位学生更适合自己的平台，更好地引导每位学生从自己的角度思考问题，表达观点，充分挖掘学生的潜力，培养更自信、更多才的成人学生。大数据为实现个性化教育提供可能性，通过识别学生的差异性制订不同学习方案，帮助不同程度的成人学生树立信心，以信息化手段激发学生学习的内驱力。

（三）开设面授课学员讲课板块提升学生间教学相长的学习乐趣

成人学生往往阅历丰富、拥有一定的实践经验与表达能力。对成人学生而言，学习不仅仅是为了文凭，更多的是为了从学识、修养、社会关系等层面实现自我提升。建议针对目前"课改课"教学过程中学生间缺乏有效互动，导致教学相长的学习乐趣不足的问题，开设由学员讲课的面授课板块，一方面给予学生表达自我、展示自我的机会，提升学生的自信心；另一方面，学员授课板块是学校从供给角度出发给学生搭建的交流平台，成人学生可以在这里分享实践经验、交流工作心得、甚至收获社会关系，将自己在学校所学更好地与自己的背景、专业、工作乃至人生相融，成为更好的自己。

《国家中长期教育改革和发展规划纲要（2010—2020年）》提出，要"尊重教育规律和学生身心发展规律，为每个学生提供适合的教育"。整齐划一的教学组织安排不再适应当今社会发展，个性化教育已是贯彻以人为本、以学生为中心的具体体现，是我国乃至世界教育教学改革的发展方向。在费秀壮校长提出的"供给侧改革"视域下，学校将继续促进教育改革创新，以"课改课"课程总结资料供给方式的变更、一流面授课堂的建设、大数据信息化手段的推进、面授课"学员讲课"板块的开设，提升学生的学习乐趣，进一步实现个性化教育，让学生以内驱力激发自身学习激情，实现成人学生的学有所用、学有所乐。

（上海市黄浦区业余大学　高小凡）

发挥课堂教学的主渠道作用

——《习近平新时代中国特色社会主义思想》课程混合教学的实践与研究

一、研究背景

（一）习近平新时代中国特色社会主义思想的历史地位及其伟大意义

习近平新时代中国特色社会主义思想是党的十八大以来中国共产党取得的重大理论创新成果，开辟了当代中国马克思主义发展的新境界，是党通过艰辛探索取得的重大理论成果和理论新飞跃，是中国特色社会主义理论体系的重要组成部分，也是党和国家必须长期坚持的重要指导思想。

（二）思想政治理论课在人才培养中的定位和功能

"培养什么样的人、如何培养人以及为谁培养人"这个根本问题是思想政治教育中面临的重大问题。《中共中央宣传部、教育部关于进一步加强和改进高等学校思想政治理论课的意见》中强调指出，思想政治理论课是学生思想政治教育的主渠道。习近平新时代中国特色社会主义思想作为成人高校开设的一门思想政治理论必修课，是习近平新思想融入学生头脑的重要载体，是学校进行党的思想宣传及理论讲授的重要手段，也是学生认识和获取党的最新理论的重要渠道。思想政治理论课应通过扎实有效的教学，强化学生的思想自觉和行动自觉，做到内化于心，外化于行。

（三）成人学生对思想政治理论学习重视不够

就目前情况而言，成人学生参加学历教育有着非常明显的"唯文凭、唯学历倾向"，他们中的相当一部分人只是希望尽快顺利地拿到文凭。而且成人学生往往有着更多的工学矛盾，思想政治理论课往往也就被他们看成是无所谓的课程，"修修学分而已"。此外，成人学生的生活交际圈相对来说更为复杂，他们的信念、信仰也更容易受外界多种因素的影响，忽视对思想政治理论的学习。正因如此，推进习近平新时代中国特色社会主义思想时代化、大众化，使新思想深入人心，是思想政治理论课责无旁贷且是长期而艰巨的重要任务。

（四）现阶段思想政治理论教育教学方式缺乏创新，手段相对单一

目前成人高校的思想政治理论教学方式相对落后，教师一言堂的现象还很多

见。而随着社会信息化水平的不断提高，网络已经深入学生生活的各个层面，成为学生对社会认知的一个重要平台，同时也是进行学习、交流的一个重要工具，给学生提供了更大的信息量以及更广阔的认知平台。思想政治理论课就要积极利用现代化信息技术手段去创新教学的手段和方法，缓解学生的"工学矛盾"，改善教学效果。

二、研究目标与意义

（一）目标

1. 转变观念重视成人思想政治教育工作

长期以来，我们对成人思想政治教育工作不够重视，认为成人学生是来自各行各业有单位集体的一群人，他们的思想政治教育应当由他们所在的单位来进行，而忽视了我们所要进行的成人思想政治教育应从思想道德、法制教育、职业道德教育和健全心智的养成等方面武装和塑造成人教育学生。帮助其树立或重塑正确的世界观、价值观、人生观。成人学生学习的积极性和目的性更需要有正确的思想政治教育进行指引。通过思想政治教育，学生能够将其所学正确运用到处理个人之间、个人与集体、个人与社会的各种复杂关系，在各自的工作岗位上充分发挥个人才能，达到更好地为国家和社会服务的目的。无论是成人学生和成人高校，都应该摒弃过去对于思想政治教育的陈旧观念，重视对成人学生的思想政治教育。

2. 发挥课堂教学的主渠道作用，优化教学内容设计

深入学习习近平新时代中国特色社会主义思想，要利用好课堂主阵地，发挥课堂教学的主渠道作用，帮助学生从知、情、意、行四个方面来把握新的理论。这就要求思政课程教师要优化教学内容设计，让学生对习近平新时代中国特色社会主义思想的历史渊源到现实基础有系统的学习和认识，让学生从理论学习中能获取积极正面的情绪，从而在感情上能认同理论、坚信理论。思政课程教师还要从学生个体需求角度出发，在教学过程中激发学生的个性需求，让学生感受到所学的东西"与我有关""对我有用"，增强课堂的吸引力和感染力，让学生爱听，产生共鸣，并将抽象理论与学生的实际相结合，最终增强理论的影响力和说服力。学生能够身体力行才是思想教育的最终归属。

3. 形成成人思想政治教育自身鲜明的特色

随着终身教育理念的发展，成人高校思想政治教育的理念也应该向终身化发展，对于成人学生的思想政治教育不能只停留在照本宣科，只局限于书本知识与理论的教学，应该充分考虑成人学生的社会属性，做到从生活中来，到生活中去，强调教学过程中的实践联系性和可操作性，解决和回答学生在现实生活中遇到的理论

问题和思想困惑，帮助其塑造健全健康的人格，建立和谐的人际关系等，从而形成成人思想政治教育自身鲜明的特色。

（二）意义

1. 有助于培养合格的社会主义建设者和接班人

推动学习习近平新时代中国特色社会主义思想，有助于学生用马克思主义中国化的最新成果武装头脑，进而有助于坚持和践行以人民为中心的理念，掌握中国化马克思主义的基本观点和方法，培养合格的、可靠的社会主义事业的建设者和接班人。

2. 有助于提高教师教学水平、理论素养、政治觉悟

推动学习习近平新时代中国特色社会主义思想，有助于师生共同成长进步。教师是发挥教书育人作用的力量主体，只有教师真学、真懂、真信和真用了马克思主义中国化的最新成果，才能够在教学实践中坚定共产主义的远大理想，才能够切实做到为学生成长和成才服务。

三、实践过程

当下信息技术飞速发展，不断地在改变社会生产、生活的方式。在成人教育领域我们要加强信息技术的研究应用，实现信息技术与课程教学的整合。思政课是我们成人教育学生必修的课程，思想政治教育也是人才培养的重要部分，是学校立德树人的必要途径，对学生的政治思想、道德情操以及职业素养都有着积极意义。这就要求我们积极地探索和创新教学模式，利用先进的教学手段，提高教学质量和教学效率，顺应时代的发展和满足学生的需求，促进成人思想政治教育工作全面提升。

（一）混合学习的设计

习近平新时代中国特色社会主义思想体系有完整的结构。它的逻辑起点的内涵是新时代、新实践、马克思主义理论新发展。它是围绕系统回答新时代坚持和发展什么样的中国特色社会主义、怎样坚持和发展中国特色社会主义这一时代课题而产生的，是对重大时代课题的回答，在回答中形成系统理论内涵。在党的十九大报告中，习近平同志用"八个明确"对这一新思想进行了简明概括，包括新时代坚持和发展中国特色社会主义的总目标、总任务、总体布局、战略布局和发展方向、发展方式、发展动力、战略步骤、外部条件、政治保证等基本问题。要深刻领会和践行习近平新时代中国特色社会主义思想的精神实质和丰富内涵，必须坚持党对一切工作的领导，坚持以人民为中心，坚持全面深化改革，坚持新发展理念，坚持人民当家做主，坚持全面依法治国，坚持社会主义核心价值体系，坚持在发展中保障和改善民生，坚持人与自然和谐共生，坚持总体国家安全观，坚持党对人民军队的绝对领导，坚持"一国两制"和推进祖国统一，坚持推动构建人类命运共同体，坚持全面从严治党。习近平同志提出的这"十四个坚持"，构成新时代坚持和发展中国特色社会主义的基本方略。

习近平新时代中国特色社会主义思想体系有如此丰富的内涵及其伟大的意义，就需要让学生完整、系统地学习和把握习近平新时代中国特色社会主义思想。如果教师在课堂上照本宣科没有学生愿意听，听之任之放任学生自己完成作业显然又达不到思政课程教育的作用和目标。

唯有进行课程教学改革，实施混合教学模式。在面授课中以情感沟通为主，运用带有图片或视频的课件激发学生的学习兴趣、对知识点进行梳理、对社会热点问题和现象进行讨论；同时鉴于互联网时代成人学生的学习特点和思政课程的特殊性，在线下组织学生的自主学习。这样混合的教学模式，通过线上线下相结合的方式，既可以在线上进行网络视频教学、提交作业、在线讨论等教学活动，打破了传统教学在空间和时间上的局限；又可以通过线下面授课堂进行师生面对面的交流、社会热点分析、增进理论认同等来弥补线上教学的不足和缺陷。

根据该课程的大纲要求、教学实施细则、课程考核方式等情况，教师线上教学主要通过上海开大总校的学习平台以及教师个人"微信"完成。利用微信提供的公众平台、朋友圈、消息推送等功能，实现教学信息的分享和共享。同时还可以利用微信聊天、视频实现对讲功能，极大地方便师生的交流和互动。

（二）具体实施

1.课前教学设计

教学设计即根据习近平新时代中国特色社会主义思想课程大纲要求和成人学生特点，将教学目标、重点难点、教学方法、课时分配等要素进行合理安排。在混合教学模式中，还要对线上内容、线下内容、线上线下衔接等问题进行合理安排。

课程导学是课前教学设计中的最关键一环，教师需要在教学设计过程中或教学设计完毕后，将课程的教学目标、主要内容、重点难点等常规内容以及线上线下教学内容的划分情况、学生课前、课后需要完成的学习内容等，以课程导学图或导学文字的方式呈现给学生，使学生明白学什么、怎么学，有的放矢，从而达到最佳教学效果。

2.线上教学内容

习近平新时代中国特色社会主义思想的线上教学内容是基于上海开放大学总校

的在线学习平台。该平台具备视频教学、讨论交流、在线测试和提交作业等基本功能。例如，"习近平新时代中国特色社会主义思想"专题三"八个明确和十四个基本方略"，根据大纲总体要求教学时设定为8学时，其中线上4学时，线下4学时。线上内容包括以下4个部分：(1)利用微信推送课前阅读材料《习近平新时代中国特色社会主义思想的历史形成》，并思考"为什么说习近平新时代中国特色社会主义思想是马克思主义的一脉相承？"(2)教学视频：《明确新时代我国社会主要矛盾》《明确中国特色社会主义事业总体布局、战略布局和"四个自信"》《明确全面深化改革的总目标》《明确全面推进依法治国的总目标》和《明确中国特色社会主义最本质的特征》，五段视频合计约40分钟；(3)课程微信群讨论专区：为什么新时代我国社会主要矛盾是人民日益增长的美好生活需要和不平衡不充分的发展之间的矛盾？(4)课后作业：完成在线练习。其中前3项要求学生在课前全部通过自主学习的方式完成，第4项在教学全部结束后完成。线上内容可以通过电脑和手机两个终端观看和学习，上课后开大总校教学平台后台自动统计学习内容和学习时间。

3. 线下面授辅导

线下面授辅导课说是整个教学活动中的点睛之笔，一点不为过。它不仅仅包括课堂导入、教与学的交互活动和教师的总结反馈，更重要的是面授辅导弥补了线上学习的缺陷。教师在课前通过学生的线上学习时间统计、讨论交流情况和作业提交情况等内容的反馈结果，掌握学生的线上学习成果以及学生难以理解的知识点和理论偏差，在线下教学即面授辅导时有针对性地进行知识和理论的讲授、价值观上的引导和理论上的升华，线下教学侧重于互动交流。实现线上教学和线下教学有效衔接的关键在于找到二者的契合点。例如，关于"四个全面"，通过对学生线上学习情况反馈的结果观察，发现学生对"四个全面"中每一个全面的问题掌握较好，但对"四个全面"的历史形成及其之间的辩证关系理解有所欠缺。在线下教学中，教师的导学内容即是对上述两个问题的分析讲解，通过讨论的方式引导学生比较、认同，从而明确"四个全面"是新时代以习近平同志为核心的党中央创造性的治国理政的思想。最后由教师对全部课程活动进行总结并布置作业，并对下节课的学习内容进行布置。

（三）实践成效

"习近平新时代中国特色社会主义思想"课程的混合教学模式，通过课程教学改革的试点，调查发现学生的满意度超过了对传统课堂满意度，普遍认为这种教学模式可以学到更多的知识，增强了学习的主动性和积极性。总体而言，混合教学模式在实践中得到了学生的认可，增强了学习效果。

四、实践反思与研究

（一）取得的经验

1.混合教学模式有利于提高学生兴趣、增强教学实效性

混合教学模式从表面上看减少了课堂教学的时间，但其实并非减轻了教师教学和学生学习的压力。相反，教师需要比以往投入更多的精力，对教师的综合能力和素质要求更高。同时也增加了学生在课前和课后自主学习的时间，增强了学生学习的主动性，利用线上教学转移了教学的空间和时间，提升了教学效果。而学生在教学活动中，独立分析解决问题的能力、自主学习的能力都有一定程度的提高，并在这一过程中获得了自我认同感和满足感，学习兴趣增强，学习动力持续不断。

2.混合教学模式的有效运用依赖于教师综合素质的提升

现今的成人教育不仅要求教师具有一定的学术水平理论功底、对时事政策的正确分析能力、应用信息技术的能力、教学设计和分析的能力，还要求教师具备能够迅速聚焦重点难点问题的能力、因材施教的能力，等等。因此，不仅教师自己要不断完善、充实自己的知识体系和教学能力，学校也应该加大对思政课教师在各方面的培训力度，从而培养复合、新型的思政课程教师队伍。

3.线上教学绝不能取代线下教学，须更加重视线下教学

由于线上教学的特点和功能使其固然重要，但它只是辅助教学的一种手段，绝不能以此取代线下的面授辅导教学。线下教学恰恰是线上教学的升华，应在整个教学活动中处于统领和核心的地位。思政课程的线下教学更是承担着与学生的面对面交流、情感上的互动融通、心灵上的认同引领等关键作用，课堂面授的言传身教对学生形成正确的思想道德观念、养成高尚的道德情操是不可替代的。因此，线下教学不仅不能被取代，而应更加重视和加强。

（二）存在的问题分析

1.成人学生对思政课程学习认识不足，参与课堂积极性不高

就目前而言，成人高校的学生综合质量较以往明显下降，成人学生参加成人教育只是希望尽快顺利地拿到文凭，思政课程的参与也更多的是为了获得学分。在学校取得思想和能力的提升，往往被他们认为是可有可无的。另外，思政课教学还是理论知识居多，教师面对有限课堂教学时间，更多的是讲完课程内容，理论的讨论和老师与学生的互动不足。这些方面都导致成人学生参与课堂教学积极性不高。

2.微信在思政课教学中尚未建立起完善的教学系统及教学监督系统

在线上教学中教师充分运用"微信"学习平台进行教学。微信学习平台是借助

智能手机，以微信为平台，结合教学内容构建的一种学习模式。它实现了移动性的学习，学习时间空间可以不受限制，充分利用空闲时间进行碎片化学习，这些特点可以让学生灵活地对自己的时间进行安排；教师可建立微信群，分享教学资源，或者发起教学相关话题，师生互动分享学习成果、交流学习心得。但是要把微信完全地利用到思想政治教育中，还缺乏完善的教学系统及教学监督系统，导致不能完全实现教学效果。

（三）相关建议

1. 进一步创新和探索思政课程教学方式，更新教学思想和教学观念

思政课教师要以"必须围绕学生、关照学生、服务学生"为出发点和落脚点，利用贴合当下学生实际的移动互联网技术，整合教学内容和教学设计，让学生容易接受并能得到有效反馈。在"移动互联网+"的时代背景下，新思潮不断快速冲击我们的学生，思政课程教师也要能够运用新媒体新技术使思政教育活起来，与时俱进，增加时代感和亲和力，迎合学生的心理诉求，让思政教育内容不死板，形式更多样，学习更方便，影响更深入。

2. 进一步完善微信在成人思政课教学中的应用功能

微信在课程教学中运用广泛，同时它也需要进一步完善。虽然运用微信进行思政课教学是具有可行性的，但是如果没有一个完善的教学系统，学生很容易出现依赖的心理，对于思想政治的学习全部依赖于微信，不愿意再进行课堂教学，导致课堂的学习效率降低。另外微信没有一个完善的专业的监督系统，教学和学习的过程缺乏跟踪反馈。这就需要专业的微信教学管理的人才，需要科学化的校园微信公众号管理机制，对其进行监督管理，确保教学效果。

（上海市黄浦区业余大学　孙辉）

提升岗位胜任感　增加职业幸福感

——《职业生涯规划》课程混合教学的实践与研究

工商管理专科学习的学生，很多都只有初中或者高中学历。虽然在职，有一定的工作经验，对企业管理的相关知识有一定的了解，但因缺乏系统的学习，更多的情况是缺乏管理的相关意识和洞察力，不利于职场发展。随着社会竞争的加剧，人才的竞争越演越烈，为了更好地胜任岗位，实现价值发展，在竞争中脱颖而出，在竞争中能够与时俱进，迫切需要用知识的更新来武装自己、提升自己。

一、研究目标

如何把人作为一种活的资源加以利用与开发，如何真正调动员工工作的积极性与主动性，是现代人力资源管理的核心任务，也是企业管理人员的首要职责。本课程研究的目标就是教会学生能理解职业规划对一个人职业生涯的重要性，并掌握如何有效地给自己进行长远的职业规划，更能胜任现有的企业或者未来职场的岗位，少走弯路。

二、研究意义

自从企业意识到人力也是企业的重要资源和资本后，企业管理者对企业人员的培训就一直受到关注和重视。本次课程的研究意义也是从社会的角度，将有效的人力资源发挥到最大的效果，做到人尽其才，才尽其用。积极指导学生，帮助他们自己找到最有意义和合适的工作，更好地享受职业发展。

面对激烈的职场竞争和日益高涨的自我发展需求，学生不仅需要专业课程的职业规划指导，更需要在读书期间的职业生涯设计指导，使他们了解自己、明确未来的职业发展方向，并针对自己的职业生涯有计划、有目的地学习和生活。课程实践改革的目的旨在帮助学生了解有关职业生涯设计的科学理念，系统地掌握职业生涯设计的方法。通过教学实践，帮助学生树立职业生涯设计的意识，并培养学生职业生涯设计的能力。

三、实践过程

（一）混合学习的设计

课程设计中教师要引导学生掌握信息技能以及生涯决策技能，直到使学生确定最后的职业目标和发展道路。在课程学习期间，教师要有意引进社会发展要求和行业发展现状等知识，使学生能结合这些知识，帮助自身调整生涯规划方向。

首先通过微信群和学生在课前进行知识点分析梳理，让学生通过自学了解相关的知识点。在课堂讲授过程中借助案例和真实的企业实例，让学生将知识中的内容进行运用，对案例进行评价和学生自我意见的参与，从而让学生灵活掌握管理方法的运用。最后让学生利用职业生涯管理的方法对自我进行剖析，为自己做一个五年的职业规划方案。

（二）具体的实施过程

在课程的安排中首先将此次课程的重点知识点内容进行梳理分析，制作成PPT进行视频录制，在课前通过微信群发送给学生，让学生通过自学对基本的知识点进行分析和理解，从而熟悉职业和职业生涯的内涵，理解职业生涯管理、熟悉职业选择理论和职业生涯发展阶段理论、熟悉个人职业生涯规划的含义、原则和步骤、掌握组织职业生涯管理的含义和管理方法、明确职业生涯管理成功实施的关键。通过微信群让每位学生做一份职业生涯的问卷调查，课程中进行回收。

在课堂讲授过程中首先通过电影《当幸福来敲门》的重要桥段指出职业成功的关键。

利用成功的案例来启发学生对职业生涯规划的重视。然后再将学生进行分组，具体操作方面分为四个阶段实施：

第一阶段：相关内容的知识点预热。

首先用15分钟的时间进行职业生涯规划的框架及基本知识的介绍。进一步帮助学生了解职业生涯规划的课程框架、基本知识和具体要求。接下来通过构建团队营造生动活泼的活动氛围，促进同学更好地展现自我，关注团队构建团体凝聚力。回收课前针对性的职业生涯问卷调查，收集学生职业生涯规划存在的核心问题、需求和建议。

第二阶段：分组让学生展开认识自我的练习。

让学生通过自制名片向小组成员介绍展示，帮助小组成员在了解他人的基础上认识到自己的独特性，并学会关注自我及接下来的职业生涯发展。在自我认知方面，通过MSI心理测试题和小游戏多角度充分帮助学生了解自己兴趣技能、价值观和性格。通过霍兰德心理测试题结合测评结果进行深入的职业倾向分析。让学生与小组成员进行分享与交流，从团队中获得更多的信息。

第三阶段：帮助学生了解职业。

因为学生都是有过职场经历的人，所以通过大家交流分享同学之间曾经的求职经历和过程，说说曾经遇到的困难，解决方法和作为职员对岗位需求的认知，来激励大家的职业规划斗志。课堂中充分利用网络资源和信息库给学生介绍完善职业的信息收集和反馈，加深对学生职业世界的认识程度。

第四阶段：帮助学生进行职业选择和初步规划五年职业生涯方案。

结合学生的自我认知和职业认知，选择潜在目标职业，为初步构建生涯规划奠定基础。

让学生结合职业认识和职业自我分析，确立自己的职业发展目标，初步掌握职业生涯规划和生涯决策的方法，引导学生共同解决生涯规划中遗留下来的问题，纠正生涯规划与职业选择中的错误理念，探讨生涯困惑并互相评价学生的五年职业生涯规划方案。

（三）实践成效

此次课堂实践最大的效果是把"以讲为主、以传授知识为主"的教学观转变为"以发挥学生主观能动性为主，培养学生自身能力发挥为主"的教学思路。通过建立科学合理、有针对性、新颖的情景问题和测试题目来带动教学目的，激发学生强烈的求知欲望；通过增加学生的参与度过程，训练学生主动提出问题、自我分析问题、讨论创造性地解决问题的能力；通过拓展训练，增强学生在职场中的个人素质和能力。体现在实际的教学工作中，就是要更多地运用案例教学、头脑风暴、现场教学、能力拓展、角色扮演等教学方法最大限度地发挥学生学习的积极性、主动性、创造性。

四、实践反思与研究

（一）取得的经验

1.通过增加实践环节提高教学意义

对学生进行职业生涯教育，最重要的就是让学生能够正确地评价自己和认识社会。作为人力资源管理课程内容的一部分，职业生涯教学模式存在"断层"现象，职业生涯规划仅仅流于书本，在实际操作方面既无引导也无实践，导致学生对于自身的职业生涯感到迷惘。此次改革的教学模式中增加较多的实践环节，让学生在自身性格特点和特长的认识上与社会职场经历的实践经验相互碰撞，帮助他们能正确建立职业生涯规划方案。

2.运用科学的方法帮助学生积极进行心理学教育

"职业恐慌"已经成为社会中普遍存在的问题之一。因此课程中建立正确的职业观和就业观很重要，及时帮助同学们调整心理状态，树立积极进取，善于务实、敢于竞争的健康职业心态。从长远角度看，职业生涯规划与积极心理学是互相影响、相互渗透、密不可分的。心理学教育是职业生涯规划课程教学中的重要内容，同时也是成人教育帮助学生对职业生涯规划感悟的具体化呈现，能够在很大程度上推动成人学生的思考能力、个性发展与社会人才需要的现状及发展趋势相一致。引导学生通过实践等方式体会职业生涯给予他们的幸福，消除其负面情绪，积极面对职业生涯。引导学生转变观念，准确定位自我，主动规划自我的职业生涯。通过职业生涯规划与就业指导课程的学习，让学生树立正确的职业生涯规划理念，使学生充分了解自己，明确未来的职业发展方向，并针对自己的职业生涯规划，有计划、有目的地学习和生活。

3.将职业生涯规划贯穿在专业的整个学习中

将职业生涯规划教育贯穿在整个学历教育过程中，特别是在专业课程的教学中，穿插职业规划的教育，让学生能够根据教学的内容和方法不断地进行完善，让学生随时都能够对自己有一个充分的了解，明确自己各阶段的奋斗目标，制订出最适合自己的职业规划。通过交流自己的工作中碰到的问题和现象，让学生发现自己的不足，及时进行改正，及时对自己的未来规划做出修正，使其能够更好地全面发展。

（二）存在的问题分析

1.缺乏全面系统的认知体系

职业生涯规划应该贯穿于个人发展的一生。在职业生涯规划理念高度发达的西方国家，很多人从小学时代就开始了职业角度的自我探索，这种从小学到大学的长期职业生涯规划教育，使得他们的职业选择能根据自己的兴趣和能力及社会需求做出正确的选择。而在我国，学生只有在就业甚至在碰到就业问题的时候，才开始接触就业指导和职业生涯规划的相关内容并进行学习和指导，一方面仓促的教学使得学生很难全面地掌握；另一方面也让学生无法在短时期内全面正确地评价自己和环境，做出的规划可实施性比较有限。

2.课程内容缺乏实训环节考核

目前，开放大学工商管理专科教育的课程内容中，对于职业生涯规划内容偏重于基本理解，各种理论认识、职业素质养成、面试技巧、心理调适与相关技能的训练，很少涉及职业指导的核心内容——个体职业生涯规划。而职业生涯规划课程内容对于学生认识自我、了解人职匹配的意义、树立正确的人生目标、规避职业风险等素质的培养具有重要意义，这种教育对于成人教学的学生来说显得尤为重要。

3. 规划实施只限于课堂教学周期

学生在课堂五年职业生涯规划方案完成后，在具体实施阶段需要不断反馈，不断改进，这样才能实现最终的职业目标。但在实际的教学中，往往是课程结束后，学生交一份职业规划书，得到学分，所定的职业规划方案即"寿终正寝"，再也无暇过问。这就造成很多学生只会制订计划，但是无法按照规划书中的内容去实施，学校也没有专门的教师去进行监督、指导帮助其进行修改和落实。

（三）相关建议

1. 加强课程体系整体化建设

目前，开放大学所设计的关于职业生涯规划相关内容大多数是以理论课程为主导，教师讲授为主要的模式，缺乏实践意义。因此改革应当将目标教学法作为职业生涯规划课程中主要的教学模式。在目标教学过程中，将理论知识有机结合，提高学生对职业及就业的认知，创建融"教、学、做"为一体的整体化教学模式。

2. 采用问题驱动教学法的教学模式

开放大学作为成人培训的专业院校，应组织专业人员对课程体系进行研究，并制定相对统一的课程标准，更好地推进这门课程的良性发展，更好地为学生的择业和就业服务。积极采用问题驱动教学法，从而有效改变理论灌输的教学模式，打破学生"只接受，不思考"的教学僵局，能够在一定程度上提高学生的积极性与参与意识，考查学生的分析问题、解决问题能力，通过自主探究、自主创新，有目的地开展个性化的指导。

3. 利用学生社会实践将职业规划进行课内外相结合的考核模式

职业生涯规划课程的起点在学校的课程开设，而终点并非仅仅是学生毕业的这一时间点，职业生涯规划将伴随每一位学生终身就业情况。因此学校不应仅仅追求课内知识的传授，而应站在更长远的角度，培养学生的综合能力，将理论与实践、课内与课外相结合加以考查。

将学生的社会实践环节与学生的职业生涯规划书结合起来，让学生完成职业生涯规划书后，还需要详细填写目标推进表，制定出每一年、每一学期的具体知识目标和能力目标、目标水平。每一学期末，检查目标实施结果，并进行目标与实际结果之间的比较，分析原因，提出改进的策略与方法。这一过程由专业教师指导学生完成，直到学生毕业。

4.请人力资源专家来校做讲座

在学生学习了相关人力资源规划知识之后邀请人力资源管理专家来校介绍他们的企业及相关的工作岗位，并介绍必要的求职经验和技巧，指导学生选择企业与岗位、协助企业指导学生进行实践，及时帮助学生分析和解决实践中遇到的问题，做到动态了解学生情况并给予指导。

正确引导、指导学生开展职业生涯规划教育于他们的一生有益，学校目前所开展的职业生涯规划课程存在一些较为明显的缺陷，主要在于缺乏职业生涯规划理念、学生职业生涯目标不明确等问题。将课程教学模式与积极心理学应用相结合，旨在引导学生积极参与，提升其职业生涯规划能力与水平，提高学生幸福感。

（上海市黄浦区业余大学　姜燕）

内容贴近实际　注重实践环节

——《图形与字体》课程实践教学改革的思考

一、引言

《图形与字体》课程是成人高职、高专艺术设计、广告电脑制作专业必修的基础设计课程。通过课程学习要求学生对"图形、字体"在商业作品中设计应用的流程、表现制作的方法有一定的认知及实践能力。

随着社会发展对设计专业人才提出更高要求，对学生创新和实践能力的培养成为课程教学的重点。要求学生能够结合课堂案例活学活用，结合自身理解、积极运用到实践课题中，实践作品应与市场积极接轨。通过深入学习案例、参与有效的市场调研、体验课程实践项目，并且全面深入地了解设计理论、设计流程，最终达到设计综合运用的效果。

此外，考虑到成人学习的特殊性，每一届学员的专业基础、实践能力存在的差异，《图形与字体》课程改革的过程，重在细化调整教学实施方法与措施，对实践效果反馈提出了更新、更切实际的任务与要求。进一步深入课程实践改革，进一步凸显学生学习的成效，帮助学生达成学习目标。课程改革为进一步推动、提高学生的实践意识、创新精神，为成为具备广告创作设计专业人才的目标而努力。

二、《图形与字体》课程在教学实践中须完善的问题

《图形与字体》课程实践教学环节的教学改革在学校已历经数年，历经多个学期的教学改革与实践总结已经形成了一定经验。课程教师及学生主体们为实现更合理、更优化、更切实有效的教学目标，寻求更为完善的教学策略及教学实践内容积极努力着。

我们发现在以往的实践教学中，"注重实践植入课堂"的理念虽早已进入师生的视野，任课教师在理论讲解、案例分析、教学演示、作品反馈等方面均有体现课程实践要求，但在具体实践过程中学生作为课堂主体，参与实践项目过程的体验仍不够全面深入、扎实。能根据教学案例积极思考，达到融会贯通、举一反三的实践效果的仍在少数。期末考核作品的整体质量有待提高，理论与实践的结合运用的深

度不够，影响后期其他专业课程的学习效果。

《图形与字体》课程在实践教学中主要存在以下几方面的问题：

（一）对于实践目标理解不充分，作品表现单一、片面

由于成人学生存在工学矛盾的特殊性，以往学生为了考试能够过关，为一纸毕业证书完成任务的学习心态较为普遍。课堂实践作品的表现较为单一、片面。完成实践作品的方式常会出现随意"粘贴、借鉴"商业案例，模仿教师提供的教学样张为主。对于个案表现的要求理解不够透彻。对于"图形与字体"间的主次关系的处理不清晰。参与实践项目的执行力及团队合作力较为缺乏。究其原因是对实践案例的设计背景分析及设计定位准备不充分。

（二）对于实践操作程序认识模糊、深入个案进度迟缓

在以往的课程教学实践过程中，教师会在整个学期安排多个"实训项目"展开阶段、期末考核。虽然这些实践练习各有特色与侧重，但因课时的限制、学生出勤情况的不确定性，对操作流程、操作方法认识不清晰等原因，原先设定的多个实践练习未能在学员中普遍达到教学实践预期，体验项目的难度与深度更受到了限制。此外，当多门课程的作业量叠加增多时，就会出现学生疲于完成作业，草率完成实践任务的现象。师生间的交流不够充分，导致出勤率降低、学习兴趣不够浓厚，实践过程进度迟缓、出现拖拉现象。由此可见，被动学习不利于实践教学的有效开展。

（三）对于商业案例拓展体验缺乏，学习实践资源局限

学生在具体实践中把学习参考资源的摄取范围局限于书本、课程PPT素材，或简单依赖于网络模仿相关练习。在具体实践中参与调研，深入学习商业成功案例的机会很少。因此，实践作品的设计定位与表现力缺乏市场依托，导致学生在后期的实践训练中缺乏信心与底气，实践作品的设计效果欠佳。究其原因是选择有效学习资源的方法欠缺。

三、《图形与字体》课程深入实践教学改革的新思路

基于以上课程实践环节中存在、发现的新问题，为了更好地完成、实现本课程的学习目标与实践任务，响应学校教学"供给侧"改革的整体要求，进一步提升、满足学生的学习乐趣与需求，经过对课程实践教学内容的设计、实施策略等再次进行了梳理，对本课程实践过程有了更为深入的思考。《图形与字体》课程作为本校艺术设计专业率先进行课改的课程，师生在共同的课程实践中一起努力，不断摸索体验、积极优化、完善总结该课程在实践环节改革的方方面面。实践效果，也就是

我们通常理解的学生在完成课程学习之后是否能顺利、独立完成预设的实践项目至关重要。因此，课堂中进一步优化、细化了课程教学模式、教学内容、教学策略、资源建设、教学评价等内容，以实践准则完善、充实、提升实践教学的各项内容。在课上、课下多种实践载体及平台中有效引导，启发学生的创作思维，进一步提高分析和思考个案的能力，达成课程预期的实践成果是进一步深化该课程教学改革的意义。

（一）"教学模式"的深入改革——特色项目导入、讲练结合重过程

本课程的教学模式坚持"以学生为主体，以实践应用为导向"。充分考虑专业特色、学科特点、学生需求。以学生为实践主体，充分运用富有特色的"实践项目"，在教学、实践、测评多个课程学习过程中体验完整、有深度的实践项目。

由教师组织牵头设计实践项目，运用"项目教学法"为学生提供实践实训的平台，细致、有序地引导学生完成阶段实践任务。学生参与实践项目从初期学习到后期展示，会经过一个调研、策划、分析、设计、制作的体验周期。深入改革后学生可通过系统的、完整的实践体验，提升作品创意、口头表达的深度及准确性。每一位学生明确个体任务及分组安排要求，在"自主学习、集中辅导、户外调研、专题讨论、作品展示"多个环节有所作为。进一步完善"讲练结合"，以学员自主完成实践项目为先，教师引导为辅。面授课中教师有效引导、回顾阶段学习目标，师生积极互动一起总结实践要点及注意事项。学生在明确"实践项目"整体要求后，根据项目开展的进度自主安排完成各个阶段的子目标。通过课堂、网上网下、外出调研多载体充分交流，积极分析个案实践过程中出现的问题并及时解决问题。课程教学模式的改革极大地提高了学生的学习效率，作品提交的质量有明显的提升。

（二）"教学内容"的深入改革——项目选择贴近生活、由浅入深有侧重

优化前期教学中的教学案例与实践项目，减少实践项目中单一、重复出现的内容。根据教师多年的教学实践经验，合理地变动章节学习次序及目标，将特色的实践项目导入整个教学环节中。教学内容的深入改革，以项目教学导入为实践教学主线贯穿在整体教学和实践活动中。选择贴近生活、深受学员欢迎的选题。如，学习初期为阶段理论学习导入的案例：宠物店店标设计，趣味性强突出图形的应用；少儿培训机构的logo设计，体现图形的变形应用；传统食品图标变形设计，侧重书法字体的选择应用。

而期末大型实践项目的选择与设置更注重学生参与实践的系统性、主动性，也进一步对创新能力的培养有更多的要求。学生通过分类学习、体验实践项目学习效果显著。例如，2017级学生参与《图形与字体》课程的期末实践项目题目是结合黄

浦区创建精神文明城区为背景的"最美黄浦"交通卡套的设计。而2018级学生参与《图形与字体》课程的实践环节的项目则以上海旅游节为背景，为豫园商圈"百年老店或知名商家"的宣传设计一套书签（小礼品）。

教学内容的改革贴近生活、由浅入深有侧重，学生们来到了学校周边熟悉的商圈进行"实践课题"调研，参与感、任务意识较原有的课堂体验均有大幅度的提高。根据预设的实践项目进行调研，有效地搜集与评析实践设计背景及素材，积极运用于课堂讨论，使剖析案例的能力也有了质的飞跃。

（三）"教学策略"的深入改革——抓热点、重参与、增乐趣

课程构建教学情景理论与实践穿插的多元化的情景教学模式，鼓励学生以研究性、实验性的手段完成《图形与字体》课程多层次训练，重点学习"图形与字体"在各领域的应用、创意转化的思维表现方式。学习过程中设定不同难度及侧重的实践训练课题配合理论教学展开实践。根据不同的专业及学生的个体差异，合理地选择、编排知识的重点和难点，将案例导入课程的每个章节，课程结合热点话题，运用有效的课程资源合力引导学生完成实践任务。通过完整的学习实践体验，最终顺利地完成体现地域特色、贴近生活的期末主题实践项目。

教学中除了有效地开展面授课程，还为进一步提高实践教学改革的效果采用互动教学的策略，增加了小组讨论和微课堂交流活动，并通过教学录像、外出实践进行班与班、跨年级学习交流活动。教师在互动中积极引导，有效梳理、优化实践项目中需要完善的部分，帮助学生在自主学习、互助学习中达成加深记忆、提高理解的教学目的。

此外，实践项目的顺利开展离不开有效的项目调研，课程深入教学改革中教师带领学员走出课堂，在学校周边的商圈进行调研，汇总调研资料、收集创作素材，遵循设计创作来源于生活、扎根生活的理念。

如2018级学生完成以上海旅游节为背景——豫园商圈"百年老店或知名商家"的宣传书签设计的具体实践过程中，教师设计了在实践的前、中、后进行阶段指导，如表1。

表1：实践的前、中、后阶段指导

实践项目：豫园商圈知名企业宣传"图标设计"（上海旅游节为背景）
回顾——完成实践课题的基本步骤及要求 解读——外出实践的意义及目的（历届学生、班内同学的收获） 梳理——采风素材得出创作基本框架及方法（整理调查结果——文本表格）

（续表）

> 体会——个案的创作思路（重点分析知名企业南翔馒头店、哈根达斯案例）
> 提升——合理选择运用素材（加强素材取舍及应用的能力）
> 指导——图标设计方案A（优化素材、初步创作整合的目标）
> 展望——指导后期系列作品的创作思路及创新方法，深入个案完善细节

（四）"课程资源"的深入改革——多维度选择阶段补充

艺术类的课程资源的建设似乎历来并不困难，教学改革中大量商业案例给予课堂教学无限活力，但学生在具体的实践中仍存在选择有效性的问题。

进一步完善原有课程教学资源，逐步建立起专业化、系列化、商业化的课程资源体系，结合热点、由浅入深、由点到面。进一步优化网上教学资源，有效辅助学员展开自学、互助学习。为配合期末实践项目的顺利开展，"精选设计案例"，教师加强阶段指导更新有效资源，确保学生能明确阶段教学意图及学习目标，有效运用资源。

（五）"教学评价"的深入改革——过程评价过程再创新

《图形与字体》课程的教学评价过程也随着不断优化、深入的教学内容侧重有所调整。当然，教学评价提倡过程的初衷从未改变。课程的考核评价的方式根据实践项目课题的特点不断调整、优化中。遵循注重以过程性评价为主、总结性评价为辅的原则。总结性评价仍安排在学期教学结束后进行，采用作品考核的形式。过程性评价的分值比例逐年递增（平时成绩占总评的70%），体现了强调过程性评价的重要性。

实践改革的过程中，为激励学生提升学习兴趣，优化作品质量，教学评价也呈现更为灵活的方式。学生在作品创作的草图、调研阶段的参与情况均细化为评分依据。平时成绩根据教师的建议在学期中可有多次调整提高的可能。期末考核项目结合"分组打分"的模式，增加学员团队合作的意识，也为高效地完成实践项目做好准备。

四、进一步加强实践性教学环节过程的指导

《图形与字体》课程实践性教学环节的深入改革过程中，教师加强了对学生有效执行实践项目过程的指导，确保学员尽早明确自己的职责与实践任务，具体指导包括：

（一）对学生有效执行实践任务目标的指导

面授课由教师给予学员学习指导建议，要求学员清晰地了解学习目标，学习进

度，制订个案实践计划。在完成户外调研进入草图阶段后，进行草图设计意图的阶段反馈交流活动，进而进一步明确学习目标。

（二）对学生有效进行自主学习过程的指导

教师根据实践性教学改革目标，通过分析、总结学生整班及个体参与实践项目的情况与差异，指导学生在集中辅导、调研、专题讨论多个实践环节中进行个体参与的方法、个人实践项目的调整，有效进行过程指导以提升学员自我管理进行自主学习的能力。

（三）对学生有效拓展实践创新能力的指导

为丰富学生的知识构架，除了完成既定的学习任务，指导学员结合实践项目利用有效的学习资源进行拓展学习。积极学习商业案例中的精彩部分，挖掘、分析个人实践作品中可拓展的部分，为进一步提高学生的创新意识而努力。

五、课程教学实践改革的总结与评价

本课程实践环节教学改革通过几个学期深入实践，逐步得以完善，实践效果初见成效。课程实践教学设计的实效性与日俱增。实践性教学改革为学员逐步构建、完善"图形与字体"设计创作的学习效果提供环境。为本专业后期的专业课程学习打下坚实的基础，同时也提高了个人和团队的学习力、执行力、鉴赏力及创作力。

以2018学年第二学期，2018广制（双休班）的学生为例，如表2。学员主体为入学第二学期的学生，对于设计方法及软件操作的认知与能力尚待提高完善中。通过参与教学实践改革课程，在教师引导下逐步提升了学习效果。具体实践中，学生们积极主动地参与各项实践任务，作品的完整度增强，作品的质量提升较快。整班学习积极性较高，班风较好，均能独立完成各阶段的实践项目。通过实践较好地提升了学习信心，较为清晰掌握了设计流程，在学习连续性的思考上更注重实践积累。

以上是围绕学校教育教学综改项目——供给侧改革理念促进区办高校转型发展

表2：2018学年第二学期，2018广制（双休班）的学生

教学实践环节	改革前		改革后（2017广制）		深入改革后（2018广制）	
出勤率	面授课	55%—65%	面授课	75%—85%	面授课	90%—100%
	网上讨论	35%—50%	网上讨论	45%—60%	网上讨论	75%—85%

（续表）

教学实践环节	改革前		改革后（2017广制）		深入改革后（2018广制）	
作品反馈	优秀作品	10%	优秀作品	40%	优秀作品	65%
	合格作品	65%	合格作品	50%	合格作品	35%
	不合格作品	25%	不合格作品	10%	不合格作品	—

课题相关课程实践性教学改革的一些思考与总结。实践教学坚持走进学生个体、贴近生活；坚持完善课程学习核心知识点，强调实践分侧重、阶段学；坚持多渠道、多载体获取整合学习资源；坚持阶段优化实践方案，注重资源使用有效性；坚持引导学生有效参与、由浅入深把握实践细节；坚持课程实践环节形成特色与风格，提升教与学的乐趣。《图形与字体》课程将为进一步提升课程质量而努力，为学生提供更好的学习质量而不断改革实践。

（上海市黄浦区业余大学　朱文嵘）

强化"成长型思维"的培育

——从成人英语学习突破"固定型思维"说起

随着全球化进程的日益加快，越来越多的成人在步入职场后发现英语能力的不足正成为限制他们职业发展的短板，于是便诉诸继续教育。然而，"靡不有初，鲜克有终"，最终能达到的学习成效与最初的美好学习愿景往往相去甚远。较之青少年，成人英语学习者面对的学习障碍更多，而其学习目标最终能否达成，关键在于他们如何应对这些困难。是什么决定了学习者是否有克服困难的决心和行动力呢？斯坦福大学心理学教授卡罗尔·德韦克（Carol S. Dweck）提出"个人的思维模式决定着其应对困难时的表现"，她将人的思维模式分固定型思维（fixed mindset）和成长型思维（growth mindset），并认为拥有成长型思维的个体相信努力，热爱挑战，面对挫折可以重新站起，因而更具发展潜能，能取得更大的成功。近年来，成长型思维理论在教育界的影响正日益深远，德韦克凭此理论于2017年获全球最高额教育单项奖——一丹教育研究奖；《2018年美国教育趋势》所揭示的"美国教育工作者最为关注的20个教育发展趋势"中，"成长型思维"亦位居榜首。德韦克关于思维模式的著作中文译名为《终身成长》，窥斑见豹，我们不难发现成长型思维并非与生俱来，而是在人生的任何阶段都可被培养、被塑造的。注重在教学实践中培养成人英语学习者的成长型思维，不仅能助其增强学习毅力，坚定学习信念，更重要的是要助其发展形成一种适合自身的英语学习方式，从而获取不断发展提升英语水平的能力。

一、固定思维模式对成人英语学习者的影响

德韦克的研究表明，个体的思维模式会影响其心理状态，进而决定人的发展与取得的成就。持固定型思维的个体认为智力和能力为天生固有，无法改变。他们为了规避困难，往往轻言放弃，更因害怕失败而故步自封，不愿接受挑战以至发展潜力受限。而持成长型思维的个体则认为能力可以通过努力来培养，即使个人的先天才能和资质、兴趣和性情各方面都会有所不同，但每个人仍可通过努力和经验的获得而不断得以改变和成长，故而拥有成长型思维的人不惧失败，他们将解决困难的过程视作成长的阶梯，因此能充分发挥潜能，取得长足发展。

　　成人在决定继续学习英语之初，一般都颇具雄心壮志，但在面临英语学习中的困难和挑战时，较多成人学习者却因固定型思维模式而禁锢住了他们努力前进的脚步，学无成效或半途弃学的现象较为普遍。究其原因，这与他们过往的英语学习经历、学习方式及学习心态有直接关系。

　　（一）缺乏学好英语的信心

　　固定思维者会将过往的失败行为转化成失败标签。成人英语学习者往往在青少年求学阶段英语成绩不佳导致他们潜意识中给自己贴上了"没有语言天赋""英语学习能力差"等标签，一旦学习过程中遭遇困阻，这些自我否定标签便会在头脑中形成干扰信息，让其不屑于通过努力克服困难，甚至还会进一步加深其"无能力学好英语"的自我评定，以至于从此彻底放弃英语学习。这样的结果正如德韦克所指出的那样："人们一旦相信个体能力固定不变，便会经常处于危险之中，害怕失败可以永久性地定义他们……固定型思维剥夺了他们应对问题的机会……一旦被失败击垮，便可能成为永久性的、散不去的伤。"

　　（二）缺乏持续的学习激情和学习毅力

　　成人相较于青少年，在英语学习时存在两大明显劣势，这亦是他们普遍面临的两大主客观困境：一为"记不住"，二为"没时间"。英语是一门需要大量识记的学科，卡特尔的研究表明成人的机械记忆力不如青少年时期。若通过死记硬背的方式进行识记，那不仅枯燥乏味，并且费时费力，难见成效。这对于本就是利用工余之暇来学习，时间和精力都十分有限的成人来说无疑是雪上加霜。德韦克将这种不求甚解、一味强记的学习方式形象地称为"吸尘器"式学习，这种学习方式不改变，便无法有效获取知识。持固定思维的英语学习者面对困境时却只是自怨自艾，明知如此继续学习下去，徒劳无益，可他们却依旧缘木求鱼，不求思变，于是，学不多久，便觉得身心俱疲。此外，上班族学习英语的最终目的又大多带有功利性，他们认为英语能力的提升能带给他们诸如升职、更好的工作、更高的社会地位等。简而言之，他们渴望成功，而英语能力正是他们走向成功的武器装备，所以这种想要成功的欲望让他们刚开始学习英语时满怀激情，但这样的激情有爆发力，却无持续力。固定思维学习者的学习激情主要来源于此，在学习过程中很难汲取到其他学习动力，所以遇到挫折他们感到灰心丧气，而且越挫越颓，最初的学习激情很快消磨殆尽。最后，他们得出结论，认为自己已做出尝试，学不好英语却乃客观的实情所致，无力改变，于是便选择待在舒适区内，不想再枉费努力去追寻可望而不可即的目标。

　　（三）害怕受到负面评价

　　固定思维的学习者会因惧怕负面评价而规避学习挑战，因此常将自己置于一种孤立无援、茫然无措的学习环境中。他们在英语学习过程中遇到不明白的问题时会因害怕成为他人眼中能力不足之人而不好意思开口求教，甚至于会不懂装懂。但英语是一门前后知识联系紧密的学科，前面的一些基础概念未能厘清，后面的内容便越加难以理解。于是随着问题的不断累积，没上几堂课后，固定思维的学习者便会有上英语课如听天书的感觉，全然无法理解课程内容。于是，他们会选择及时"止损"，选择放弃学习英语，并托词于"工作繁忙""家庭需要照顾"等作为无法坚持学习的原因以保颜面。因为没花时间努力学不好很正常，花时间努力了还学不好则十分丢人。这种选择放弃努力来作为保护自己的一种途径，德韦克称其为"不愿努力"综合征，一旦"患"上便很难再有所成就。

综上所述，固定型思维模式会对成人的英语学习产生较大的负面影响。它让学习者缺乏学好英语的信心和毅力；让他们失去学习动力，不能获得有效的学习策略；也让旁人变成了学习成败的审判者而非学习的支持者和同伴。这些都让成人的英语学习之路变得举步维艰，难以为续。要改变上述情况，就必须帮助成人英语学习者挣脱固定思维型思维模式的局囿，发展培养他们的成长型思维模式。

二、如何培养成人学习者的成长型思维

（一）培养学习兴趣

第一，成长型思维的学习者学习新技能的主要动力来自内驱力——学习兴趣。诺尔斯（1980年）曾提出外界因素与成人之间的交互作用构成了促进成人参加学习的激励力量。诺尔斯也在其极具影响力的著作《成人学习者》中称："如果学习能够满足成人的需求，那么他们就能快速而深入地进行学习。"成人参加英语学习大多出自工作或社会生活的实际需要，其学习兴趣有鲜明的实用性特点，他们希望学以致用，甚至学即能用。故而激发成人的英语学习兴趣须因势利导，以实用的学习内容去带领学习任务的完成。这就要求教师对教材内容做一番去芜存菁的择选，在保留语言要点的同时，摒弃远离成人实际工作生活的枯燥内容，引入能使成人学生感兴趣的、能解决生活工作现实问题的情境体验，并将这些情境体验巧妙地"移植嫁接"到英语学习中来，以用带学。譬如，可充分利用网络资源，让学生在英美国家的航空网站上订购机票，购物网站上选购商品，旅游网站上查看旅游景点介绍等；可提供英语电影或真实场景口语交际的视频片段；还可自主创设各种真实情境……当然，无论以何种方式设置问题情境，都必须注意两点：其一要与课文单元的主题紧密相关，其二则须与单元的语言点相结合。教师也并非简单地向学生抛出这些实用的英语学习资料后便大功告成，而是要通过这些资料触发学生通过切身体验从而

加强英语学习的兴趣，这种触发也并不局囿于课堂，而是可贯穿于课前课后。通过任务引领学生课前体验情境，熟悉课文主题；课中联系情境体验，引发思考，习得新知；课后能学以致用，获取成就感。如此，成人整个英语学习过程便始终处于与其感兴趣的实用内容的积极互动中，这些能用于工作生活实践环境的知识最能让成人学生切身感受到学习的实效，从而增加他们英语学习的兴趣。同时，这也契合成长思维模式所倡导的："要让人在令人生畏的任务中也能获取乐趣并得到成长，就要让他们在完成任务的过程中得到回报，寻求到满足感。"

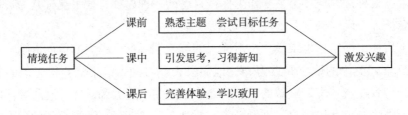

（二）发展学习策略助理解

研究显示当老师在教学过程中注重学生的理解过程，学生在达到学习目标后将更趋向于认为自己的个人能力是可以发展的。成人学习者的优势在于较丰富的经验积累以及较强的意义识记能力，要充分发挥此两项优势就必须引导掌握以下相关英语学习策略从而学会学习。

1.联结相关经验

成人丰富的阅历和生活经验是他们学习的"原材料"。如果能将他们的实践经验与所学新知相联系，并将这些"相关经历"扩大化，那么新的领悟，更有效的学习便会随之而来。首先，所谓"相关"就指要围绕与成人生活经验相关的主题开展主题式教学。具体例如"旅行计划""网上购物""机场英语"等来源于生活经验的主题内容不仅能激发其学习兴趣，更能发挥成人联想力优势，通过现实生活语境的联想辅助构建起以主题为中心的系统知识结构和脉络。其次，所谓"扩大化"则是指基于原经验，但又高于原经验的一种体验创造。这将主要通过上文所提及的设计情境问题得以实现。教师将新知识融入到成人学生熟悉的生活情境中，但因语言的转换，问题也会随之产生，这种新的体验所带来的问题将会激起学生的解决欲望。教师便可以情境问题为导向，为学生构建起理解的脚手架，让他们于旧经验中获取新体验，于探索思考新旧经验与知识结构的相互作用中加深理解。如此，经历将被赋予新的积极意义，成为英语能力发展的原动力；而情境体验则继之为增强兴趣，深化理解推波助澜。

2. 注重新旧知识间的联系

诺贝尔奖获得者神经系统科学家坎德尔的研究显示:"要想得到长久记忆,就需要在大脑处理信息时有意图且系统性地与记忆中已经完善的知识联系起来。"成人对事物具有更敏锐的洞悉力,引导其发现新旧知识间的联结,便能由此及彼,助其从已知探得未知。这种联结不仅在于每堂课内知识点之间,还存在于课与课的衔接之中;不仅要求注重英语新老知识之间的联系,也不能忽视了中文和英文之间的联系,例如,英语语法名称都有相应的中文译名,从探索语法中文译名入手能更好地帮助学生理解语法特征。这样,学生便能通过新老知识的融会贯通,构建起条理化的知识序列和知识网络从而由词到句、由句至篇不断拓展英语能力。

3. 强调归纳总结

语言学专家指出:"所谓语言,就是用有限的规则来解释无限的句子。"成人拥有较强的事物概括和综合能力,他们不善"强记"却善"悟"。较强的逻辑推理能力让成人学生更善于总结和归纳语言规律,引导学生从掌握英语发音规则、构词规则入手将有效提高其单词识记水平;而注重学生对句法模式、语法生成规律的探索,有助于学生将理解而得的原则和模式举一反三,迁移至相同相似情境,大大增加他们的学习效率。

培养成人英语学习者"坚毅"品质的是"授人以鱼,授人以渔"的过程,此二者并不相悖。"鱼"是能付诸实践的英语学习内容,用之,以激发学生学习兴趣,使其更有激情地投入学习;"渔"则是符合成人认知特征的英语学习的策略,授之,以帮助学生编织起知识网络捕获更多的新知,让他们从取得的学习成效中获取自信和继续努力获取新知的激情与动力。那么,当学生有能力和激情去达成一个个计划目标时,他们也就渐渐养成了成长型思维的做事方式,便可以坚毅地达成最终目标。

(三)建设课后信息化学习环境——提供全面的成长支持

冰冻三尺非一日之寒,思维模式的转变亦非靠课内的片刻之功便能实现。成长型思维的培养须立足课内,更须拓展至课外,这样才能让学生于日积月累的英语学习中养成成长型思维习惯。对于成人英语学习者来说,成长型思维模式课外学习环境的塑造主要通过现代网络技术,创设虚拟英语课堂和英语学习共同体来实现。

首先,建设网上虚拟英语课堂。线上英语课堂并非线下课堂教学的重现,而须侧重练习和知识要点的讲解。一方面,成人学生在校学习的时间有限,若课下不复习,他们便会陷入三天打鱼两天晒网的学习状态。那么即使他们在课上能很好地理解所授内容,多日不用也会生疏和遗忘,织起的知识网络便会松散、断裂,对后面的学习造成阻碍。网上练习不仅是督促学生课下继续英语学习的一种手段，更是训练学生举一反三的知识迁移能力的方式，让学生于日益精进中牢固地掌握知识。另一方面，通过网络系统给出的练习结果的即时评价和反馈，成人还能更好地掌控自己的英语学习情况，通过练习反馈"查缺"，然后通过知识要点的讲解视频及时"补漏"。就算有的成人学生特别"内向"或特别"好面子"，不愿求教与人，他们也可求教于"计算机"——这位不会让他们感觉"有失颜面"的答疑解惑者。

其次，建立网上英语学习共同体。成人与周围人的互动主要围绕着工作和家庭生活展开，所以他们往往缺乏学习的同伴以及学习上的支持者。特别是在学习英语时，如果周围人都不会说英语或者不用英语，那么这种孤军奋战的感觉会越发强烈。通过"微信"建立英语学习的网络交流群，不仅能让有着共同学习目标的同学们即使身处各地，也能随时交流，互相激励，还能让他们在学习碰到问题时得到群内老师和同学的及时有效帮助。这样，成人英语学习者的学习将不再孤独，因为他们身边随时都有学习支持者们的相伴。

网上课堂和英语学习者共同体创建的意义在于突破了时间和空间的限制，让成人学生在课余时间能个性化地根据自身需求选择学习的时间、内容和频率，又能从群体化的学习共同体中获得学习支持者和鼓励者。同时，他们也不会再惧怕评价，因为不管是计算机系统自动生成的还是来自老师和同学的评价，都不是对于其英语能力非好即坏的评定，而是能帮助成人克服英语学习困难，是对发展能力具有指导意义的信息反馈。

成人在英语学习过程中所产生的"畏难"情绪是阻碍其学习进步的症结所在，培养成人英语学习者成长型思维过程的实质便是坚定其克服学习困难的决心，激发其积极应对困难的行动力，传授其战胜困难的方法和提供其学习支持的过程。当成人英语学习者不再因学习过程中所遇到的困难而畏惧退缩时，当他们逐渐积累起行之有效的学习策略时，当他们坚毅地向着既定目标不断努力时，成长型思维便潜移默化成了英语学习时的一种思维习惯。那么，成人英语学习者就会越学越自信，越学越要学，越学越有成效，他们的英语能力便能随之不断提高。

（上海市黄浦区业余大学　徐文荟）

社区助力城区建设　学习点亮幸福生活

——黄浦区社区学院转型发展实践报告

为了提高社区教育的质量与效益，促进学习型社会构建与全民学习愿景的实现，在供给侧结构性改革的视角下，黄浦区社区学院着力改善社区教育资源配置的结构，发挥教育机构与市场对社区教育资源配置的双重作用，促进社区教育供给侧的转型升级，提高社区教育资源配置的效率。

"十三五"期间，黄浦区社区学院作为区域终身教育、社区教育发展的龙头单位，继续发挥着区域终身教育、社区教育、老年教育的指导中心的重要功能，通过创新资源整合方式，进一步完善体制机制，深入推进了区域社区教育内涵建设；坚持以人为本，以市民终身学习需求为导向，努力为每一位市民的终身学习办实事，进一步提高在学习型社会建设中指导服务功能，为"幸福黄浦"学习型城区的建设以及区域终身教育体系的建构奠定了稳固坚实的基础。

2016年，黄浦区获评"全国社区教育示范区"。黄浦区在全市开创了与老字号企业合作组建市民学习基地的先河，目前黄浦区市民学习基地逐年拓展，"学在黄浦"微信公众号功能进一步升级，实名注册人数超过4000人，社区学院连续两届获得"传统文化进社区"全国微视频大赛一等奖。"上海市民终身学习需求与能力监测中心"落地黄浦……2018年8月，荣获"2017年全民终身学习活动周优秀组织奖"、全国"优秀成人继续教育学院"荣誉称号。

在供给侧改革理念指导下，黄浦区的社区教育得到了长足的发展，逐步形成了以国民教育体系与终身教育体系融通发展为创新载体，以"市民海派文化体验基地"特色项目为实践抓手，以"线上+线下"信息技术为服务支撑的社区教育工作模式，具有"常态化、自主化、多样化、社会化"黄浦特色的社区教育体系已经建立。

一、供给侧改革理念指导下的实践特色

作为在社区这个特定区域开展的社会性教育，社区教育具有的多样性、广泛性及灵活性等特征，使其成为教育供给侧结构性改革的重要抓手与途径。社区教育的健康可持续发展，将有利于教育供给侧结构性改革的有效实施，从而促进教育公平发展，促进教育的效率与质量的提升。基于以上认识，面对新的发展机遇，黄浦

社区教育工作也进入了"加快融合、一体发展"的新阶段。在市区各级政府的指导下，黄浦区社区学院根据教育部、市教委、区教育局的要求，结合区域实际，有重点地探索实践黄浦社区教育的新机制、新模式、新途径，黄浦区社区教育不断焕发新的活力和生机。

（一）国民教育体系与终身教育体系融通发展的创新载体

黄浦区社区学院充分挖掘地域社会文化资源，在多年的实践探索中，走出了一条国民教育体系与终身教育体系融通发展的特色道路。本着优势互补、资源共享的原则，社区学院在整合区域各类教育资源和社会文化资源的基础上，还逐步向行业企业空间发展，创新教育载体，着力推进区域学习型企业和社区教育融合共建，以"院校合作""院企合作""院馆合作"的模式，将区域企业资源、文化资源及传统教育资源引入社区，建设成为"市民学习基地"。目前，黄浦区有69家单位被命名为黄浦区"市民学习基地"，主要由学校、企业和文化场馆组成。其中，院校合作（社区学院与公办学校）立足畅通各类教育机构，互相开放课程、场地和师资，促成了院校合作、一体化发展；院企合作（社区学院与老字号企业），双方互相开放资源、共同开发课程及体验项目，并由此培育出"相约老品牌""相会新时尚"等特色项目。院馆合作（社区学院与老城厢文化场馆），双方互相开放资源、组织活动并提供公共文化资源信息，定期举办主题教育活动，向居民开放活动场地和学习资源。

（二）市民海派文化体验基地的实践抓手

黄浦区社区学院围绕时代主题，加强调研、融合优势，探索企业文化资源和公共文化资源向社区教育课程资源的转化，通过丰富课程的内容、灵活课程的形式，进一步提升社区教育的品质内涵。黄浦区社区学院承办的"市民海派文化体验基地"，更是成为市民享学、乐学的新天地。

海派文化体验基地现设12个体验点，29个体验项目。截至2019年7月，基地活动累计参与量超过30万人次。海派文化体验基地先后接待了30余支来自联合国教科文组织、教育部、外省市和兄弟区县的考察和学习代表团。"市民海派文化体验日""海派文化 星光怀旧市集"先后被评为"全国终身学习品牌项目""上海市终身学习品牌项目"。

"市民海派文化体验基地"正在逐渐成为上海市终身教育、社区教育发展的一张耀眼的名片，不断吸引更多的人了解海派文化、传承海派文化。

（三）"线上＋线下"信息技术为服务支撑的社区教育工作模式

一是推进社区教育"信息化"，构建"黄浦学习网"，扩大对社区学校、居民办学点的远程教育覆盖面，把"课堂"办到小区居民家门口。对现有教育资源进行二次开发，促进信息资源数字化、信息传输网络化、信息平台集成化、信息利用互动化。建设和维护好"社区教育网络"。二是完善社区教育"办学网"，打造便捷学习网络。社区学院积极发挥指导服务、教育研发、教育督导评估等功能，指导和评估社区学校和居民学习点的工作。三是建立社区教育"资源库"，拓宽居民的学习空间。

黄浦区社区学院还利用移动数字化平台，扩展四通八达的学习网络。截至目前，黄浦区不断完善"四库一线"为主要内容的信息技术运用，即课程库、师资库、教材库、资源库和黄浦学习网，实现资源共享。黄浦区已实现各街道数字化学习教室全覆盖，并逐步拓展至居民学习点。全区已实现了177个居委收视点的全覆盖，每年有2万余人参与收视点学习，社区学校、东方信息苑等学习场所也全天候开放供市民就近学习。

2015年，"学在黄浦"微信公众号正式上线，"学在黄浦"微信公众平台在区学习促进办指导下，由社区学院负责管理，整合区域内社区学院、老年大学、社区（老年）学校与培训机构学习资源，形成线上和线下信息资源一体化模式。通过实名开设终身学习账户，开展手机微课程学习，同时还建立个人电子档案，累计学习积分，完善积分兑换奖励等功能。截至目前，微信信息推送数量近千条，后台统计注册人数达到3237人，关注人数超过4000人。

针对现代人碎片化的学习趋势，黄浦区社区学院也在大力发展"微课程"项目，连续5年荣获中成协"NERC全国社区教育优秀微课程评选"优秀组织奖、一等奖等奖项。

此外，在教育部社区教育研究培训中心和国家社科基金重点课题"中华优秀传统文化教育研究"课题组主办的"全国传统文化进社区微视频大赛"中，黄浦区社区学院提交的作品也获得了优异成绩和好评，并连续两年获得全国一等奖。

基于黄浦区在数字化学习领域的突出成绩，早在2013年黄浦区就被评为"全国数字化学习先行区"，2017年，黄浦区又获得了"全国社区教育优质课程资源共享先进单位"的荣誉。

二、供给侧改革理念指导下的实践成效

（一）完善社区教育网络建设，加强终身教育实体化建设

在组织机构整合、组织架构不断完善的基础上，黄浦区社区学院为主阵地，集各方优质教育资源于一体的终身教育大平台，完善了社区教育三级网络：形成了以

社区学院为龙头，以街道社区学校为骨干，以居民学习点、市民学习基地为基础的社区教育三级网络。目前，黄浦区社区教育整体工作在原有的三级网络不断夯实的基础上，开始实现建设延伸，达到纵深下移，即以第一级社区学院为龙头，第二级街道社区学校为骨干，第三级居民学习点、市民学习基地为基础，第四级（终身教育社会学习点、养教结合学习点）和4.5级（人文行走学习点、楼宇学堂）为立足点的整体架构，实现了社区教育的5—8分钟学习圈，也就是建设小区、楼组等家门口的学堂。

随着实践发展，黄浦区社区教育网络发展模式各具特色，既有传统的实体化授课，又有体验式课程，还有学习团队等学习模式。同时，黄浦区社区学院还不断挖掘地方文化资源，推出各式学习项目和学习载体，鼓励多元主体参与社区教育。目前在原有三级网络中，全区每年开设课程510门，参与实名注册课程学习的学员达26230人；每年组织主题学习活动1800余场，吸引近30万人次参与，据不完全统计，活跃在社区、机关、企事业单位的学习型团队总数已达1500个。

（二）开展课程建设与实践研究，优化社区教育内涵建设

依据教育部、市、区有关部署和要求，结合黄浦实际，在引导和满足市民学习需求的基础上，近几年，社区学院整合资源，形成合力，建设科学合理、全域覆盖的社区教育体系。

1.深度开发，课程建设强调学习资源共享

在课程建设过程中，黄浦区社区学院立足于捆绑课程资源，搭建居民学习的"立交桥"，为市民量身定做"学习菜单"，开创了自主办班、一体化办班、联合办班相结合的"多元"办班模式，探索教师启动、师生互动、学生主动的"三动"教学模式，强化社区教育服务的功能。

高水平的建设结出了累累硕果，黄浦区社区学院在市级社区教育特色课程和教学资源评比活动中屡获佳绩，近20门课程被评为上海市社区教育特色课程，多次获得上海市社区教育教学资源征集活动奖项，黄浦区也连续两年获得特色课程优秀组织奖，推进了市、区层面的课程联动发展。黄浦区还积极参与上海市联合教研室建设工作，承担了"上海市社区教育艺术鉴赏联合教研室"的工作，目前已成功开发出《京昆戏曲艺术鉴赏》和《诗词楹联鉴赏与创作》两门课程，并推广至全市范围内供学员使用。

2.引领需求，实验项目、科研课题注重成果转化

黄浦区社区学院重视成人教育理论研究，积极争取国家、市、区级研究课题，加强与市有关单位和科研院所的合作，主动参与上海市老年教育理论研究中心课题

申报,共同推进社区老年教育理论研究。目前已完成5个全国级课题,数十项市级重点课题。与上海市教科院社区教育研究中心签订项目实验内容的合作协议,多角度、分层次地设立社区教育实验项目,广覆盖、多模式地开展社区教育实验工作,所承担的实验项目多次获得上海市社区教育实验项目示范项目、优秀项目等荣誉称号。学院鼓励教师投身科研工作,注重科研成果的示范与推广,力争在社区教育发展的热点、难点、重点项目上有所成果,提高社区教育研究软实力。黄浦区社区学院先后六次获得上海市社区教育优秀论文评选活动优秀组织奖,学院教师在《求索》《成才与就业》等各类终身教育杂志发表文章二十余篇,参与撰写的《上海社区教育实验项目实践的回顾与分析》发表在《终身教育研究》,并被人大报刊复印资料转载。

3. 承接市级项目,建立终身学习需求与能力监测中心

"市民终身学习需求与能力监测"项目是国家教育综合改革试点工作项目之一。2016年,按市教委统一部署,黄浦区参与了上海市民终身学习需求与能力监测工作,完成195份样本监测。为进一步落实市民终身学习需求与能力监测工作,2016年12月28日,上海市民终身学习需求与能力监测中心揭牌仪式在黄浦区业余大学、社区学院举行,上海市教委副主任郭为禄和黄浦区副区长李原共同为上海市民终身学习需求与能力监测中心揭牌,此举标志着上海市民终身学习需求与能力监测中心正式落户黄浦。

该监测中心定位于建设成为国内市民终身学习需求与能力监测的研究基地与孵化基地;国内功能强大、基础数据完备的市民终身学习需求与能力发展的监测数据库;国内终身学习能力监测有影响力的合作与交流平台;专业水平一流、集聚优秀专家资源的终身学习决策咨询服务机构。黄浦区自承接监测中心建设工作后,于2017年着手规范相关体制、机制工作,为监测中心建设提供必要的人、财、物的运行保障。在2017年内开展1个专项监测项目,完成10000份监测问卷,并于2018年拓展建设崇明监测站点,2019年开展针对老年群体的监测,为开展具有国际视野、中国特色和上海特点的市民终身学习需求与能力监测工作保驾护航。

(三)加强学习型社会建设的指导工作,培育学习型组织

黄浦区社区学院以弘扬终身学习理念为立足点,以提升城区学习力为目标,以培养市民社区归属感为动力,形成了"机关是重点,社区是基础,企事业是关键,家庭是保障"的学习型组织创建格局。旨在以四块联动、整体推进的模式,全面唤醒市民的学习意识,从而进一步促进社区教育的发展。

1. 推进学习型家庭创建

与区妇联、区文明办等部门合作,大力发挥区级未成年人家庭教育指导中心及

其分中心、街道社区学校、中小学家长学校及区级家委会和各教育机构的作用，与区教育学院合作开展各种形式的家庭教育指导和相关科研工作，提升家长科学育儿能力。培育学习型家庭创建的载体，倡导科学文明健康的生活方式。

2. 指导学习型组织创建

根据上海市学习型组织创建要求，在黄浦区学促办的领导下，通过聘请专家指导、组织专题讲座等形式，指导区域内学习型组织的创建工作。依托区市民学习基地，为企业提供丰富的学习资源，推动学习型企业发展。

3. 参与未成年人校外教育工作

每年暑期，黄浦区社区学院以"市民海派文化体验基地"为依托，以弘扬"老城厢传统文化"与"中华老字号企业文化"为主线，联合市民学习基地（红房子西菜馆、叙友茶庄、三山会馆、文庙等），围绕"畅游老城厢"与"走访老字号"的主题，开展了融知识性、实践性、趣味性为一体的中小学生海派文化实践与体验活动。据统计，2019年暑期"中小学生海派文化实践与体验"活动收到预约邮件300余封，每场活动的预约率为100%，有效接待亲子家庭200余户，受到了参与活动的学生及家长的好评。

三、实践保障

社区教育以其独特的针对性、广泛性使得广大社区居民"时时处处学习"成为可能。在黄浦区教育局的指导下，在黄浦区社区学院的具体实施下，引导黄浦区各相关部门以当前教育供给侧结构性改革为契机，将社区教育作为教育公共服务的有效途径，大力发展社区教育，加强对社区教育财政投入和配套基础设施建设与政策倾斜，在组织保障、创新体制机制等方面做足文章。特别值得一提的是师资队伍的建设与建设经费的保障以及绩效评估。

首先，是社区师资队伍保障。2004年，黄浦区就组建了一支由区教育局校级领导干部带队的专职管理和教师队伍，分派到各个街道社区学校。同时，根据社区教育的特点，选贤任能，确保社区教育师资队伍优质优量。坚持培养和引进相结合、专职与兼职相结合的做法，鼓励社区教师与学校教师柔性流动，吸引学校、社区、企业、社会组织等各方面的专业人才参与社区教育。黄浦区现有专职教师61名，平均每个街道有5—8名不等，其数量位居各区专职教师前列。在师资融通上，逐步建立公办中小学优秀师资与社区教育师资队伍互为补充、交流合作的机制。根据相关数据显示，黄浦区社区专职教师队伍整体的学历水平较高，100%达到大专以上学历水平，其中本科学历教师达到53%，硕士研究生3名，且46%的教师具有中级以上职称，中学高级教师5名，专职教师从事社区教育的平均年限达到8年，这也意味着他们在终身教育领域积累了一定的教育教学和管理的经验。

2015年起，黄浦区启动了将教育系统优秀后备干部安排到社区学校管理岗位易岗锻炼的项目，2名黄浦区业余大学的中层干部走上了社区学校常务副校长岗位。2016年根据社区学校岗位需求，引入2名中学教师，分别具有信息技术和国家二级心理咨询师专业资质，充实了社区教师队伍质量。同时，对社区教育专职教师开展360专业化培训，拟订了《黄浦区社区教师在职培训方案》，构建了社区专职教师培训课程的框架，建立了区级的社区教师培训与中小学校教师培训学分互认的平台。

在专兼职教师相结合的基础之上，还充分发挥社区志愿者的参与力量，三管齐下，共同保障居民的受教育机会。目前，全区专职教育工作者近2名/1万居民，兼职教育工作者14名/1万居民，社区教育工作志愿者32名/1万居民，为社区教育工作提供了专业的指导和强有力的支持。在保障数量基础上，黄浦区也为社区教师搭建学习平台，众多教师在市、区级赛事中获奖，黄浦区连续两届荣获"上海市社区教育教学观摩比赛"优秀组织奖。2016年社区学院三位青年教师获评中成协首届"社区教育教学新秀"。黄浦区的终身教育"师资库"也日益完善，为社区教育提供了多样化的人才资源。

其次，是经费保障。黄浦区建立了科学的经费保障与经费运作机制，有效保证必要的经费投入，切实体现政府的公共服务职责。区财政划拨专项资金，专门用于支持市民终身学习，按照户籍人口计算，黄浦区终身教育经费实现了逐年递增，到2017年，黄浦区已实现终身教育经费人均25元/年/人，居于全市前列。在专项资金管理办法等系列制度的支持下，黄浦区逐步形成了全区推进社区教育的局面，在各个社区内有学习能力的人员参加终身学习的比例达到90％以上。

再次，是绩效评估。多年来，黄浦区不断制订和优化科学有效的评估方案及制度，确保社区教育工作落到实处，并有成效。如制定《黄浦区学习型社会建设督导评估机制》《引入第三方专业机构参与评估社区教育的评估方案》《区社区教育标准化居民学习点评选标准》和《区社区教育标准化居民学习点评选工作方案》等相关考核标准，形成符合社区教育特点的评估模式，建立政府、社会组织、市民共同参与、定期评估与随机性评估相结合的科学评估制度，提高各类考核、资源配置工作的专业性和科学性，落实奖惩制度。

社区教育以社区广大居民为惠及对象，为实现教育公平提供了有效解决路径，有效实现了社会各类人群的教育获取机会的公平最大化，较好地协调了社会不同利益群体间的关系，促进了社会的安定和谐。因此，黄浦区社区学院借助社区教育这一终身教育的重要载体，基于教育供给侧结构性改革理念，大力发展社区教育，促进教育公平，对当前我国和谐社会的构建有着深远的意义。

　　作为"全国社区教育示范区"，黄浦区在社区教育发展方面取得了较显著的成效。黄浦区社区学院将紧紧围绕"学习，让生活更幸福"的主题，深入推动城区各项文明建设与市民素质的提升与发展，在供给侧改革理念指引下为深化学习型城区建设工作、为学校的转型发展奠定坚实基础。

（上海市黄浦区社区学院项目组）

顺应时代发展需求　拓展多种学习渠道

——供给侧改革理念指导下的社区教育微课程建设

党的十九大明确指出，要优先发展教育，办好网络教育和继续教育，"加快建设学习型社会，大力提高国民素质"。随着现代信息技术不断地改善着人们的生活与学习方式，互联网与教育的深度融合，极大地拓展了人们参与终身学习的机会与路径。

社区教育的供给侧改革更应利用"互联网+社区教育"积极推进，为社区居民提供内容丰富、形式多样的学习资源，进而加快构建终身教育体系。"微课"是在互联网、现代信息技术，以及各种移动电子设备平台的支持下，基于建构主义、碎片式学习、非正式学习理论而发展起来的一种课程模式。它以学习内容的精炼、学习单元的简约、学习载体的可移动以及学习时间的自主等为主要特征，相对于传统意义上的"固定式"学习是一个大的突破。通过微课，学习者能够充分利用边角时间，在短时间内有效获得知识信息，将学习融入生活，使得学习成为一种生活状态。社区教育微课建设既是"顺势而为"的举措，同时也是拓展、挖掘与整合社区教育课程、资源的方法和途径的契机。

近年来，黄浦区社区学院在实践层面对微课建设进行了探索，并持续地开展实践研究和理论思考，通过微课程的开发，充实了社区教育课程和资源体系的建设，促进社区教育内涵式发展，更顺应了数字化学习的趋势，对接了学习者利用碎片时间"随时学"的需要。

一、有效整合各类社会资源，丰富微课内容与形式

微课建设的过程，也是拓展社区教育资源的过程，一些平时常被忽略的、利用率较低的社会资源都有可能在这一过程中被发掘、整合与利用。例如：围绕"珠宝鉴赏与保养"这一主题，持续开展微课建设，从起初的单一由企业类市民学习基地、天宝龙凤金银珠宝有限公司的参与，到后期拓展到由社会其他个体优质珠宝商、上海工艺美术品服务部有限公司的多方加入;《京剧艺术欣赏》系列微课的拍摄，我们借助了公办学校的优质师资力量;《弄堂九子》系列微课，充分利用南京东路街道承兴居委的专家和文化资源。不仅充实了拍摄场景、实物，也为我们提供了

更为强大的专家和师资队伍，同时也找到了社会资源参与社区教育资源和课程建设的途径。

二、纵横挖掘微课知识体系，完善线下课程结构体系

建设微课的过程也是实现课程体系完善的过程，突出表现在课程内容在横向上的拓展和延伸，并实现纵向上的层次感。例如，《钱老师说百姓珠宝收藏》微课程在授课内容上就突破了课堂教学中"珍珠""翡翠"等常见主题，延伸出了琥珀、碧玺、南红等多个内容，在层次上也由识别、保养等较为基础的内容，升级到鉴赏、收藏的定位上。可以说，建设微课在客观上促进了对原有课程的二次甚至多次的开发和挖掘，在纵、横上逐渐实现课程内容的系统化。又例如，《走进红房子　人在故事中》系列微课，每一集均以红房子西菜馆的看家好菜为主线，展现制作全过程，还挖掘了菜品与红房子的故事，很好地弥补了课堂上无法完全呈现菜品制作全过程的短板，同时还拓展了课程的人文与内涵，深受学员们的喜爱。

三、积极引导教师参与，提升教师课程建设水平

教师是课程建设过程中的核心要素，在社区教育教师队伍中有许多志愿者教师在某一方面有一技之长，但是由于未受过专业的训练，在教育教学的专业性和规范性上都有所欠缺，而让其参与到微课程的建设过程中，无疑是提升教育教学专业水平的一个好的机会。通过与社区学院、制作团队的合作，让教师参与到微课程建设的各个环节，对微课内容涉及的专业知识等方面进行把关，提升了教师在社区教育微课设计的能力。

四、促进微课建设主体多元化，探索多样建设模式

在微课建设的过程中，社区学院将自己定位为资源的发掘者、调配者和过程中的服务者，集思广益，鼓励并积极引导多方主体参与其中，发挥各自的优势，根据不同课程的特点探索出不同的微课建设模式，总结出四种主要的微课制作模式的基本特点。例如："教师主导型"制作模式适用于授课教师专业基础扎实、课程开发和教育教学等综合能力较强，并且教师本身拥有丰富拍摄素材的课程；而针对一些由志愿者教师授课的课程，我们采用的则是"社区学院"主导型模式，由社区学院的专职教师弥补授课教师在教育教学和课程开发专业性上的短板；此外我们还尝试了"企业主导型"和"技术团队主导型"的制作模式。不同建设模式的探索既保证微课建设中各类资源的高效运转，也努力做到让每一个主题的微课在最大限度上展现

出它的特色，为因地制宜进行微课建设打下了基础。

五、拓展微课展示利用平台，丰富社区课程教学资源

为了使微课真正能为学习者所用，展示与利用平台的建设至关重要。这里的建设有两层含义：一是利用平台。主要是指利用好已有的微课展示平台，如：国家开放大学五分钟课程网和其他各种类似的展示网络平台。此外，我们的课堂教学和活动也是很好的微课展示和利用平台，应鼓励和支持教师充分利用这一部分数字化资源，丰富课堂教学。二是打造平台。各区县都在进行微信公众号等新媒体的建设，无疑是微课资源推送和展示的良好平台。

截至2019年10月，黄浦区社区学院制作了8个系列共计84节微课。社区教育微课建设的探索已经起步，不断尝试和发掘新的微课形式，同时将更多的社区教育优质课程资源"微课化"是探索社区教育课程数字化升级的有效途径，这也将成为不断满足当下学习者多元学习需求，拓展多种学习渠道，推进社区教育课程和资源内涵式建设与发展的一个着力点。

（上海市黄浦区社区学院　秦洁）

"社区教师"共生与发展之道

——以社区专职教师培训学分与中小学校教师培训学分 互认机制建设为例

一、研究背景及关键概念界定

（一）社区教育"供给侧改革"的概念

"供给侧"，即供给方面。经济学领域的"供给"一般是指在某一价格下，个人或厂商愿意出售的商品和劳务的数量。经济供需平衡才能有效促进社会经济的发展。"供给侧改革"是为应对我国在社会经济发展过程中产生的"社会结构性变革"的需求而提出的概念，其目的是"纠正配置扭曲，扩大有效供给"。

教育与社会经济发展有着密切的关系：教育要发挥其服务的功能，必须适应社会的需求而进行相应的调整。作为终身教育领域的重要子领域，公共服务型政府建设的重要组成部分，大力发展社区教育有利于提升社区市民的综合素质和幸福感，促进社区的安定和学习型社区的建设，进而促进社会的繁荣和可持续发展。故此，社区教育作为当前我国教育供给侧结构性改革的议题，其重要性不言自明。

有学者指出，社区教育的供给侧结构性改革即是以社会人力资本的改善为主要目标，贴近广大市民学习者的实际需求，不断提升社区教育供给体系的质量和效率，在人才和智力等方面为社会经济转型发展提供强有力的保障和支撑。

（二）供给侧改革理念指导下，社区教育师资队伍建设的重要性

在当今科技突飞猛进的"互联网+"时代，社会经济发展水平的不断提高对国民综合素质提出了更高的要求：在上海这样的国际大都市，对于大多数市民而言，不仅终身学习理念已经根植于心，且终身学习的实践也成为生活中不可或缺的一部分。市民的学习需求发生着变革，必然要求终身教育、社区教育的"供给方"进行相应的改革——着力于提高质量的内涵建设发展，其中，社区教育的课程和师资队伍的建设是内涵发展的两大核心要素。

如果说课程是社区教育可持续发展的载体，作为课程的开发者、建设者和管理者——社区教师队伍，其综合素质不仅决定着课程开发的质量，更决定着区域社区教育质量、活力和潜力。师资队伍建设是社区教育的基本保障与重要资源，也是社

区教育供给侧结构性改革的重要因素与着力点之一。

在供给侧结构性改革理念下，黄浦区社区教师队伍的结构与社区教育发展的要求相适应：社区教师队伍的构成正经历着从单一的专职教师队伍向包含专职、兼职和志愿者教师的"三元"教师队伍转变。

在进一步陈述之前，首先有必要明确"社区教师"的概念、结构以及子概念。

"社区教师"是指在社区教育领域从事教学和（或）管理工作的、具有较高学历层次和文化程度（如具有高等教育学历）和一定职业资历（如中级职称）的人群。

广义上，"社区教师"由"社区专职教师""社区兼职教师"和"社区志愿者教师"三个类别构成。

一是"社区专职教师"（简称"专职教师"），是指在各级社区教育办学机构（区级社区学院和街道社区学校）全职从事教学、科研、管理等工作，且具有高等教育学历和一定职业资历的教师。

二是"社区兼职教师"（简称"兼职教师"），是指在公办学校专职从事教师职业，或在行业社会组织内任职的，仅业余时间（如双休日或平日无教学任务时段）在各级社区教育办学机构任教的教育工作者或专业人士。

三是"社区志愿者教师"（简称"志愿者教师"），是指具有较高文化层次、具备较高的职业资历、已退休因热衷于教育事业而被社区教育办学机构聘用的社区能人。

狭义的"社区教师"仅指"社区专职教师"。本文在后续阐述过程中将对这些概念的使用依次注明。

尽管黄浦区社区教育教师队伍呈现了"师资来源多元化"的状态，兼职教师和志愿者在社区教育的教学领域发挥的作用日益增加，然而，专职教师仍是开展、推进社区教育工作的主力。在街道社区学校，（校长和常务副校长之外的）专职教师均由区教育局从区内各公办幼儿园和中小学校派出，她（他）们具有丰富的基础教育领域的教育教学经验，具有较强的适应能力和学习能力，其中的一部分老师还具有较强的教学管理能力和活动组织能力。由此，在教师队伍岗位结构的安排上，一部分专职教师承担行政管理工作，另一部分则与兼职教师和志愿者教师一样，担任课程教学任务，还有极少一部分教师承担"双肩挑"的重任。

市民参与终身学习的积极性和自主性不断增强，对终身教育、社区教育的质量要求不断地提高，为了满足这样的需求，社区教育的供给侧结构性改革也对从业师资队伍的综合素质提出了更高的要求——如何通过完善相应的机制，实现社区教师（人才）资源的优化和合理配置，提高工作效能和教育质量，是值得广大社区教育工作者思考、研究、解决的问题。

二、研究过程

供给侧改革理念下，社区教育师资队伍建设的目标在于：通过完善体制和机制，确保社区教育师资队伍的供给具有稳定性、教师资源配置的合理性，同时，提高现有师资队伍的综合素质和业务能力。为此，黄浦区针对社区教育师资队伍中的专职教师群体，做了一些研究和探索。

（一）开展社区教育专职教师的学历提升培训

黄浦区社区学院自成立以来在学校章程中就明确了"开展师资培训，建设一支高素质的社区教育专业化教师队伍"。十年来，为了帮助由教育局派出的、在街道社区学校工作的数十位专职教师适应新领域的学习需求，社区学院先后与区办高校（即区业余大学）和上海电视大学分校（现为上海开放大学分校）合作，开办了学历教育培训，例如专科学历层级的"社会工作"专业培训，以及在此基础之上的本科学历层级的"城市公共管理"专业的培训。高层次的学历教育培训取得了良好的成效，为专职教师的"跨领域"发展打下了理论基础。

（二）组建"黄浦区社区教育中心"，合理配置专职教师资源

在黄浦区学习促进办的统筹、黄浦区各街道的支持下，黄浦区整合区内的社区教育教师人才资源，建立了五个"社区教育中心"。各中心的主任均系由区教育局派出的、具有丰富教育教学及管理经验的校级领导；在社区教育业务方面，每个中心辖两所街道社区学校，在社区学院的指导下开展各类社区教育活动、推进区域社区教育工作。黄浦区社区教育中心的建立，使得现有的社区专职教师资源配置更加合理，有利于提高工作效率。

（三）建立培训学分互认的机制

社区教育的发展对专职教师的综合能力不断提出更高的要求。教师们从以往的学历培训中学到的理论知识和获得的部分技能也必须与时俱进地扩展和提高。专职教师在社区教育领域任职经历的增加，使得其对所在领域的专业培训提出了学习需求，不仅如此，对于培训效果的认可（即与基础教育领域培训在学分上的互认）也成为与教师发展的利益最相关、最重要的问题。

1.规划、设计分层培训的培训制度

黄浦区社区学院协同黄浦区教育学院以及各社区教育中心（含街道社区学校），共同商讨、确定社区教师的培训课程学分制，具体内容包括：社区教师培训课程内容和培训形式的选取、培训师资的组建、培训效果的考核方式和标准的选择，以及

学分计算标准的制定。

考虑到社区教育中心（含街道社区学校）承担的多重业务功能，以及组织开展校本培训的资质适宜性的实际情况，黄浦区社区学院考虑，将社区教师的培训体系设计为区级层面的培训系统，但在培训课程设计上进行分层设计。

黄浦区社区学院负责区级培训的统筹规划、实施和管理；在分层的课程体系方面：拟考虑将理论课和部分必修课交由区社区学院负责实施；实践课作为区级培训课程，由"黄浦区社区教师培训联盟"与相关的社区教育中心（含街道社区学校）共同负责组织实施。（课程设计方案，即包括课程内容、课程学分制定、授课教师的聘请、培训时间安排、培训过程管理和培训效果评定等事项，必须由黄浦区教育局和黄浦区社区学院规划设计。）

2. 开展需求调研，探索适合社区教师在职培训的课程体系和学分管理制度

（1）黄浦区社区教育专职教师的结构调查

黄浦区社区学院对全区社区教育专职教师的构成情况展开调查，主要考察当前（数据截至2018年12月底）该教师群体的年龄、学历、岗位、职称等因素，作为培训需求调查以及培训体系设计的参考。

表1：2018年底黄浦区社区教育院校专职教师（含管理者）学历职称情况一览表

总人数	教师来源	教师平均年龄	从事社区教育平均年限	学 历			职 称		职称占总人数比	
				大专以下	大专	本科及以上	初级	中级及以上	初级职称	中级及以上职称
59	教育局派出中小幼教师	51	11	1	20	38	30	29	51%	49%

表1显示，黄浦区社区专职教师年龄普遍偏大，整体的学历水平较高，64%的教师具有本科及以上学历，49%的教师具有中级及以上职称。在基础教育领域，这些教师具有相对扎实的学科知识基础和较丰富的学科教学经验。调查还发现，黄浦区专职教师从事社区教育的平均年限达到11年，这也意味着他们在新的教育领域积累了一定的教育教学和管理的经验。

需要注明的是，目前黄浦区在职的社区专职教师均由黄浦区教育局派出，表格中"职称情况"均为这些教师在原基础教育领域所评定的职称状况。

（2）黄浦区社区专职教师的培训需求调查

研究者走访黄浦区的社区教育院校，以访谈、座谈会的方式，对社区教育院校的领导及部分教师代表进行了培训需求调研，了解教师参与在职培训的意向及其对培训课程的要求。

调查发现，大部分专职教师都有参加在职培训的意向，担任管理岗位（如教务、总务等）工作的教师，参与培训的愿望更加热切。

在调查过程中，受访的专职教师对在职培训的实施提出了几点建议：

① 社区教师的在职培训能与普通中小学校教师"360培训"贯通；

② 在职培训以课程为载体，实施形式可以多样化；

③ 培训课程内容能兼具理论指导与实际应用，且不断更新；

④ 培训时段的安排具有灵活性。

针对培训课程内容的设置，受访的社区院校领导认为，从教师的专业发展、社区教育内涵发展对教师的要求等角度考虑，**建议将培训课程分为社区教育专业、人文素养、自选课程、专题课程等四大模块，并赋予相应的比重。**

（3）组织召开三方参与的"教师培训推进工作会议"

在调研基础上，黄浦区社区学院组织召开了由黄浦区教育学院相关部门、各社区教育中心主任参与的"社区专职教师培训推进工作会议"，征询了各方的意见，达成了共识：参照区教育学院公布的《黄浦区中小学校教师"360培训"》文件中课程类别、学分标准及相应的操作规则，黄浦区社区学院拟订《黄浦区社区专职教师培训方案》，按照《方案》分期开展培训工作；每年培训课程结束后，社区学院按教育学院师训部申报培训学分的要求，递交培训材料，由教育学院审核赋分。

在社区学院指导下，各社区学校参照实施方案，设计校本培训（课程）方案、校本培训课程的学分管理实施方案和操作细则。

3."两院"合作建立学分互通平台

在终身教育体系中，黄浦区社区学院和黄浦区教育学院均担负着指导街道（社区）辖区内学校开展教育活动、组织教师参加培训、促进学校与社区互动融通、推进家庭、学校、社区"三位一体"育人机制形成的重任，因此，两个学院具有深厚的合作基础。

在教师培训方面，如前所述，黄浦区绝大部分社区专职教师都从基础教育领域的中小学校、幼儿园的学科教师转岗而来。转岗之前，教师们均按要求参加"240"

和"360"培训（注：校级领导、高级职称的教师参加"540"培训）。转岗之后，黄浦区社区学院为培养优良的社区教育师资队伍以及教师人才的可持续发展，在黄浦区教育局协调下，与教育学院达成共识：由社区学院举办区级培训及考核；凡参与培训的教师，待培训考核结束后，社区学院统一将培训材料递交教育学院，合格者即被授予相应的培训学分。由此，"两院"合作共同建立了社区专职教师培训学分与中小学教师"360培训"学分互通的平台。

三、研究的实效

（一）初步拟订了社区教师在职培训的实施方案

根据区情，基于对社区专职教师的调访，社区学院初步拟订了《黄浦区社区教师在职培训方案（草案）》（简称《草案》）。《草案》提出：黄浦区社区专职教师培训的规划和实施，由区社区学院全权负责；市级培训由教师自选自修，区级培训由社区学院组织开展，"校本培训"作为区级培训的"实践模块"，由各社区教育中心（含街道社区学校）组成的"社区教育培训联盟"负责实施和考核。

（二）初步拟定了黄浦区社区专职教师培训课程的框架

以社区专职教师在职培训需求调查为基础，参照中小学教师在职培训的课程框架，以及兄弟区县（如徐汇区）的经验，黄浦区社区学院设计了社区专职教师培训课程的框架，力求兼顾教师综合素养和专业技能的全面发展。

（三）建立了区级的社区教师培训与中小学校教师培训学分互认的平台

黄浦区教育局统筹协调，黄浦区教育学院以全市中小学校教师"360培训"体系为参照，兼顾黄浦区社区教师队伍建设的现状，对社区教师培训的课程体系提出建议；两院达成共识和协议：黄浦区社区学院按照区教育学院的要求，每年的年末整理、递交社区教师本年度完成的培训材料；黄浦区教育学院按照相关规则对参与培训的教师进行学分认定。对于具有师训号码的社区专职教师，区教育学院在认可学分之后，统一将学分输入市级师训平台，完成社区教师参与社区教育培训的学分认定。

（四）增强了培训效果，扩大了培训覆盖面

培训学分互认机制建立后，社区专职教师的学习权益进一步得到了确认和保障。由于培训实施的系统化以及培训内容具有与时俱进的适切性，黄浦区社区学院开展的针对专职教师的培训，既激发了教师们参与学习的主观能动性，提高了他们的综合素养和专业能力，为其参加职称评定奠定了基础，而且促进了专职教师在实际工作中学以致用、提高教学和服务的质量。

　　近年来，社区教育师资队伍中的兼职教师和志愿者（包括学习团队骨干）也被视为人才资源，发挥着日益重要的作用。在供给侧改革理念指导下，黄浦区社区学院也适时调整培训计划和方案，将专职教师、兼职教师、志愿者纳入"社区教育师资库"，对接其学习需求，分批分层开展针对性的教师培训，逐步实现了师资培训的"全覆盖"（即社区教师类别的全覆盖），从整体上提高了黄浦区社区教育师资队伍的专业化水准，有力推进了社区教育、终身教育内涵发展。

（上海市黄浦区社区学院　樊星）

发掘资源供给源头　提升供给服务能力

——社区教育文化资源整合与利用的探索

《国家中长期教育改革和发展规划纲要（2010—2020年）》中提出了"基本形成全民学习、终身学习的学习型社会"的目标，而这一目标的达成与社区教育资源的有效供给的充分程度密切相关。

社区教育作为终身教育的一种重要形式，是建立在"大教育观"和"大资源观"基础上的新型教育，社区教育资源的有效利用不仅直接影响到社区教育教学的效果，同时对于社区功能的正常发挥以及社区凝聚力的形成产生重要影响，从而影响到学习型社会建设的总体进程。同时社会老龄化的深度发展和市民对提升自身素养意识的不断增强，对于社区教育内容、方式和获取途径的要求也越来越高，关起门来办社区教育的方式显然已经无法满足市民的学习需求。

基于上述原因，在供给侧改革理念的指导下，整合、转化具有区域特色的社区文化资源，将其为社区教育所用，自然也成为发展社区教育的重要议题。

黄浦区的文化底蕴深厚，红色文化、海派文化、江南文化等在此交融汇聚，并吸引着越来越多的人去关注、了解和认同。得天独厚的区位优势为黄浦区开发特色文化资源、发展社区教育提供了优势。基于这样的基础，黄浦区社区学院自2011年起开始尝试以"区域特色文化"为主线，整合利用社区优质文化资源，以学习基地为平台，以社区教育课程、体验项目、活动为载体，逐步探索出社区教育开发与利用特色文化资源的"黄浦模式"，形成一套行之有效的特色文化资源开发策略与方法，不断拓展社区教育服务的人群、丰富社区教育服务的形式、满足市民多样化、高品质的学习需求。

一、发掘资源供给源头——资源开发：区域文化资源梳理

（一）红色文化

党的十九大报告中提出"传承红色基因"，黄浦区是共青团的重要发源地之一、国歌的唱响地和解放上海第一面红旗的升起地。区内的红色资源位居全市前列。丰富的"红色文化"资源和悠久的革命文化是黄浦文化底色的重要构成元素之一。因此，在上海市教委相关部门的指导下，在人文行走项目开展的契机下，自2018年以

来，先后将中国共产党第一次全国代表大会会址、韬奋纪念馆、上海周公馆、上海孙中山故居纪念馆、五卅运动纪念广场、绮云阁、黄浦剧场、报童小学、老闸捕房等列为人文行走点，并连"点"成"线"，形成了"海派黄浦　红色魅力""海派黄浦　红色荣耀""海派黄浦　红色崛起""海派黄浦　红色初心""海派黄浦　红色传承"五条市级人文行走主题线路。

（二）海派文化

海派文化植根于中华传统文化，主要是指从晚清开始，近代开埠以来的上海城市文明的总和。它在海洋文化、重商环境中孕育，融合了吴越文化等中国其他地域文化的精华，同时吸纳消化一些西方文化因素，形成了自己独特的个性，具有雅俗相容、新旧相容、中西相容等特点，"兼容并蓄"是海派文化最核心的特征。基于对海派文化这样的认识，结合黄浦区的区域特点，我们对黄浦区内的海派文化资源进行了分类梳理，主要包含老字号文化、老城厢文化。因此我们尝试与区域内的中华老字号企业进行合作，如红房子西菜馆、叙友茶庄、天宝龙凤、星光摄影器材城等，以及与老城厢的三山会馆、上海文庙、豫园湖心亭、老上海茶馆等场馆、企业开展合作。

二、提升供给主体服务能力——实体建设：市民学习平台的建设

在对区域海派文化资源进行梳理和基本的场所进行梳理之后，我们结合市民的需求、现有的资源类型及特点以及工作的要求，逐步分批开展市民学习平台的建设，为市民寻求教室以外，家门口的学习场所。按照时间先后顺序，通过院企合作、院馆合作、院校合作主要建立了三类实体化的市民学习平台，包括：黄浦区市民学习基地、上海市民终身学习海派文化体验基地、人文行走体验点。并实现了三个"变"，让原有的企业、场馆等成为可以为市民提供终身教育服务的市民学习平台、基地。

（一）通过"三种转变"，实现与企业的联动

变店（殿）堂为学堂，变企业经营者为教育服务者，变企业文化资源为终身学习资源。

1. 教育场地建设：变店（殿）堂为学堂

店（殿）堂变学堂改变了传统教育中提供专门授课场地进行教学的束缚，也凸显了社区教育课程生活化、生动化的特征，使得"人人，时时，处处"体现得更为真切。同时让居民有机会走进名企名店和场馆，感受它们的文化氛围，店（殿）堂也可作为一种隐性的课程资源，让居民们在企业特有的文化氛围中与企业授课者进

行学习和交流，潜移默化地从环境体会企业文化的独特魅力。当然，店堂变学堂最为重要的前提是与企业充分协调好上课时间，避免上课时间与经营和开放时间的冲突。

2.师资队伍建设：业务能手、专家大咖变教育服务提供者

企业、场馆等基地，优中选优，指派业务能手和行业精英作为授课者。如红房子西菜馆的授课志愿者是在法国领事馆工作过的元老级大师，劲松、恒源祥、星光摄影则利用各自在业界的影响力聘请业界能手作为老师，强大的教师队伍为课程质量提供了强有力的保证。

3.学习资源建设：文化资源变社区教育资源

合适的学习资源的开发是各学习基地的核心工作，又以企业类学习基地学习资源的开发最为不易。社区学院与合作企业集中精力，在课程开发环节上重点下功夫。首先改变企业没有书本教材就没有课程资源的想法，以居民学习需求为基础，引导他们对"有形资源"和"无形资源"进行挖掘。

（二）借助"两种方式"，激发场馆的活力

通过"独立运作"和"跨界合作"两种方式，我们让老城厢里具有传统建筑特色的上海文庙、三山会馆等焕发出学习生机，开辟了"殿堂"即"学堂"的模式。现在每个场馆类体验点至少有一个能充分利用自身优势与特色，展现海派文化主题独立运作的学习项目。例如三山会馆开设了"城里城外看上海"的大家谈频道、"会馆古戏台秀风采"的大家演舞台，"海派文化名家讲坛"系列讲座等市民喜爱的学习体验项目。与此同时，我们也鼓励、引导不同的体验点和项目结合起来运作，取长补短，相得益彰，更好地诠释海派文化"兼容并蓄，海纳百川"的精髓，这样的形式也得到了市民的欢迎与认可。

（三）与学校融合，实现"一体发展"

如何集约式发挥众多体验点、学习基地服务市民的功能呢？将体验点拓展为街道社区学校、中小学的校外学习场所。比如说，学员可以在社区学校学习相关课程的初级内容以后，来学习基地进行拓展学习；中小学生可以利用寒暑假、双休日来体验点进行体验，通过这样的方式，实现了资源的优化和高效配置，打通了各类教育机构之间的壁垒，开启了以社会学习基地建设为抓手，促进不同教育体系之间的资源融通与一体化发展的局面。

三、建设供给内容核心——载体建设：体验课程与项目的开发、运作

课程与体验项目是资源转化的重要成果，也是教育的重要载体，结合体验点的特色，因地制宜进行体验课程和项目开发是提升资源整合利用的有效途径。我们主

要从"纵""横"两个方面着手进行此项工作。

（一）纵向上，以"老、中、青"三类人群为主线，在不同的文化体验板块中打造内涵与层次不同的项目和课程，灵活安排体验时间，打造覆盖三个主要年龄段的品牌项目。其中有面向老年群体的"相约老字号""相会新时尚"；面向新上海人的"走进上海""亲近上海"；面向楼宇白领的"白领午间学堂"；面向未成年人开展的"暑期中小学生校外实践课堂"，以常规课程与半日体验日、实地学习和送教上门相结合的方式进行。

（二）在横向上，因地制宜，结合每个场馆的优势和特色，采用开发与整合相结合的方式，有主线、有层次地开发不同的学习体验项目。此外，我们还进行了配套学习资源的建设，如黄浦区市民学习基地读本、海派文化体验基地市民读本、市民海派文化体验护照，并开发数字化的学习资源，向市区网站进行课程活动发布，活动推送，倡导"线上线下"体验学习的方式。

纵横同时用力，构建起多样化、立体式的学习载体体系。

四、确保供给过程顺畅——制度建设：年度签约，建章立制

在体制机制建设方面，主要体现在以下三个方面：

1. 项目制度化。在已有的"黄浦区市民学习基地管理运行制度"基础上，与相关单位进行合作，以年度为单位，制订项目方案。

2. 运行规范化。以项目协议的形式，规定各自在项目中的责任与义务，规范人、财、物的运作和使用。

3. 管理常态化。建立项目联席会议，通过例会对项目进度进行全程监测。同时将项目达成度纳入相关单位和个人的绩效考核项目中。

4. 开展评估。将第三方评估工作作为常态化工作开展，一年两评，以评促建，提升基地建设的科学性和有效性。

（上海市黄浦区社区学院　秦洁）

供给改革助力社区教育 数字学习提升发展能级

——黄浦区社区学院推进数字化建设案例

现代信息技术不断地改善着人们的生活与学习方式，数字化与社区教育的深度融合，极大地拓展了人们参与终身学习的机会与路径。党的十九大明确指出，要优先发展教育，办好网络教育和继续教育，"加快建设学习型社会，大力提高国民素质"。应用"互联网+社区教育"积极推进社区教育供给侧改革，为社区居民提供内容丰富、形式多样的学习资源，加快构建终身教育体系已是大势所趋。

一、供给侧改革理念指引下数字化学习社区建设背景

早在2012年，黄浦区学习型社会建设与终身教育促进委员会重新制订了黄浦区学习型城区发展规划和数字化学习社区创建要求，围绕"整合提升、创新发展，传承经典、打造精品"的区域发展主线，从黄浦区学习型城区建设发展需要和数字化社区建设的实际情况出发，以黄浦区社区学院为龙头，以提升数字化社区基础设施能级，夯实数字化应用基础为着力点，大力推进以信息化、网络化、智能化为主要特征的面向未来的数字化学习社区建设。

（一）组织架构不断完善

2012年，黄浦区顺时应势，在原黄浦区推进学习型社会建设指导委员会基础上，组建了黄浦区学习型社会建设与终身教育促进委员会（以下简称"区学促委"），作为领导机构，确立了黄浦区学习型城区建设制度框架，吸纳了包括区文明办、区教育局、区机关党工委、区科委、十个街道等在内的32家成员单位，同时下设黄浦区学习型社会建设与终身教育促进委员会办公室（以下简称"区学促办"），设在区教育局，承担推进区学促委的日常事务性工作。各成员单位动员本系统及所辖单位结合本职工作，以社区学院为龙头，积极开展数字化学习社区建设的宣传和普及工作，制定本单位规划规章、明确工作职责，理顺工作机制，完善合理的制度架构。

（二）发展基石不断夯实

黄浦区社区学院注重推进数字化社区和教育系统信息平台建设，开展基于网络平台的教育教学活动，改善课程学习效果，提升社区教育质量，提高教育行政管理

及社会服务工作的水平。在2009年成功实施校校通网络整体升速的基础上，2012年黄浦区全部公立学校、幼儿园入网，校园网、校园监控视频全部通过校校通线路进行传输，所有信息通过信息中心出口传至上海市教育局。校校通网络还覆盖至十个街道的数字化学习教室，联网计算机达300多台，并配备投影设备，方便集中学习辅导。在社区学院指导下，黄浦区各居民学习点计算机终端实现了与区政务网、社区服务与管理信息系统平台联网，区政务网在全区街道和居委会实现了全覆盖。

二、供给侧改革理念指引下数字化学习社区建设成果

随着黄浦居民的学习需求日益精品化、多样化，黄浦区社区学院在推进学习型城区建设进程中，积极推进供给侧改革理念，将推进数字化学习社区建设作为工作重点，推进数字化学习发展，激发社会活动，提升供给效率，力求在更广的范围内实现"人人、时时、处处"的学习目标。

（一）网上学习平台得到进一步完善，供给渠道日益丰富

"上海市终身学习网"作为数字化学习的市级平台，自2010年推出以后就吸引了很多居民参与，黄浦区也积极引导居民使用该平台，2010年在市教委的统一部署下，原黄浦区和原卢湾区共计向2万居民发放了"终身学习卡"，方便市民注册、登录"上海市终身学习网"，吸引了一大批居民通过这一市级学习网进行学习。

2007年—2009年，在3次调研基础上，原黄浦区建立"黄浦学习网"，原卢湾区建立"数字化学习港"，网站设计内容丰富，具有实名注册和在线互动功能，为居民学习成果累积奠定了基础，交换机、服务器等硬件设备满足了网络学习服务的需要，出口宽带达到60Mbps，还与"上海市终身学习网"及区域教育网站相衔接，拓展服务群体和内容。

2010年，原黄浦区和原卢湾区分别对"黄浦学习网"和"数字化学习港"网站的升级进行了方案的规划设计，社区学院邀请专家进行论证并将方案递交至教育局，鉴于两区即将面临"撤二建一"，教育行政部门对于该升级方案进行了审核，对方案内容表示同意，但对于建设给予了暂缓的批复。2013年，"撤二建一"后的新黄浦区社区学院正式成立后，在区委、区政府、区学促办的指导下，将该项工作纳入重点项目，确定将原"黄浦学习网"和原"数字化学习港"整合，组建新的"黄浦学习网"，目前该网站已成功上线，本土开发的特色资源已成功上线，首批新增数百门网络课程。作为黄浦区数字化学习的重要载体，"黄浦学习网"更是以崭新面貌为黄浦居民提供更加丰富、更为多样的学习资源。

在建设社区终身学习网络平台的基础上，黄浦区社区学院还着力开发面向多样群体的网络学习平台。2011年，黄浦区"蜻蜓心天地——未成年人家庭教育指导中心"建设启动，黄浦区社区学院与区教育学院合作，建立"零零岛"网站，开发了家庭教育指导系列课程，其中包括针对不同人群需求的家庭教育指导课程（幼小衔接课程、青春期教育课程）、休闲娱乐体育课程和科学养生类课程，并面向全区小学至高中年龄段家庭开设讲座20余次，家长沙龙24次，参与人数超过3000人，形成了较为完整的家庭教育课程系列。此外，还针对未成年人家庭需求，开设"白领妈妈亲子课堂""家有中考生""家有高考生"等讲座，同步提供网上课程，开通咨询热线，指导家长科学育儿，共同建设学习型家庭，截至2012年9月已接听倾听热线白天896人次，夜间166人次。

除以上网络平台外，黄浦区社区学院还依托"黄浦教育网""黄浦区职成教育网"和众多形式多样的社区技能培训网站，对接"干部在线学习城""上海教师教育网"等市级学习平台，引导全区领导干部、教师参与网上培训，在学习型城区建设中发挥指导作用，并逐步形成了"干部带头、教师引领、全民参与"的数字化学习局面，目前全区参与各类数字化学习的实名注册人数近60000人，其中网上学习学时数超过10小时的人数达到半数以上，单日在线人数超过5100人次，极大地丰富了居民的学习生活。

（二）学习资源日益丰富，资源供给富有活力

学习资源建设是数字化学习的关键。本着"信息共享、服务公众"的原则，黄浦区社区学院加快数字化学习资源建设步伐，增加布点、增添设备。以东方信息苑等数字化学习中心为依托，各街道数字化学习教室已实现全覆盖，并逐步拓展至各居民学习点。围绕区域特点，各街道社区学校结合实际，开设出了涵盖"电脑入门""网络运用""PPT制作"和"数码照片修饰"等在内的普及性计算机课程，并定期开展各类数字化培训讲座、活动，远程收视点、社区学校、东方信息苑等学习场所全天候开放供居民就近学习，数字化学习团队也不断涌现。

师资队伍的建设，实际上就是强调人在供给侧改革中的重要作用。人的能力和素质的提高，对适应现代社会知识的急剧增长的重要性是不容低估的。社区教育服务群体的多样性要求拥有数量充分，质量优良的专兼职师资队伍，才能满足不同居民群体的差异化需求。目前社区学院还在积极整合区教育局、区民政局、区科委、各街道办事处、业余大学等单位的志愿者队伍，为居民提供远程、现场的服务。志愿者可利用网络与孤寡老人、空巢老人聊天，帮助居民网上购票、网上预约挂号，也可为居民提供培训等服务内容。

（三）居民信息素养逐步提高，供给适配度不断提升

信息素养是居民终身学习的关键要素，黄浦区社区学院将培育居民信息素养作为数字化提升的前提。在资源到位、师资齐备的条件下，着力推广数字化学习方式，提升居民信息素养。在推广、提升过程中，黄浦区社区学院针对不同人群创设出多样的数字化学习"菜单"：考虑到老年人等居家群体网上操作能力较弱，需要即时的学习指导，不断畅通居民学习咨询渠道，提供多种学习支持服务手段，每学期在"上海市终身学习网"上传"学习地图"，全面展示区域学习内容，在"黄浦学习网"公告栏中及时更新信息，在"黄浦微博"上发布学习活动消息；为吸引白领群体参与数字学习，指导黄浦区淮海中路街道把分散在商务楼宇中的白领聚集起来，在午休或下班后等闲暇时间开设"白领课程"，开设常用电脑知识讲座和沙龙，搭建白领学习的新载体。

随着人群的不断拓展，黄浦区现已集中开展各类专项培训54300人，并重点为弱势群体提供培训指导达14800人。培训规模逐年扩大，培训层次不断提高，培训质量和效果不断深化，受益群体从最初的3500人次到现在的近70000人次，重点覆盖了老年人、残疾人、4050失业人员、低保人员、低保边缘人员、特困家庭子女和社区志愿者等群体。培训内容不仅包括计算机、上网基本操作技能培训，还包括图像处理、动画制作、QQ、邮箱等较为专业和实用的培训。

在社区学院指导下，黄浦区各街道社区学校结合不同人群特点组织开展特色数字化培训班。五里桥街道与培训机构合作举办了再就业培训班，为外来务工人员提供Office、Photoshop、Flash、Dream Weaver等课程。南京东路街道在居民培训中将理论学习与实际操作相结合，通过组织学员为图片社、广告公司等单位做设计与效果图，使学员在实践中获得了难得的锻炼机会，许多优秀的学员还找到了心仪的工作。结合残疾人情况，各街道联合"阳光之家"开设符合残疾人的培训课程，提供了聋人手语授课、盲人阳光软件授课等方式。区残联还将精神和智力残疾人纳入培训范畴，将培训场所作为残疾人参与社会生活，增强社交能力的平台。经过3年多的培训，残疾人计算机及网络普及率逐年提高，利用网络获取社会公共信息能力大大加强，就业能力得到提升。

（四）激励居民数字化学习措施逐步加强，供给形式越加多样

顺应上海市学分银行创新建设工作要求，黄浦区社区学院成为"上海市学分银行黄浦分部"，现已有120余门课程纳入上海市学分银行课程体系。黄浦区制定了《学分兑换细则》，实施市民终身教育奖学金制度，区教育局提供专项奖励经费作为保障，在每年全民终身学习活动周上予以表彰，推广形成制度化运作模式；对居民网络学习学分进行累积,将学分银行的操作进行一定程度的规范化和标准化;黄浦区还参加了上海市学指办信息化第二期、第三期信息化试点工作,对信息化平台的资源建设和学员的激励机制建设进行进一步的实验和研究。

(五)积极推广终身学习云视课堂,供给活力不断强化

云视课堂作为一个打破传统教育模式、实现在线教育和知识分享的平台,在优质资源共享、师资队伍建设以及市民学习方式变革方面有重要价值,并以其灵活的知识供给方式、快速的信息获取途径而广受市民青睐。

2018年,黄浦区社区学院首堂云视课堂顺利开播,这是在市教委领导下,黄浦区加入上海市推进数字化学习社区建设协作组之后所开展的重要实践探索,通过阶段运作,云视课堂的优势逐渐显现,市民知晓度逐步提升。2019年3月,终身学习云视课堂黄浦区街道层面第一讲在瑞金二路街道社区学校开讲,拉开了新学期云视课堂在区域层面试点推广的序幕。课堂内,黄浦区业余大学的资深教师郑剑辉由浅入深地带领学员品味古典诗词魅力。课堂外,各兄弟区的领导、区社区学院和瑞金街道社区学校的老师们纷纷用手机观看授课情况,长宁区周家桥街道社区学校的学员们也通过云视课堂接入学习,这种新颖的学习方式再次得到了大家的认可。

终身学习云视课堂为市民"足不出户"随时随地学习创造了条件,也扩大了终身教育学习资源的覆盖面。后续,黄浦区社区学院也致力于在更多的领域特别是居家养老教育服务中推广云视课堂,满足老年人居家学习需求,共享优质终身学习资源,让云视课堂在黄浦走得更远。

提高社区教育资源的有效供给,黄浦区社区学院将牢牢把握"互联网+"时代的大背景,从体制机制、资源平台、学习服务等方面着力整合和优化社区教育资源,积极推进社区教育数字化发展,进一步加强信息化学习平台的建设,以及人员与课程的投入,从人、财、物等各个方面共同提高社区教育资源的有效供给,从而不断满足社区居民日益增长的多样化和个性化学习需求,努力实现"智慧黄浦、数字惠民"的建设要求,描绘属于黄浦居民的幸福篇章。

(上海市黄浦区社区学院　王美楠)

老年教育

探索新时代老年教育新模式

——"供给侧改革"理念指引下黄浦区老年大学发展实践报告

国家"十三五"规划中明确要求开展应对人口老龄化行动,"老有所学、老有所为、老有所乐、老有所教",老年教育受到党和国家的高度重视。在我国积极的老龄化社会政策理念的指导下,老年教育蓬勃发展,但与2018年底我国2.49亿(占总人口17.9%)的老年人口相比,老年教育领域仍面临供需不平衡的严峻考验。

一、学校老年教育"供给侧改革"背景

据不完全数据统计,截至2018年底,黄浦区60岁及以上老年人口比例达39.26%,所辖瑞金二路街道老龄化程度最高,达41.96%,区域人口老龄化居上海市前列。为更好地服务满足老年人需求,积极应对人口老龄化,黄浦区老年教育现已逐步形成了终身教育体系中集团化办学的形态,正式步入成人高等学历教育、社区教育、老年教育齐头并进"三教融合"的办学新阶段,孕育出老年教育发展的"黄浦模式"。

黄浦区老年大学创办于1985年5月,作为区域内老年教育的办学主体、黄浦区终身教育体系的重要组成部分,总部设在四川南路35号,分设陆家浜路、马当路和建国西路三个办学点,四个校区分布在黄浦区的东部、中部和南部,形成了"一总三分"的黄浦区老年教育发展格局,为满足区域老年人的学习需求提供了便捷的途径。2016年12月学校荣获首批"全国示范老年大学"称号。2017年7月,上海市老领导陈铁迪专程到学校调研,鼓励学校创出品牌、贡献智慧与经验。面对不断增长的区域老年人口比例与老年群体日益增长的学习需求,黄浦区老年大学积极发挥"全国示范老年大学"的标杆作用,在"供给侧改革"理念的引领下,通过适度扩大规模、稳步提升教学质量、规范制度建设、创设积极老龄化文化、转化科研成果、建设信息化管理平台,不断满足区域老年人学习需求,提升学校办学品质。

二、学校老年教育"供给侧改革"路径

(一)多方位协力共享 适度扩大办学规模

老年教育供不应求矛盾日益凸显,扩大老年教育的供给需要依靠多方面的力

量，学校通过增设老年教育办学点、丰富课程体系建设、共建共享三教资源，适度扩大办学规模，稳中求变推陈出新，打造区域老年教育发展新格局，引领老年教育办学新态势。

1. 增设学校老年教育办学点　打造区域老年教育发展新格局

2017年，黄浦区老年大学总部设在四川南路35号，分设陆家浜路和马当路两个办学点，三个校区分布在黄浦区的东部、中部和南部，形成了"一体两翼"的黄浦区老年教育发展格局。2018年，面对持续井喷式增长的区域老年人口比例，更好服务满足黄浦区老龄人群的学习需求，学校分设陆家浜路、马当路和建国西路三个办学点，四个校区形成了"一总三分"的黄浦区老年教育发展格局。2019年春秋两季，黄浦区老年大学共开设482个班级，学员总计15816人。

2. 丰富课程体系建设　推陈出新稳中求变

黄浦区老年大学始终以"办一所老年人喜爱的老年大学"为宗旨，不断与时俱进，适时开设满足老年教育市场需求的诸多课程。为让老年学员以乐观、正面的态度积极适应老年生活，提高老年群体的生命质量，助力打造和谐社会，学校基于"供给侧改革"理念，认真关注和研究老年人的实际学习需求，在每学期的课程体系建设中不断推陈出新，稳步推进学校课程体系建设。通过不断开设适应当下老年人新需求的课程，提升学校招生规模。学校现有书画、钢琴、文艺、器乐、外语、计算机、保健、家政、文史和游学等十大系列，开设相关课程70门，课程班170个，在读学员6000余人次。

3. 提倡资源共建共享　引领老年教育办学新态势

如今，老年大学往往"一座难求"，逐年递增的社会老年教育需求对学校在校园场地、师资队伍、课程开发上的承接能力提出重大挑战。黄浦区老年大学积极拓展教育容量，在保障教学质量的同时扩大教学资源数量，与黄浦区业余大学成人高等学历教育、黄浦区社区学院实现三教融合，最大限度地实现了"人财物"资源的共享共建。通过"校校合作""校企合作""校馆合作"模式，将分布于全区的公共资源建设成为老年市民的学习场所，以扩大教育资源供给为着力点，探索出了一条创新发展的新路径。

（二）大力发展师资课程建设　稳步提升办学质量

质量是教育供给侧结构性改革的重要抓手，和年轻人一样，老年人同样离不开优质的教育供给，以浸润心灵；通过高质量文化的熏陶缓解孤独、提升自信、积极应对老年生活，真正实现老有所学、老有所乐、老有所为。学校通过加强师资队伍建设、打造一流课程，夯实老年教育基础、创新老年教育发展，以优质的教学活动更好为老年人提供学习支持服务。

1. 加强师资队伍建设　夯实老年教育基础

时下老年人的教育需求不断增长，为迎合动态需求，学校开设课程日益丰富，从传统的书画声乐到时兴的化妆花艺，课程内容对学校师资力量的配给提出了更高的要求。放眼国内，老年课堂聘任教师多为兼职外聘教师，年龄普遍偏大，且因来源渠道不宽、新老交替失衡，教师质量参差不齐，师资不足已成为制约老年教育发展的瓶颈。基于学校提出的"供给侧改革"理念，学校致力打造品牌教师引领下的社区、学历、老年教师优质师资共享，逐步实现"三教"教师灵活游走于"社区课堂、老年课堂、学历教育课堂"的师资机动模式。通过催化培育转型教师，实现"三教"融合共享，从源头上缓解师资供需的不平衡；通过加强师资队伍建设，更好服务于老年学员，夯实老年教育基础。

目前，学校组建了市级联合教研室、艺术鉴赏专题联合教研室。由学历教育的骨干老师担任联合教研室的业务负责人。由学校学历教育骨干教师郑剑辉老师教授的《诗词赏析》课程深受老年学员欢迎，每学期报名学员数达80人。近年来，学历教育英语系、艺术系教师也带头走进老年大学课堂，10余位资深教师为老年学员送上了专业化程度颇高的精品课程，还有部分青年教师自编教材送到老年学员手中，深受学员赞誉。

与此同时，老年教育和社区教育也逐步实现高度融合。社区学院、老年大学共同对老年学员进行分类指导、培育骨干、搭建平台。在老年学员中推广、孵化课后学习活动团队，让班级"老面孔"成为课外团队"新骨干"，并积极鼓励优秀团队成立课外"线上团队"，在网上发布讨论学习动态、分享学习心得。目前黄浦区老年大学的团队已有250多个，团队骨干作为学校师资力量的隐形补充，为更好地服务日益增长的老年教育需求，顺应学校"供给侧改革"要求，给予极大支持。

2. 着力一流课程打造　创新老年教育发展

在学校"供给侧改革"理念指导下，为满足区域老年人的学习需求，学校充分挖掘区域社会资源，与上海市钱币学会、上海宝玉石协会合作，结合地域特点和学员兴趣，开设了《钱币鉴赏》和《玉器鉴赏》两门特色课程，邀请名家执教。特色班培养了众多的钱币、玉器爱好者，使之成长为行家里手。学校领导拟与协会商讨把黄浦区老年大学开设的专业课程列入行业入会的必修课。

同时，学校积极申报市级"品牌课程"。2017年，上海市老年大学提出了"建设高水平老年大学"的工作目标，推出了老年教育"品牌课程"评选活动，学校的"计算机""钢琴""书画""编织"等四门课程被评为上海市老年教育"品牌课程"。

品牌课程的设立、教材教案的优化，展示机会的增多，顺应老年学员对高质量教学、对展示自我的需求，为提升老年学员学习能效助力。此外，应老年学员需求，学校还不断丰富校本教材，于2017年完成了第一批"海派文化 幸福黄浦"系列教材——《摄影》和《易经》的编印。

（三）团队制度建设规范化 长效提升老年教育供给质量

制度创新与供给是"供给侧改革"的重心，规范的团队制度建设对科学提升学校教育服务供给大有益处。规范化的兼职教师管理为学校稳定及高质量教学提供有效保障。近年来，学校认真做好上海市教委终身教育处组织的老年教育教师注册工作，截至2018年，学校92名兼职教师完成信息登记及线上线下培训、网上审核等一系列程序，100%实名认证并注册成功。学校荣获"上海市老年教育小组办"颁发的兼职教师注册优秀组织单位称号。

此外，黄浦区老年大学在全市率先实行了班长负责制，自2000年起每两年开展一次优秀班长的评选与表彰，至今已评出优秀班长逾700人次，形成老年学员自主管理、民主管理的有效模式，为更高效服务各班老年学员、实时聆听老年学员需求、跟进需求提供可能性。同时，在优秀班长带领下，很多班级走进课外"第二课堂"，组建老年学习团队，有效缓解老年教育市场供需不平衡的矛盾。截至2019年，黄浦区老年大学共有251个市级老年学习团队，其中16个优秀团队，6个五星级团队。2019年，学校又成功申报了15个一星团队和2个五星团队。

（四）老年教育与社区教育平台高度融合 创设积极老龄化文化

老年人对教育的需求起源于对美好生活的渴望与对集体的归属感。老年教育教的是知识技能，但更多的是赋予学员积极面对老龄化的文化浸润，为老年学员快乐生活、幸福生活提供有力支持。

学校高度重视老年学员的精神需求，强调学校的校园文化建设，以社区教育为桥梁积极打造老年教育多样化展示平台，为学校老年学员提供了形式多样的展示学习成果的舞台，如各级各类老年教育成果展、赛事以及不定期举办的老年教育艺术节、文艺汇演、社区公益巡展、学习团队展演等。学校连续13年与青浦、杨浦老年大学共同举办"三浦"老年书画联展，各类活动每年有9000多人次参与，今年开展了校级书画、编织、钢琴、摄影、钱币玉器、文艺汇演等学习成果展示活动。2018年，黄浦区老年大学的师生和学习团队在各级活动中获得了诸多荣誉，其中在钢琴比赛（中国赛区）获得最佳指导老师奖；在上海市老年教育艺术节，合唱获得二等奖；在上海市全民终身学习活动周，书画作品荣获两个二等奖，摄影作品获得多个二等奖和优秀奖，编织获得创意奖。各类交流展示活动丰富了老年学员的校园文化生活，提升了老年学员的自信，让其以更乐观、积极的态度生活，以更热情、昂扬的姿态回馈社会。

同时，为顺应老年学员渴望社会的社交属性、渴望展现自身价值的迫切需求，学校老年教育始终倡导传递人文关怀。学校"冬送温暖、夏送清凉"，对学员关怀无微不至，在2016年11月上海市教委的一次评估中，学员表示，"一走进黄浦区老年大学，就像回到了自己的家"。另一方面，学校充分发挥老年大学师资和团队的文化辐射作用，结合学校社区资源平台，组织魔术班、舞蹈队、乐器队和影像制作团队多次走进社区、医院、敬老院，为社会各界老年人士送上学校师生的温馨关爱，向社会传递人文关怀，积极传递学校老年教育在社会上的重要影响。

三、学校老年教育"供给侧改革"理论探索与实践创新

（一）科研成果的有效转化为教育"供给侧改革"提供理论依据

在学校"供给侧改革"理念指引下，黄浦区老年大学不断加强理论研究，以不断审视自身供给、提供适应当代老年人的优质教学为己任。2016年，学校申报了"以供给侧改革理念推进成人高校转型发展的实践探索"科研项目，被区教育局立项为教育综改的重点项目。2017年初，黄浦区老年大学申报了市老年协会重点课题"老年教育进家庭，服务居家养老的研究"。以该课题研究结果为基础，2018年，学校申报了市老年教育理论研究中心的课题"老年教育实体化建设服务居家养老的实践探索"，申报市老年素质教育指导中心的实验项目"老年大学校园文化建设实践与探索"。同期，学校的论文"数字化背景下老年教育学习资源开发思考"，荣获第三届全国老年远程教育课题二等奖；学校的课题"老年教育进家庭，服务居家养老的研究"荣获2018年上海市老年教育理论研究二等奖。

科研成果的转化为探索新时代老年教育规律，为更好地服务老年教育需求、提升供给质量，为进一步推动区域老年教育发展提供可参考的运作路径。学校在实践的基础上，总结经验，探索规律，研究成果的有效转化为学校教育"供给侧改革"提供切实可靠的理论依据，科研实践取得了可喜的成绩。

（二）努力建设老年教育信息化管理平台　打造新时代下老年教育新模式

随着老龄化进程的加速迈进，老年教育市场供需极度不均衡，信息化成为缓解老年教育需求压力的有效手段之一。学校将不断开发利用网络平台，以此为载体，通过"学在黄浦"微信公众号、老年人学习网、老年教育"慕课"等信息化媒介，增加老年教育的供给资源，扩展老年教育的供给渠道，提升老年教育供给的便利性，多方位提升老年教育供给质量，有效促进互联网与学校老年教育的融合，把学

校切实打造成老年人身边的大学。

　　黄浦区老年大学积极贯彻落实全国《老年教育发展规划（2016—2020年）》《上海市老年教育发展"十三五"规划》，在教育"供给侧改革"理念的指导下，以"融汇海派文化、满足多元需求、打造高端品质"为指导思想，以内涵建设为工作抓手，努力提升老年人学习的幸福指数，积极推进老年大学的不断发展。近年来，黄浦教育朝着实现高位优质均衡方向发展，围绕"高、先、精"，整体提升黄浦教育文化品位、育人品质和特色品牌，打造教育改革引领区，创新教育先行区和教育发展精品区，以一流的海派文化精品教育为黄浦加快建设世界最具影响力的国际大都市中心城区提供坚实保障。在黄浦教育的范畴内，黄浦区老年大学也将继续明确定位，找准站位，坚持坚定政治立校、以德立校，强化品牌建设，推进老年教育信息化管理，积极传递学校老年教育在社会上的重要影响，实质性地推进内涵建设发展、打造品牌名片，形成新时代下的老年教育新模式。

（上海市黄浦区老年大学项目组）

栉风沐雨写春秋　融合共享续华章
——"供给侧改革"理念指引下办好"家门口的学堂"的实践与思考

2015年11月10日，中央财经领导小组第十一次会议，习近平总书记提出了"供给侧结构性改革"。供给侧改革是相对于需求侧而言，重在提高供给质量，扩大有效供给，提高供给结构对需求变化的灵活适应性。"供给侧改革"提出以后，对政治、教育等与社会紧密相连的领域产生了深远影响。黄浦区业余大学在多年的办学实践中，逐步建立起学历教育、社区教育、老年教育和职业技能培训"四线"并举的"一体化"办学模式。在终身教育的大环境下，黄浦区业余大学这所始终站在改革潮头的大学，以供给侧改革为理念，着力驱动学院转型发展之张力。

一、实践探索

社区教育、老年教育作为学校工作的组成部分，在学习型社会建设过程中，在学校"供给侧改革"理念的指引下，不断探索、不断变革、不断创新。从2006年开始构建社区教育三级网络（即社区学院、街道社区学校、居委学习点），到2013年的养教结合学习点建设，再到2016年的社会学习点，在全校的共同努力下，社区教育、老年教育不断向纵深发展，延伸教育服务的范围、拓宽教育服务的途径，创设终身教育的5—8分钟学习圈，把终身教育逐步拓展到小区、楼宇、楼组，成为市民真正"家门口的学堂"。

（一）管理条线

2006年，上海市委、市政府出台了《关于推进学习型社会建设的指导意见》，指导意见的出台加速了上海社区教育工作的发展，为加强对学习型社会建设工作的指导和管理，上海市教委设立了专门的部门——上海市教委终身教育处。步入"十二五"，随着上海老年人口比例的不断提升，老年人的学习需求日益增长，尤其是到了2013年，老年教育的归口由民政转为教育，上海市教委高度重视老年教育工作，也就有了现在我们工作第二个条线——老年教育条线。

上海市教委终身教育处主管社区教育和老年教育。从理论上来说，社区教育的主要载体是老年教育，或者说老年教育是社区教育的重要组成部分，两者应该是密不可分的。但目前上海的社区教育和老年教育工作是泾渭分明的。社区教育条线由上海市学习型社会建设服务指导中心办公室负责,"学指办"设在上海开放大学,工作对接各区的社区学院,社区学院再和街道社区学校对接。另外一个老年教育条线,由上海市老年教育工作小组办公室负责(简称市小组办),为推进上海老年教育的发展,也为满足老年人日益增长的学习需求提供更多的服务平台。老年教育设立11个中心,分别是:老年教育理论研究中心、艺术指导中心、师资培训中心、信息中心、远程教育中心、团队指导中心、素质教育中心、成果展示中心、教育教学研究中心、教材研发中心、行业指导中心。市小组办和这11个中心对接区老年教育工作小组办公室。区小组办再对接各街道老年学校。

（二）任务重心

社区教育主要常规工作有:市级、区级全民终身活动周系列活动、市民学习基地建设、"学在黄浦"微信公众号信息工作、师资培训、理论研究、微课建设、网上读书活动、学分银行、联合教研室、爱心寒暑托班、学生社区实践指导站、社区教育统计、学习团队建设。

老年教育主要常规工作有:市级、区级老年教育艺术节、信息化管理平台建设、老年教育统计、远程老年教育统计、理论研究、课程建设、师资培训、老年学习团队建设、居委示范学习点建设、养教结合学习点建设、社会学习点建设。

（三）实践类型

学校根据教育部、市教委的要求,结合黄浦实际,有重点地探索实践社区教育、老年教育的新机制、新模式、新途径。

第一,在资源整合上。黄浦区地域狭小,空间拥挤,办学硬件资源紧张,是一直困扰黄浦区终身教育发展的难题。学校以资源整合为策略,在区域层面统整资源;以引导需求为途径,在区级层面统筹供给。黄浦区有着典型的中心城区特质,随着老年人口数量的不断增长,社区学院、老年大学、社区(老年)学校和学习点所能提供的教育资源已经难以满足区域市民,特别是老年人的学习需求,供给不平衡问题日益凸显。与此同时,黄浦汇聚着众多文化教育资源,聚集着近百家老字号企业,拥有相当数量与规模的非政府社会组织的社会机构,蕴藏着丰富多样的终身学习资源。这些有利条件为充实黄浦社区老年教育资源提供了得天独厚的优势。

近年来,学校积极探索,努力实践,整合了中小学校、企事业单位等多方资源,创建了学校类、企业类和场馆类的"黄浦区市民学习基地",丰富了市民终身学习资源,拓展了市民终身学习的渠道。经过多年的运作,基地现在已经成为全体居民的社区教育和老年教育的大课堂。

　　截至2017年，黄浦区共建有71家市民学习基地，其中54所学校类市民学习基地，企业类市民学习基地有9家，场馆类市民学习基地有8家。黄浦区各类市民学习基地的资源直接与市民学习的需求对接，其优质资源持续向社区输出：中小学校主要通过开设课程、开放资源、师资共享；企业通过开设课程、开放资源；文化场馆则开放资源、组织活动、提供公共教育文化信息。通过多种形式为市民服务，促进了学校、企业、文化场馆等社会组织参与社区教育、老年教育。

　　第二，在师资队伍建设上。在"大教育观"理念的实践过程中，为满足广大市民多元化的学习需求，学校力推"四线"协作，在共享学校优质师资的同时，精心培育了一批由品牌教师领衔的社区教育、老年教育师资队伍。

　　学校为老年大学设置了专、兼职教师的岗位和职责，制定了规范的招聘程序，专职人员负责全校教学管理与教育教学活动的各项工作。截至2017年，老年大学设立校办、教务、总务、信息中心、财务等多个部门，业余大学多位教师参与其中工作，有专职教师22名，其中16名具有中高级职称。

　　学校严格遴选兼职教师，招贤纳士，挑选优秀教师为学员教学。目前老年大学有兼职教师95名，具有专科以上学历的教师占教师总数的72%，具有高级职称教师占教师总数的25%。学校郑剑辉等多位教师参与教学工作。

　　学校遵循尊师重教的传统，对从事老年教育十年以上的教师进行表彰及一定的物质奖励，至今已有29位教师获此荣誉。在2014年上海市老年教育协会主办的老年教育优秀教师评选活动中，黄浦区老年大学有1位教师被评为"上海市老年教育名师"、4位教师获评"上海市老年教育优秀教师"。其中郑剑辉老师获评"优秀教师"称号。

　　第三，在课程建设上。为更好地适应新时代终身教育的发展需要，满足广大市民的日益增长的多元化学习需求，学校从多方面着手，有效实现课程改革。

　　一是传统课程，强化内涵建设的深度。传统课程，主要指社会接受度比较高的课程，文学、书画、文体、钢琴、计算机、外语、器乐、旅游等，学校在做好传统课程的建设工作同时，注重课程的内涵建设，在传统课程中增加文化元素、素质元素，以丰富、提升传统课程的内涵。例如，在"国画类"的教学中，学校不但要求课程完成技法、赏析的教学指标，也要求渗透中国优秀传统文化的传播。国画班通过绘画的教学，用中华文化艺术浸润人心，带领学员走进美、欣赏美、创造美、练就发现美的眼睛，培养传播美的心灵。

　　二是特色课程，强化区域品牌的亮度。学校的课程应该既要辐射全市，更要针对区域。只有彰显区域特色、区域品牌的亮点，才能增强学校的办学活力和办学生命力。黄浦区是上海中央商务区,也是上海老城厢地区,有着深厚的商业文化、古玩文化底蕴,学校结合地域特点、学员兴趣、本身优势,积极打造特色课程。在上海市钱币学会、上海宝玉石协会的大力支持下,学校开设了《钱币鉴赏》和《玉器鉴赏》课程,邀请名家执教、实地考察、手手传授、真伪比较,使学员学到真本领,养得真趣味。《钱币鉴赏》和《玉器鉴赏》课程至今已分别开设了25年和20年,真正成为享誉海上的特色品牌。

三是创新课程,强化与时俱进的力度。针对开设时间较长、内容较为陈旧的课程,学校提出了要向更高层次发展的要求。例如,《编织》《书画》等,都已开设了一二十年,有的学员的水平在市级、国家级甚至国际上都能得奖。基于此,学校开设了研修班、创意班,满足高层次学员需求。有的课程,是在另一些课程开设成熟的基础上,做新的延伸发展。例如,《书画》《旅游》,学员众多,学员们越学习越是发现,在书画和山水中隐含着诗文篇章和文学韵味。学校顺势而为,开设了《诗词鉴赏》课程,诗书画景,互通融合,扎实了学员的文化底蕴,丰富了学员的人生享受。

第四,在师生转型发展上。在学校供给侧改革理念的指导下,学校注重发挥师生多重身份的人才优势,以此应对社区教育、老年教育的师资需求。

在校领导支持下,学校组建了市级联合教研室之一的"艺术鉴赏专题联合教研室",由郑剑辉老师、曹晖老师等一批品牌教师担纲教研室的建设工作。郑剑辉老师是黄浦区业余大学的教师,也是黄浦区老年大学的兼职教师。他在老年大学开设的《诗词赏析》课程,从唐诗、宋词、元曲、一直讲到明清美文。郑老师渊博的知识,流利的口才,广征博引,吸引了无数诗词爱好者。该班每学期学员数为80人,可谓一座难求。曹晖老师是光明中学的计算机教师,也是外滩街道社区(老年)学校的专职教师,她还是学习团队"京剧方舟"的负责人,十余年来曹老师兢兢业业地教学,做到"备课不重复,展示皆精华",深受学员喜爱。曹老师还利用业余时间义务地投入到市级优秀学习团队"京剧方舟"的各项工作中。曹老师这样说,"在我们京剧界有个说法,一棵大白菜,有菜根、菜心、菜叶、菜帮,只有这些不同部分紧紧地抱在一起,才能长成一棵菜。""方舟处处能体现着'一棵菜'的精神。团员利用业余时间无偿地为团队服务,他们在自己的行业和领域是有成就、有贡献的优秀人才,到了'京剧方舟'这个团队,他们能放下身段,做中国传统文化的坚守者,谦逊地志愿奉献、服务社会,服务学习型社会建设。"

像郑剑辉、曹晖这样的老师,现在活跃在社区教育、老年教育领域的,黄浦区大约有60名教师,学校一方面通过引导更多的教师参与社区教育、老年教育的课堂教学，另一方面通过多种举措让中小学教师走进老年学习团队的建设，成为团队的领头人，以此更好满足广大市民对终身学习的需求。

除了教师的转型发展，老年大学的学员在学校供给侧改革理念的指导下，有的在街道老年学校担任老师、有的在志愿者团队中担任志愿者、有的在日常教育教学中担任管理者。多样的角色让学员在学习中感受幸福黄浦的魅力。黄浦区老年大学学员王树培，是学校摄影班的班长，也是黄浦新苑居委学习点"老年多媒体班"的授课老师，他充分利用在老年大学的所学，在居委成立了为学习点服务的"彩视工作室"。目前，工作室已为居委学习点制作各类微电影、微视频、公益广告近300余部。2016年王树培带领的团队被评为上海市老年五星学习团队。学校97岁的书画班寿星学员陈婉珠，不仅热爱学习，学有所成，曾在上海国际老年书画大赛中荣获金奖，在第十届海内外中国书画大赛荣获银奖。她还热心公益活动，长期协助社区开展自治工作，不管是人口统计还是未成年人教育，随处都有她的身影。2017年，学校推荐陈婉珠参评，荣获上海市百姓学习之星、全国百姓学习之星。随着老年人口比例的不断增加，学校积极应对，一方面吸引更多的学员参与课堂学习，另一方面通过多种举措引导学员学以致用，为区域学习型社会建设贡献力量。

二、社会声誉

从上海终身教育的"十一五""十二五"到"十三五"，黄浦区逐步完善区域终身教育体系的建构，完成了从"全国社区教育实验区"向"全国社区教育示范区"的跨越。学校作为区域终身教育发展的龙头单位，以"供给侧改革"为工作理念，发挥着区域终身教育指导中心的重要功能。多年以来，学校通过创新资源整合方式、进一步完善体制机制，深入推进了区域社区教育内涵建设；坚持以人为本，以市民终身学习需求为导向，努力为每一位市民的终身学习办实事，进一步提高了在学习型社会建设中指导服务功能，也为"幸福黄浦"学习型城区的建设以及区域终身教育体系的建构奠定了稳固坚实的基础。

三、若干思考

今天，科技的迅猛发展，改变了传统的思维观念，也改变了传统的学习方式；今天，人口的快速老龄化，改变着社会的结构，也对终身教育提出了新的要求。

在顶层设计上，如是思：在2018年上海市学习型社会建设大会即将召开之际，上海开放大学副校长、原上海市教委终身教育处处长王宏提出，上海学习型社会建设的发展可分为三个阶段。第一个阶段是理念塑造，提出了"人人皆学、时时能学、处处可学"的理念，在这个阶段，成立了上海市学习型社会建设领导机构和工作机构，设立了相关制度，以及机构建设，如社区学院、社区学校学习点的建设。第二阶段，是社会资源的汇聚和知识平台的构建。比如说学习网、学分银行，包括四大组织的建设，各类资源汇聚创建学习型社会。现在到了第三个阶段，上海学习型社会建设和终身教育体系的构建与十年之前和几年之前相比，所面临的形势发生了很大变化。现在社会生活更加丰富，不一定要去学校来满足，行走也是一种学习，接下来的终身教育和学习型社会怎么做，他提出了在新时代构建"智慧和共享"的终身教育新的服务体系。

在区域格局上，如是思：今天的终身教育有一个关键词——共享。"共享"的前提，需要梳理现有的区域终身教育供给侧和需求侧的输出和需求。学校作为区学习型社会建设的主要机构，黄浦区社区学院、黄浦区老年大学、黄浦区业余大学、开放大学黄浦分校，是资源的一部分，此外，还有街道社区学校、居民学习点、学校类、企业类、场馆类市民学习基地等多类资源。通过梳理资源，对接需求，在区教育局和学校的统整下，一是在原有的机制下，逐步建立多方协同推进的终身教育新模式、新机制；二是构建多方参与终身教育的课程库、师资库、志愿者库，并以现代信息技术及时更新相关信息，提高广大市民的知晓率和参与率；三是以点带面，及时跟进、指导、协调各学习点的相关工作。通过构建"智慧和共享"体系，逐步形成区社区学院、社区学校、居民学习点、市民学习基地、养教结合学习点、终身教育学习点和人文行走学习点等七类市民学习网络，提供传统课堂式、智慧网络式、学习团队式、游学体验式、人文行走式等多种学习模式。通过整合资源，融合共享，搭建终身教育更大平台，为广大市民提供更加公平、快乐、有效的学习资源，在学习型社会建设中发挥重要作用。

在学校本土上，如是思：学校一直在变革中不断发展，在供给侧改革理念下，转型发展所面临的供给方、需求方、存量等各种问题，既是挑战，也是重要的机遇。

学校层面，三个关键词：鼓励、引导、帮助。

鼓励转型：在思想观念上，通过多种形式的宣传教育，明确转型发展对新时代学校和教师的重要意义，促使教师形成内在的转型动力。引导转型：建立教师转型发展的机制，拟定新的绩效、晋级衡量标准，重新建立适应新时代学校发展的新标准。帮助转型：在教师转型发展过程中，学校为教师提供必要的支持，让教师在新的环境中，能得到学校支持、关心，解决实际困难。

教师层面，一个关键词：主动。

　　一是主动思考。长期以来，学校教师注重符合高等教育发展规律的教学和研究，而服务区域终身教育、学习型社会建设的意识淡薄，服务能力欠缺。在供给侧改革理念下，学校进入改革发展的深水区，需要教师充分了解当前终身教育发展和学习型社会建设的需求，并结合学科专业特长和研究能力，主动思考真正融入"大教育"。二是主动实践。学校的供给侧改革不应仅仅停留在思考和理论上，需要走入实践的第一线，才能真正了解实际工作的发展动态和需求，才能不断更新知识结构，达到真正转型的目的。

　　2018年时值全面落实党的十九大精神开局之年，正逢中国改革开放40周年，又逢黄浦区业余大学建校60周年，一切都给人一种充满了生命力的、充满了朝气的感觉。

　　学校从1958年建校伊始，就在不断找寻发展的前行之路，不断探索发展的可行路径。1958年—2008年，学校从"没有校舍"发展到"没有围墙"，从一个专业发展到"四线"并举，她不再是居高临下的教育机构，也不再是堆满知识符号的仓库。她是一所聚集着众多智慧的资源库，一个聚集着众多资源的共享平台。在供给侧改革理念下的学校，就是以开放的态度、互惠的意识、共享的理念，整合学校场地资源、课程资源、师资资源，来构建区域大教育的格局，共同推进学习型社会的建设。

（上海市黄浦区老年大学　夏明建）

老年教育进家庭　服务居家养老

——供给侧改革理念指引下老年教育特色发展需求与对策

伴随我国老龄人口比重的不断增长，养老问题也逐步受到社会与政府的关注。老年人口的规模呈现总量加速增长、老龄化程度加深的发展趋势，因此，老龄化社会的保障性需求凸显，全社会养老形势日显严峻。伴随着人口老龄化加速等诸多因素的综合影响，老年教育出现向规模化、多样化、高质化的转型变化，老年教育的转型迫使老年教育供给也随之转型。

作为上海中心城区，黄浦区老年人口比例较高，老年教育需求不断扩大。黄浦养老现状表现为居家养老、社区养老、机构养老等多种形式并存，其中，居家养老比例最高，达到90%。以居家养老为主，多种养老形式并举已经成为黄浦特别是上海中心城区的基本养老模式。伴随着物质性养老服务日益完善，现代老年群体越加追求精神生活，渴望便捷、舒适的学习环境和学习资源。因此，教育服务有效融入养老服务体系，扩大教育资源供给，成为黄浦为老服务的重要组成内容。

为贯彻落实《中华人民共和国老年人权益保障法》《国家中长期教育改革和发展规划纲要（2010—2020年）》《老年教育发展规划（2016—2020年）》《上海市老年教育发展"十三五"规划》，促进老年教育事业科学发展，结合黄浦城区特点及老年人口现状，在供给侧改革理念指引下，黄浦区老年大学将扩大教育资源供给确立为老年教育工作的着力点。2017年初，黄浦区老年大学申报了课题"老年教育进家庭，服务居家养老的研究"。

一、内容概述

从老年朋友的现实需求出发，"老年教育进家庭，服务居家养老的研究"项目组通过开展10000份大样本调研，了解到上海老龄化程度最高的中心城区老年群体的居家养老学习需求，通过细致分析，精准把握老年人居家养老学习偏好、学习取向与需求差异，为"十三五"期间黄浦乃至全市老年教育阶段发展，提供科学的决策依据和参考。同时，从区域角度来讲，通过此次项目推进，黄浦进一步探索"全景"视野思考居家养老服务平台建设，整合多部门力量，吸纳更多方面资源，持续扩大老年教育资源供给，共同推进老年教育居家养老事业发展。通过终身学习丰富老年人的精神生活，使老年教育成为增进老年人福祉的重要内容。

二、调查分析

基于研究需要，课题组开展了10000份"老年教育进家庭，服务居家养老"课题问卷调查，以达到如下目标：

- 了解和掌握老年教育进家庭的现状；
- 挖掘老年教育居家养老学习需求；
- 研究老年人对老年教育进家庭服务居家养老的建议。

根据调查方案，上海市"老年教育进家庭，服务居家养老"课题共回收10004份调查问卷，经数据质量审核，最终有效样本量10004个。

（一）核心数据：学习需求分析

学习需求分析包括上海老年人参加过社区老年学校或居委会学习点学习人数比例、老年人适合的学习形式和喜欢的教学方式三部分构成。

1.老年教育参与度分析

（1）年龄

从年龄的角度看，老人年龄段与参加过老年社区学校和居委会学习点学习的比值成反比，年龄越低参与度越高。60岁年龄段的老人参加过老年社区学校和居委会学习点学习的比值最高，80岁及以上年龄段的老人在这一比值上明显较低（见表1）。

表1：各年龄段参加过老年社区学校和居委会学习点人数比值

年 龄 段	参加过老年社区学校和居委会学习点人数占比	未参加过老年社区学校和居委会学习点人数占比
60—69岁	47.3%	52.7%
70—79岁	44.9%	55.1%
80岁及以上	33.3%	66.7%

（2）性别

从性别上看，男性参加过老年社区学校和居委会学习点人数比值明显高于女性，但都没有超过各自总数的一半。此项数据与老年社区学校和居委会学习点实际参与情况有差距，主要是因为此次调研对象中男性所占比例较大（见图1）。

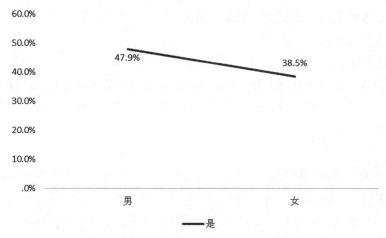

图1：性别与参加过老年社区学校和居委会学习点人数比值关系

2.学习形式偏好分析

上海老年人自认为最适合自己的学习形式，是参加居委会学习点学习（占比超过29%），社区学校或老年学校（占比超过16%），老年人倾向于集体或伙伴陪同学习，排斥由志愿者教师上门教学、利用终端设备的独自学习形式。就近、陪伴学习是老年人普遍喜欢的学习形式。

（1）年龄

从年龄上看，80岁及以上年龄段的老年人最倾向于在家同伙伴共同学习。这有别于60岁和70岁组的老人，他们都更倾向去社区居委会学习点学和社区老年学校听课，这一比例甚至超过了与在家同伙伴一起学习，反映了60岁和70岁段的老人倾向于集体学习，更喜欢社交和扩大朋友圈；70岁年龄段的老年人比60岁年龄段的老年人更乐于接受志愿者上门教学；年龄与利用移动终端学习、参加学习团队的倾向成反比，反映了随着年龄上升，身体状况下降，老年人居家接受教育服务的需求明显。

（2）文化程度

从文化程度的层面来看，各类受访者中希望"利用移动终端学习""在社区居委学习点参加学习活动"和"到社区学校或老年学校学习"三种形式具有相同的特点，受访者学历越高，受欢迎程度也越高。相反，"在家有学习伙伴共同学习""志愿者教师上门学习"和"参加学习团队活动"相对更加受到低学历老人的欢迎。

（3）收入情况

从收入情况的层面来看，与其他地区相比，上海老年人收入普遍较高，而收入越高，更加愿意选择利用移动终端学习的方式。"在社区居委学习点参加学习活动"也是更加受到高收入老人的青睐。

（4）身体状况

从受访老人的身体状况来看，身体状况良好的受访老人更加倾向选择参加学习团队活动、在社区居委学习点参加学习活动，而身体状况欠佳或残疾人士更加倾向于利用移动终端进行学习、在家有学习伙伴共同学习等方式。

（5）区域

老年人倾向就近、便捷的学习方式，目前优先选择居委学习点进行学习，这主要是考虑到学习点距离近又有较为充分的学习资源，老年人认为在社区居委会学习点参加学习最合适，其后依次是在家同伙伴共同学习，参加学习团队活动，到社区学校、老年学校听课，志愿者上门送教学习，利用移动终端学习。

（6）性别

从性别上看，男性比女性对于问题的回答更加积极。过半的老年男性最倾向于在社区学习点参加学习，这一点明显高于女性。此外，老年男性更愿意利用移动终端学习，也为网络学习提供了更多可能。

3.教学方式偏好分析

（1）性别

总体上看，讨论议论式的学习方式是老年人最喜欢的学习方式，其次是休闲参观式、团队活动式、传统课堂式、个别辅导式、网络电视式。其中男性比女性明显更喜欢网络电视式的学习方式；女性比男性更青睐休闲参观式和传统课堂的学习方式。

（2）年龄

从年龄上看，在网络电视式和个别辅导式的学习方式上，70岁年龄段的老人不同于60岁和80岁及以上的老人，他们更喜欢网络电视式的学习方式，80岁及以上的老人在学习方式上非常趋同，非常喜欢讨论议论式和休闲参观式的学习方式；传统课堂的受欢迎度与年龄成正比，团队活动式和网络电视式学习方式的受欢迎度与年龄成反比。

（3）学历情况

总体上看，讨论议论式的学习方式是老年人最喜欢的学习方式，其次是休闲参观式、团队活动式、传统课堂式、个别辅导式、网络电视式。其中随着学历越高，对各种教学方式的选择程度也会越高。

（4）身体状况

从调查中可看出，团队活动式、休闲参观式随着受访老人身体状况越好，受欢迎程度越高；而个别辅导、讨论议论等方式，更加受到身体情况欠佳和残疾人士的欢迎。在具体安排上，需要根据不同群体需求进行供给匹配。

（5）区域

总体上看，讨论议论式的学习方式是老年人最喜欢的学习方式，其次是休闲参观式、团队活动式、传统课堂式、网络电视式、个别辅导式。网络电视式的欢迎度超过了个别辅导式（见图2）。

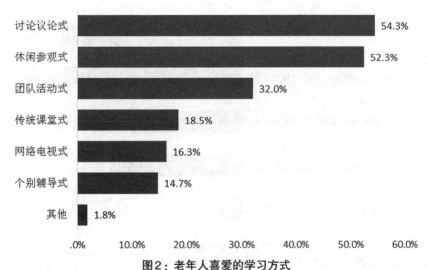

图2：老年人喜爱的学习方式

*本题为多选题，因此各项统计之和可能超过100%。

（二）核心数据：学习目的与知识需求分析

1.学习目的分析

上海老年人老年学习的目的依次是参加交友活动、熟悉寻找朋友圈，参加娱乐活动、满足兴趣爱好，学习健康知识、追求健康长寿，学习生活技能、满足日常需要，参加正规学习、弥补年轻未学之憾。

（1）年龄

60、70年龄段的老人选择参加社区学校或居委会学习点的学习，最主要的目的是参加交友活动、熟悉寻找朋友圈；80岁及以上年龄段的最主要目的是参加娱乐活动、满足兴趣爱好。参加教育学习活动的热情随着年龄的增加而减退。

（2）性别

从性别看，男性老年人选择参加社区学校或居委会学习点的第一位目的是参与交友活动、熟悉朋友圈，其次是为了参加娱乐活动、满足兴趣爱好，女性则相反。

较少有人选择参加正规学习、弥补年轻未学之憾。

（3）区域

老年人参加社区学校或居委会学习点学习活动的最主要目的是参加娱乐活动、满足兴趣爱好，其后依次是参加交友活动、熟悉寻找朋友圈，学习生活技能、满足日常需要，学习健康知识、追求健康长寿，参加正规学习、弥补年轻未学之憾（见图3）。

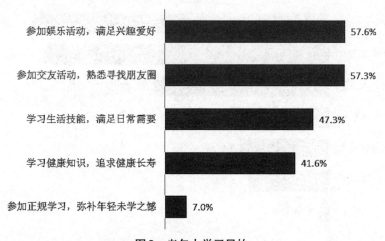

图3：老年人学习目的
*本题为多选题，因此各项统计之和可能超过100%。

2. 生活爱好分析

上海老年人平时生活的爱好，第一位的是聊天交友，其后依次是读书看报了解时政、音乐舞蹈、旅游度假、体育保健、棋牌娱乐、逛街购物、书画艺术、投资理财及其他。

（1）性别

从性别角度看，女性老年人的第二大爱好是音乐舞蹈，第三大爱好是读书看报、了解时政；男性老年人的第二大爱好是读书看报、了解时政，第三大爱好是音乐舞蹈；男性更注意体育保健，女性则更喜欢旅游度假。

（2）年龄

从年龄段看，60岁、80岁及以上年龄段的老年人喜欢聊天交友和读书看报了解时政，70岁年龄段的老人更喜欢学习音乐舞蹈等艺术；老年人聊天交友、读书看报、音乐舞蹈的爱好随着年龄增长而迅速攀升，投资理财和书画艺术的爱好则下降（见图4、图5、图6）。

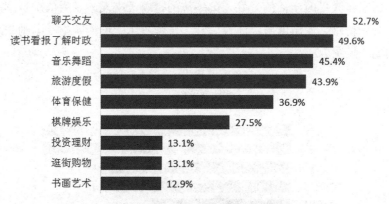

图4：60岁年龄段老人平时爱好

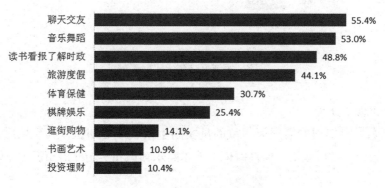

图5：70岁年龄段老人平时爱好

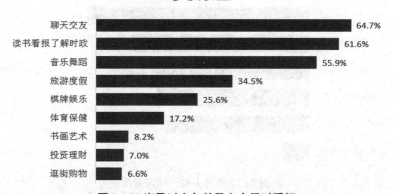

图6：80岁及以上年龄段老人平时爱好

（3）区域

黄浦区老年人平时生活的爱好，第一位的是聊天交友，其后依次是读书看报了解时政、音乐舞蹈、旅游度假、体育保健、棋牌娱乐、逛街购物、书画艺术、投资理财及其他（见图7）。

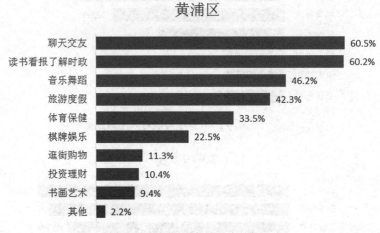

图7：黄浦区老年人平时爱好

3. 知识需求分析

上海老人对知识的需求第一位的是实用生活技能类知识，其后依次是生活常识、文化旅游、时事政治、保健锻炼、艺术娱乐知识和实用外语知识（见图8）。

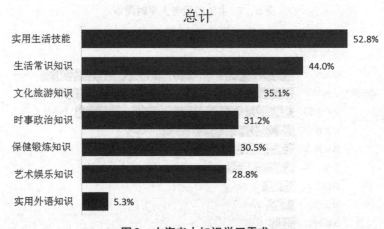

图8：上海老人知识学习需求
*本题为多选题，因此各项统计之和可能超过100%。

（1）性别

上海男性老年人最感兴趣的是实用生活技能，此后是时事政治知识和生活常识知识，男性老年人比女性更关注保健锻炼知识；除了实用生活技能，女性老年人则更关注生活常识知识，时事政治知识排在文化旅游、艺术娱乐、保健锻炼之后（见图9、图10）。

男

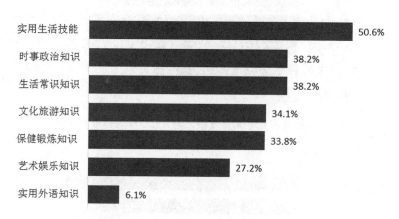

图9：　上海男性老人知识学习需求

女

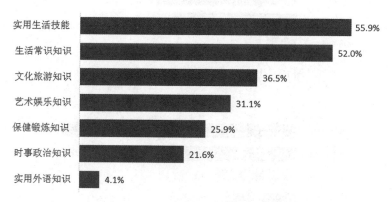

图10：上海女性老人知识学习需求

（2）年龄

从年龄上看，总体上上海老年人最感兴趣的是实用生活技能，80岁及以上年龄段的老人最关注生活常识知识；除了实用生活技能，60岁年龄段的老年人更关注文化旅游知识，随着年龄的增长，老年人更加关注实用生活技能和生活常识知识（见图11、图12、图13）。

60-69岁

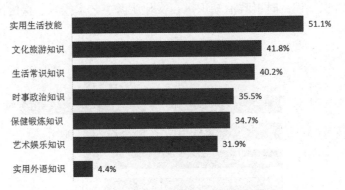

图11：上海60岁年龄段老人知识学习需求

70-79岁

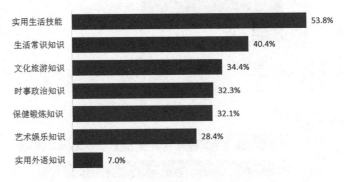

图12：上海70岁年龄段老人知识学习需求

80岁及以上

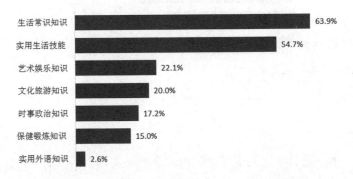

图13：上海80岁及以上年龄段老人知识学习需求

（3）区域

老年人知识学习需求差异不大，对生活常识和实用技能的需求最高。以黄浦区为例，老人对知识的需求第一位的是生活常识，其后依次是实用生活技能、文化旅游、保健锻炼、时事政治、艺术娱乐知识和实用外语知识（见图14）。

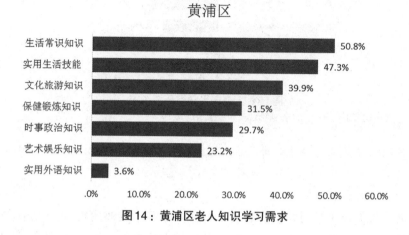

图14：黄浦区老人知识学习需求

4.学习环境需求分析

（1）环境期望

从总体上看，上海老年人认为最理想学习环境是有好的学习读本、静心阅读、修身养性，其后依次是有喜欢爱听的广播载体节目，有朋友聚在一起、交流生活体验，能组织外出参观、体验社会发展，有方便的网络和电视教学，有年轻时代的传统课堂教育。

（2）年龄与环境需求

从年龄段看，60岁年龄段的老人最喜欢"有朋友聚在一起，交流生活体验"，80岁及以上年龄段的老年人最喜欢"有好的学习读本，静心阅读"，随着年龄增长，老年人越加倾向于有"有好的学习读本，静心阅读"和"有喜欢爱听的广播载体节目"，而对于网络教学和"能组织外出参观，体验社会发展"不再那么感兴趣（见图15）。

（3）地点需求

上海老年人最喜欢的学习地点是在自己家里，其后依次是小区学习室，社区文化中心，街道社区学校，各类文化设施（剧场、书场、影院、文化宫、博物馆），老年学校。由此可见，就近、便捷的学习场所是最受老年人欢迎的。

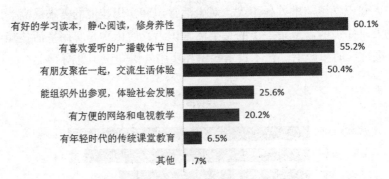

图15：上海老人学习环境需求

*本题为多选题，因此各项统计之和可能超过100%。

从性别的角度看，男性更喜欢去小区学习室和社区文化中心学习，女性则更喜欢在家里学习或者去学校学习、去各类文化设施场所学习。

5. 学习时段需求分析

上海老年人对于学习时段的需求没有过多要求，50.8%的老人认为有空即可学习，是最多人觉得适合的学习时间段，其后依次是周末上午，晚饭后，周末下午，工作日下午和工作日上午。

从性别上看，男性学习时间段的选择更多元，女性则是更加自由，没有特殊的时间限制。

从年龄看，年龄越大，选择学习时间段越自由，较其他年龄段的老人青睐于在周末下午学习而言，60岁年龄段的老年人更倾向在工作日下午学习，70岁年龄段的老人喜欢在晚饭后和周末上午学习。

（三）核心数据：网络学习需求分析

1. 网络学习条件分析

从技能看，过半（52.3%）的上海老年人能够熟练或基本掌握电子设备（如电脑、手机），完全不懂的只有16.2%。说明通过网络开展学习的能力已经在都市中基本普及。

从年龄段看，年龄与老年人网络学习条件满足度成反比。47.6%的80岁及以上年龄段的老年人，对电子设备完全不懂，占比很大。65.2%的60岁年龄段的老人基本或熟练掌握了电子设备的使用。

2. 网络平台了解程度

总体看来，过半（50.5%）的上海老年人了解网上学习平台，从年龄段看，

49.4%的60岁年龄段的老年人，了解网络学习平台；52.2%的70岁年龄段的老人了解网络学习平台；48.0%的80岁及以上年龄段的老年人，了解网络学习平台。

从平台类别上看，上海老年人最熟悉的网络平台是医疗生活服务类网站，其后依次是综合购物类网站，旅游类网站，市级学习平台（如市级终身学习网），区级学习平台（如区级终身学习网），电视购物网站，票务类网站及其他（见图16）。

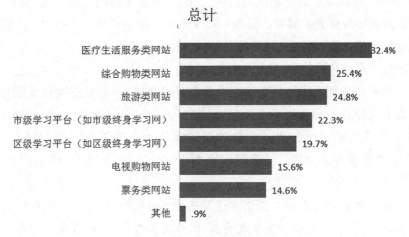

图16：各类网络平台熟悉度

3. 网络学习接受程度

在问及居民"若您行动受限，希望足不出户在家学习，您期望的做法是？"有6.1%的老人选择了"网络学习，希望得到老年学校的帮助，通过网上、网下协助学习"，46.7%的老人选择了"陪伴学习，希望有人伴随学习，交流心得，联络情感"，47.7%的老人选择了"自学，独自想学什么就学什么，看书、读报、看电视，不希望有人打扰"。

年龄上，年龄越大越希望在身体行动受限的条件下可以陪伴学习联络情感；70岁年龄段的老人身体行动受限的条件下最喜欢独立学习，网络学习的接受程度与老年人年龄成反比。

从性别看，男性老年人在身体行动受限条件下倾向于独立自学，而女性则希望有人陪伴学习，男性老年人在此情况下对网络学习的接受度高于女性老年人。

（四）核心数据：满意度和需求分析

老年教育学习满意度和需求分析，是上海老年人对上海老年教育学习的满意度测评结果和建议。

1. 满意度分析

总体上，上海老年人对老年教育满意度较高，48.2%的老人对老年教育表示满意，其中10.4%表示很满意，37.8%表示较满意；不满意的比例只有3.8%，其中较不满意的3.6%，很不满意的只有0.2%；37.8%的上海老人认为现在老年教育水平一般。

从年龄段看，47.9%的60岁年龄段的老人对老年教育表示满意，满意度低于平均水平，但表示很满意的比例最高达到12.3%，为各年龄段之首；50.1%的70岁年龄段老人对老年教育表示满意，居各年龄段之首；80岁及以上年龄段老人对老年教育的满意度最低，为41.1%，且认为老年教育水平一般的比例最高。

2. 教育需求分析

在主观题意见征求中，从受访人中共收到建议230条，从态度和意见的角度分大概有如下几种：

在总体满意度方面，超过半数的受访者认为，老年教育非常好，"觉得现在对老年教育重视得多了""感谢国家对老年教育的重视""感觉夕阳无限美好了"。

对于老年教育内容方面，受访者建议拓展多方面教育内容，"老年教育方面内容更丰富多彩"。一是健康和养生教育，"医疗常识普及""可以免费学习一些医疗知识讲座""希望能有心理健康方面的救教育""多教一些强身健体的好方法，简单易学""多关心老人健康知识，法律意识，增加自我保护"。二是安全和法律常识教育，"老年人的安全教育有待改善""增加老年人法律知识""增加老年人对保健品的防御"。三是与时俱进的知识，比如"普及当代网络知识，避免老与子隔离""专设一些老年人电脑方面的培训""可以多组织志愿者活动，让小朋友们多和老人接触交流"等。

对于老年学习教学方式方面，受访者建议"多为老年人开发教育平台""老年大学讲座希望再丰富点，结合当下教学会更好""在寓教于乐中学习知识""老年教育常态化，易教易学"。

开展教育学习的频率方面，希望"老年教育方面要持续不断""老年教育方面要常态化，经常化""老年教育方面不断完善，不断创新"等。

综上所述，上海老年人对老年教育需求和期望都很高，对教学内容、教育方式方法、教学手段、教学环境等方面提出了宝贵意见，老年教育牵涉面广，是社会性系统性的工作，为老年人提供更好的教育和更好的生活品质，不仅需要统筹规划，也要具体落实。

三、主要结论

"老年教育进家庭,服务居家养老"研究课题,通过实证调查,结合个别典型案例访谈,课题组研究分析得出如下主要结论:

(一)年龄对老年人居家养老教育需求有重大影响

研究发现,老年人相对越年轻,教育需求越活跃。比如60岁年龄段的老人参加过老年社区学校和居委会学习点学习的比值最高,更愿意接受上门教学和网络学习,他们参加教育学习最主要的目的是参加交友活动、熟悉寻找朋友圈,他们网络电子设备掌握得较熟练,除了对生活技能类知识感兴趣外,还对文化旅游知识充满兴趣;80岁及以上年龄段的老人更倾向在家里同伴伴学习,学习的主要目的是娱乐和满足个人兴趣,更青睐书本学习和传统课堂教学。

(二)家庭成为最受老年人欢迎的学习地点

根据数据统计分析,上海老年人最喜欢的学习地点是在自己家里,其后依次是小区学习室,社区文化中心,街道社区学校,各类文化设施(剧场、书场、影院、文化宫、博物馆),老年学校。居家学习无疑已成为中心城区老年人首选,但由于师资、设备、社会环境等多重因素影响,很少有老年人能够真正享受到居家养老的服务。

(三)性别是影响老年教育需求的重要因素

在学习地点偏好上,男性老年人明显比女性老年人更喜欢参与社区居委学习点学习;学习方式上,男性更喜欢讨论议论式的学习方式,女性则喜欢休闲参观式的学习方式;知识需求上,除了生活技能类知识和生活常识,男性更喜欢时事政治知识,女性偏好音乐舞蹈知识;在身体行动受限的情况下,老年男性最希望能够陪伴学习,而老年女性则最喜欢自学。在老年教育服务居家养老的过程中也应注意性别差异。

(四)网络学习成为老年人居家养老的新选择

从技能看,过半的上海老年人能够熟练或基本掌握电子设备(如电脑、手机)。说明通过网络开展学习的能力已经基本普及。年龄上,网络学习的接受程度与老年人年龄成反比,低龄老人往往更偏爱网络学习。除了传统的课堂学习,网络已经成为不少老年人获取信息、开展学习的重要手段。

四、后续研究思考

需求决定供给,供给必须与需求相适应。通过调研我们了解到伴随着老年人学习需求结构的调整,供给结构也发生着相应的变化。在大样本问卷调研数据分析基础上,课题组得出了以上主要结论,同时也看出目前的老年教育居家养老问题并非某个单位可以独立完成的，需要教育、民政等相关部门形成合力，携手推进。项目组在下一阶段将着重从以下方面入手，深入了解老年群体的学习需求的可满足性和居家养老推进内容。

（一）梳理老年教育服务的可供给教育资源

分析、梳理现有课程资源、教育载体、学习手段、师资配置、教育能力等与老年群体学习需求对接的可行性，发现针对满足现有老年教育需求的可创新点，做出具有针对性解读，为提出居家养老教育服务策略提供依据。

（二）分析影响老年教育服务居家养老的相关因素

老年教育服务居家养老是一个复杂的项目，需要多方面形成合力，才能有效推进。项目组拟从现有老年教育居家养老面临的问题出发，梳理影响老年教育服务居家养老的相关因素，综合评价老年教育服务于居家养老的可行性；客观评价政府政策的有效性、现今老年教育发展的可拓展性。

（三）提出老年教育服务亟待解决的若干问题

针对性地描述在居家养老、社区养老、机构养老等不同形式下的老年教育服务满意程度，分类归纳中心城区老年教育服务存在的亟待解决的问题及其深层次的原因，以更有针对性地开展研究。

（四）提出适合养老服务的老年教育服务策略

居家养老的教育服务对策具有相对的普遍性，人数众多，规律相对清晰。社区养老和机构养老的老年群体，虽人数较少，教育服务需求依然存在，具有相对特殊性，更需要研究其个性化的学习诉求（形式、方法、载体）。研究须基于前述问题，以及发展的可行条件，提出适应于居家养老、社区养老、机构养老形式的具有个性特点的老年教育服务对策。大力实施特色化办学，不断丰富老年教育内涵等路径推进老年教育供给侧改革。逐渐建立完备的居家养老供给制度，加强组织办学，助力老年教育供给侧改革的顺利实施。

只有供给主体的制度支持有力，需求主体的接受意愿积极，管理体制顺畅，教育形式多样，才能够有效解决老年教育"供需矛盾突出"的现实问题，就居家养老教育服务来看，更需要从供给侧改革的视角出发，从制度设计、运行机制和技术支撑上推进居家养老的路径与机制，从而实现其"有效精准供给"，推进老年教育供给侧改革，提高老年人群体的文化素质与生活品质，通过老年教育服务居家养老，为老年人增添获得感、幸福感。

（上海市黄浦区老年大学项目组）

课程拓展　师资强化

——黄浦区老年大学课程与师资队伍建设实践案例

当前我国已进入老龄社会，老年教育是构建终身教育体系、建设学习型社会的重要内容已成为社会各界的共识。而黄浦区具备典型的中心城区特质，辖区内老龄化人口数量较多，老年大学、社区老年学校和学习点所能提供的教育资源已经难以满足区域居民，特别是老年人日益多元化的学习需求，学习资源供给不平衡问题日益凸显。

黄浦区老年大学作为区域老年教育发展的龙头单位，为积极应对老年市民不断增长的学习需求与目前所提供的部分学习资源相对滞后这一问题，学校以"供给侧改革"为工作理念，不断探索、不断变革、不断创新，以开放的态度、互惠的意识、共享的理念，整合了四校（业余大学、开放大学、社区学院、老年大学）的场地资源、课程资源、师资资源，创新教育服务的课程内容、加强教育服务的师资团队，推动老年教育不断向纵深发展，以此来更好地满足市民日益多元化的学习需求。

一、强化课程建设

学校通过调研分析，学校供给的学习资源与市民的学习需求矛盾最为突出的点主要集中在课程开设上，具体地说，市民对传统课程的需求有限，取而代之的是希望走进一批有亮点、有特色、符合时代发展潮流的课程。对此，为更好地适应新时代老年教育的发展需要，满足老年市民的日益增长的多元化学习需求，学校在教育供给侧结构性改革的引领下，从多方面着手，有效实现课程改革：

（一）坚守传统课程，强化内涵建设的深度

传统课程，主要指老年教育的常规性课程，文学、书画、钢琴、计算机、外语、器乐、旅游等。学校在处理传统课程的供给侧改革时，并不是简单地取消传统课程，而是通过注重挖掘传统课程的内涵建设，在传统课程中增加文化元素、素质元素，以丰富、提升传统课程的内涵。例如，在"国画类"的教学中，学校不但要求课程要完成技法、赏析的教学指标，也要求渗透中国优秀传统文化的传播。国画班通过绘画的教学，用中华文化艺术浸润人心，带领老年学员走进美、欣赏美、创造美，在学习中陶冶情操、修真养性。这些常规化的课程是老年教育的基础，守好

传统课程也是老年教育安身立命之本。

（二）打造特色课程，强化区域品牌的亮度

课程的改革需要学校发掘出彰显区域特色、区域品牌的亮点，提供更多有效的学习资源供给，增强学校的办学活力和办学生命力，打造品牌课程以满足学员学习新知识的需求。学校考虑到，黄浦区既是上海中央商务区，也是上海老城厢地区，有着深厚的商业、古玩底蕴，可以结合黄浦的地域特点、学员的学习兴趣、学校的本身优势，积极打造特色课程。在上海市钱币学会、上海宝玉石协会的大力支持下，学校开设了《钱币鉴赏》和《玉器鉴赏》课程，邀请名家执教、实地考察、手手传授、真伪比较，使学员学到真本领，养得真趣味。《钱币鉴赏》和《玉器鉴赏》课程至今已开设多年，满足了大批老年市民的学习需求，真正成为享誉海上的特色品牌。

（三）挖掘课程深度，深化传统课程的内容

针对开设时间较长、内容较为陈旧的课程，学校提出了要向更高层次发展的要求，适度减少传统课程的排课，取而代之的是安排内容延续、难度提升、层级更高的进修课、研修班。例如，《编织》《书画》等，都已开设了一二十年，有的学员的水平在市级、国家级甚至国际上都能得奖。基于此，学校开设了研修班、创意班，满足高层次学员需求。有的课程，是在另一些课程开设成熟的基础上，做新的延伸发展。此外，学校积极挖掘学员的兴趣所在，有的放矢地开设相关课程。例如，《书画》《旅游》两门传统课程学员众多，学员们越学习越是发现，在书画和山水中隐含着诗文篇章和文学韵味。学校顺势而为，开设了《诗词鉴赏》课程，诗书画景，互通融合，扎实了学员的文化底蕴，丰富了学员的人生享受。

二、加强师资队伍

老年教育服务群体的多样性要求学校拥有数量充分、质量优良的专兼职师资队伍，才能满足不同年龄段老年人的差异化需求。在"供给侧改革"理念的实践过程中，黄浦区老年大学在校级层面提出与之对应的"大教育观"理念，积极推动"四线"（业余大学、开放大学、社区学院、老年大学）协作，通过共享学校优质师资，精心培育了一批由品牌教师领衔的老年大学师资队伍，以此应对老年教育课程建设中不断增长的师资需要。

第一，引导教师转型，建立了专业教师兼职负责的机制。供给侧改革需要四校的师资跨学科、跨专业、跨领域发展，我们现在的教师基本上都是为学历教育配置的，转型需要教师向一专多能发展，既能上得了专业课程讲台，又能上好老年教

育的课程。对此，老年大学重新建立适应新时代学校发展的新标准，设置专、兼职教师的岗位和职责，制定了规范的招聘程序，由专职教师负责全校教学管理与教育教学活动的各项工作，而在专业要求较高、难度层次提升的课程与特色课程上聘用业余大学、开放大学、社区学院三校的教师兼职负责，这样一来，既解决了师资不足，又保证了课程质量。

截至2018年，黄浦区老年大学设立了校办、教务、总务、信息中心、财务等多个部门，业余大学多位教师参与其中工作，有专职教师22名，其中16名具有中高级职称。学校严格遴选兼职教师，招贤纳士，挑选优秀教师为学员教学。2018年底统计，黄浦区老年大学有兼职教师95名，具有专科以上学历的教师占教师总数的72%，具有高级职称教师占教师总数的25%。业余大学郑剑辉等多位一线教学骨干参与老年大学的教学工作。郑老师在老年大学开设的《诗词赏析》课程，从唐诗、宋词、元曲，一直讲到明清美文，吸引了无数诗词爱好者，课堂上座无虚席。目前像郑剑辉这样的老师，活跃在老年教育领域，黄浦区老年大学有10余名。

第二，加强教师宣传，为教师转型发展提供必要的支持。黄浦区老年大学在兼职教师的招募中强调师资队伍的改革对新时代学校的重要意义，促使教师形成内在的转型动力，从而激发教师更大的创新热情和从事实践教育的积极性，引导更多一线教师参与老年教育的课堂教学，走进老年学习团队的建设。

黄浦区老年大学遵循尊师重教的传统，对从事老年教育十年以上的教师进行表彰及一定的物质奖励，让教师在新的环境中，能得到学校支持、关心。至今已有29位教师获此荣誉。在上海市老年教育协会主办的老年教育优秀教师评选活动中，黄浦区老年大学有1位教师被评为"上海市老年教育名师"、4位教师获评"上海市老年教育优秀教师"。其中郑剑辉老师获评"优秀教师"称号。

面对老年大学转型发展所涉及的供给方、需求方、存量等各种问题，我们意识到老年教育供给侧结构性改革既是严峻的挑战，也是重要的机遇，老年大学须在变革中寻突破、求发展。

实践的经验启发我们，化危为机的唯一途径是坚持以人为本，以优化教育结构和教育资源配置为抓手，落实好老年教育供给侧结构性改革，更加贴近老年人的实际需求。只有供给主体的制度支持有力，需求主体的接受意愿积极，管理体制顺畅，教育形式多样，才能够有效解决老年教育"供需矛盾突出"的现实问题，从而实现其"有效精准供给"，推进老年教育供给侧改革，提高老年人群体的文化素质与生活品质。

（上海市黄浦区老年大学项目组）

学习团队：老年教育的"生力军"
——黄浦区老年大学学习团队培育之道

根据《上海市老年人口和老龄事业监测统计信息》统计数据，截至2018年底，全市60岁及以上老年人口为503.28万人，占总人口的34.4%。黄浦区老年人口比例更是达到了39.26%。发展老年教育，提高人口素质，提升老年人口生活质量，是解决社会老龄化问题的重要举措。供给侧改革理念在教育领域的引入和运用，为深化教育综合改革、优化调整教育结构、优化教育资源配置提供了新的改革思路。

黄浦区老年大学以供给侧改革理念为引领，积极开展老年学习团队的探索和实践，多方位平衡老年教育发展的供给。通过不断加强团队建设，拓展老年大学的"第二课堂"，缓解第一课堂教学的供需矛盾。

宏观管理上，黄浦区优化管理，形成了"一方牵头，各方协作"的管理体制，老年教育工作形成了以区教育局、民政局和老年大学组成的区小组办领导小组，着力于加强各个老年教育工作单位之间的联动，增加各类社会教育资源之间的互通。

具体工作上，黄浦区老年大学结合本区实际情况，不断推进老年学习团队的建设工作，收获了多个老年学习团队建设的典型案例。精品学习团队建设的过程与成果也显示出老年大学充分对接了区域教育资源和社区老年人口的学习需求，较好地实现了本区老年教育的便捷供给、精准供给和充分供给，具体体现在：

一、制订计划，指导团队建设有序推进

黄浦区老年大学以供给侧改革理念为指导，以市老年学习团队指导中心文件为依据，结合区域教育资源与老年人需求的实际情况，通过详细计划，对该年度工作的具体事项、时间进度、责任分工做了明确安排，并且落实到人，责任清晰。此外，定期召开团队建设工作例会，汇报各自的工作进展，总结前一阶段的成效与不足，探讨后一阶段改善效率的方法和途径。把计划和实践紧密结合作为长效机制，有序、高效推进了老年大学学习团队建设工作。

二、资源供给，保障团队建设扎实推进

（一）便捷供给

在互联网+时代，为适应现代老年教育的发展趋势，黄浦区老年大学不仅通过线下培训、现场指导、交流会等形式，而且开通并不断完善线上培训渠道，以更高效、更便捷的方式，加强对学习团队的管理和指导。

黄浦区老年大学组织参与了多场在线平台的培训活动，指导老年学习团队的负责人使用在线平台；通过微信版和视频版的《在线平台用户手册》和《在线平台团队负责人使用手册》，详细直观地呈现平台的操作过程；还建立了电话和微信群服务，为各团队负责人提供实时在线技术支持服务。黄浦区以满足老年人多元学习需求为宗旨，通过多方位的细致服务，实现了教育资源与技术的便捷供给，使老年团队建设工作得以高效进行。

（二）充分供给

黄浦区老年大学全力支持老年教育的发展，对老年学习团队建设提供了充分供给，为团队建设的扎实推进落实了全方位的基本保障。

例如，对同乐缘学习团队，黄浦区老年大学为之提供了宽敞明亮、设备齐全的教室作为活动场所；学校在团队自筹以外，对团队提供了经费支持；黄浦区老年大学的班主任担任了团队的名誉队长，充实了团队的领导班子。黄浦区对同乐缘学习团队的建设从场地、经费、人员三方面的教育资源共享实现了充分供给。

黄浦区老年大学新歌合唱团，是一支有着68年历史传承的团队，自2003年以来，黄浦区老年大学（马当路校区）为新歌合唱团的发展和不断壮大，提供了坚实的支持和充分的帮助。

三、树立典型，引领团队建设全面推进

黄浦区老年大学在区老年教育小组办的指导下，培育了众多优秀的学习团队，挖掘了一批可参照、可实施、可推广的典型案例，其中以黄浦区老年大学新歌合唱团和同乐缘摄像制作团队为代表。

黄浦区老年大学新歌合唱团在新中国成立之初由新声、联声、新歌三个进步歌团合并而成，原系上海音乐家协会直属业余合唱团，现有团员一百余人，是上海音乐家协会合唱专业委员会团体会员。合唱团活跃在新中国各个历史阶段的舞台上，在五六十年代多次参加"上海之春"和三千人大型歌舞"高举毛泽东旗帜高歌猛进"以及中央歌舞团的"红色娘子军"伴唱等演出，为推广群众歌咏活动、繁荣

社会主义文化做出了贡献，受到过周恩来、董必武等老一辈中央领导同志的接见。老一辈著名的指挥家、音乐理论家、作曲家、歌唱家司徒汉、朱建、毛铁民、郑裕锋、刘福安、陈良等都担任过该团的名誉团长、团长、副团长、艺术指导等职。1999年，新歌合唱团在一批老团员的带动下，聚集了新的一代，恢复了合唱活动。2008年，沪上著名年轻指挥方勇老师加入，给合唱团注入了新的活力。近十年来，在黄浦区老年大学的支持和上海音协合唱专委的指导这个良好的大环境下，新歌合唱团在团队建设的形式和规模、在中老年合唱的理念上都发生了很大的转变，有了质的飞跃。

在黄浦区老年大学的支持和指导下，新歌合唱团在方勇老师担任常任指挥的六七年中，积极参与上海市和黄浦区组织的庆国庆、迎奥运、迎世博、万人黄河大合唱、上海新年音乐会等各项文艺活动。同时，还积极参与社区、敬老院和癌症康复院等地的公益慰问演出活动，受到社会各界好评。除此之外，合唱团还多次参加社会帮教活动，作为志愿者参加上海抚州商会帮教队，赴青浦监狱、提篮桥监狱进行中秋帮教文艺演出；远赴安徽白茅岭、军天湖监狱参与帮教演出活动，用文艺形式把社会的关爱送进大墙；连续多年举办"九九关爱"重阳节专题音乐会，用歌声为老年人送去节日的祝福，取得良好的社会效益。团队深入社区，服务社区居民；走出国门，向世界展示中国老年人的精神；参与赛事，展现上海学习型城市的风貌……黄浦区老年大学新歌合唱团在近十年歌咏比赛活动中取得了丰硕的成绩。

黄浦区老年大学"同乐缘摄像制作团队"自组建以来，一直得到黄浦区老年大学在经费、活动场所、人员等多方位的全力支持和相关领导、任课老师的热情指导。团队组建之初，其宗旨是作为摄像班课堂学习的辅助和延伸，让在读学员除课堂学习之外，还有一个互相交流、探讨学习、提高技艺的平台。自吸收离校学员加入，团队人气暴涨，许多离校或毕业的学员陆续回归大家庭。同乐缘学习团队现有基本队员36人，有一支热心服务、经验丰富、管理有效的领导班子，领导班子有队长一名、宣传员一名、财务一名、名誉队长一名（由黄浦区老年大学班主任担任）、技术顾问一名（指导老师李义鸿）。团队建有独立的网络交流平台，以供展示作品、相互点评、切磋探讨、共同提高。

团队开展了有序、丰富的学习活动，营造了学习氛围浓厚、学员喜爱珍惜的第二课堂，取得了颇为丰硕的学习成果。每周一次的摄像理论课是所有在读学员的学习保证，课程内容是后期软件使用技巧的相关讲座，作为摄像制作相关知识的补充。每周一次的团队活动，由在读学员与离校学员共同参加，离校学员参与作品交流和心得共享同样踊跃，两类学员共同探讨后期软件的安装、升级、使用、制作等技巧，还一起外出采风拍摄。在2012年秋季和2013年春季这两个学期中，团队组织了十余次外拍、制作活动。2014年秋，团队自主组织了西藏行外拍及制作，为学员提供了良好的拍摄实践与制作机会。在学校领导、老师的全力支持及老年朋友的积极参与下，黄浦区老年大学"同乐缘摄像制作团队"与上海摄影家协会老年分会黄浦支会联合举办了主题为"老有所梦、精彩人生、感恩学校、服务社会"的展示活动周，团队做了"我们从西藏归来"摄影、视频展示，展示精选了152张照片、29集视频（纪录片），包括前言、结束语、景点简介及宣传海报共23块宣传版面。

团队名称"同乐缘"——含"同学情，老年梦，视频缘"之意，是一支快乐圆梦的团队，取得了丰富的学习成果。队员团结在视频周围，用家用摄像机拍摄出有声有色的"风光片"、充满情趣的"生活片"、感染力强的"宣传片"、富于变化的"表演片"、不拘一格的"旅游片"、真实生动的"纪录片"……拍摄身边的故事，创造展示的平台，分享更多的快乐。团队还鼓励和引导队员积极参加各种更高级别的影展和影赛，多位队员获得不同级别的奖项。2019年，团队负责人王树培老师被评为"上海市社区教育最美志愿者"。

黄浦区老年大学依托全民终身学习活动周、老年教育艺术节等市级、区级平台，集中展示了优秀学习团队的经验与成果，进一步扩大其影响力，满足社区老年群体更广泛、更多元的学习需求。如今，在老年学习团队建设的探索与实践中，我们认识到，老年学习团队的建设，不仅要求团队自身不断完善，也要求把优秀经验辐射到更广的区域，更重要的是在老年人口不断增长，学习需求多元化，老年教育资源供给不足的大背景下，学习团队建设是满足学员学习需求，缓解供需矛盾的重要途径。在供给侧改革理念的引领下，黄浦区老年大学也正不断思考和探索以精品学习团队为老年教育供给资源，以"供给"引领"需求"的老年教育发展方向，释放新需求，创造新供给，提升服务能力与规模，满足多年龄层、多元的学习需求。

（上海市黄浦区老年大学项目组）

规范办学奠基础　创新办学激活力

——职业技能培训的发展探寻

"供给侧改革"理念，是理念的创新、重心的重置，也是思考维度的革新。从"供给侧改革"理念出发，重新审视以往，从而定位未来，具有全局性、指导性意义。

学校举办职业技能培训——自考助学、各类培训已经有数十年了，以"供给侧改革"理念重新思考总结，仍给人以新启发和新愿景。

在职业技能培训办学过程中，始终树立"严谨求实、团结开拓"的校风、"严格要求、热情关怀"的教风、"勤奋学习、尊师守纪"的学风，讲规范、重管理、创特色、抓质量，努力保持规模，不断拓宽道路。

近年来，学校连续获得"全国高等教育自学考试示范助学组织""上海市高等教育自学考试先进助学单位""上海市高等教育自学考试先进集体""上海市高等教育自学考试示范性助学组织"等荣誉称号。

一、以"供给侧改革"理念研究成人职业技能培训的特点

（一）需求社会化程度高

成人教育是开放型教育，贴近社会、贴近市场是其特点之一。其中职业技能培训尤其如此，其教育需求社会化程度极高。可以说，职业技能培训的教育需求直接而快速地产生于社会经济文化的发展态势；直接而快速地产生于社会各级各类人群的知识结构变化；直接而快速地产生于相关应用领域的人才缺口。

（二）供给必须紧贴市场

基于学习需求的社会化程度高、应用性强的特点，职业技能培训的教学供给也必然要求紧贴社会、紧贴市场。一方面，要求敏锐感应社会教育需求、人才市场结构变化；另一方面，要求反应迅速，在多样、多变的社会学习环境中提供及时精准的教育服务。

（三）生存竞争特别激烈

由于职业技能培训设立机构门槛相对较低，社会上机构数量较多。同时，办学几乎完全社会化、市场化，裸露于市场，受社会需求、热点、形势变化波动影响极

大，其生存依循"优胜劣汰"的市场规律。因而，职业技能培训组织的生存保护较疏弱、生存支柱不稳定，生存竞争分外激烈。

二、以"供给侧改革"理念推进办学做大做强

职业技能培训办学要做大做强，要具坚定的信念、要有先进的理念、要做艰苦的工作。

在以往的工作中，学校职业技能培训一贯注重自身建设，以"供给侧改革"理念来看，学校一贯注重教育服务供给的规范性、有效性，值得加以审视总结，为今后的改革供给、转型发展提供借鉴。

（一）讲规范，才有持续力

办教育，绝不是急功近利的短期行为，要谋求长期的持续发展，规范办学极其重要。

在非学历办学的教学实践中，学校严格按照国家、市有关法律法规开展工作，将其作为工作之本。数十年来，学校严谨办学、讲规范的办学理念，早已渗透进学校非学历办学的每项工作的每个环节之中，在社会上树立了良好的声誉。

各项职业技能培训办学资质完备，审核备案工作及时完善，与各主管、主办单位联系紧密而通畅，认真听取意见，接受指导，随时检查规范自身工作。

讲规范并非一时一事，而是事关全局，必须贯穿整个办学过程，尤其是招生、广告、收费、考试等环节。学校招生全部面向社会，招生广告工作严格履行申报、审批、备案、发布的手续，所委托的广告公司均为正规的、具有一定规模的企业，所登载的内容均真实规范，绝无虚假行为。收费标准、退费规定严格透明公开。招生遵循实事求是、诚恳热情的原则，坚决杜绝瞒、骗行为。规范好办学"窗口"工作，树立学校良好形象。

讲规范，还体现在注重管理上。

学校将职业技能培训工作放在重要的位置上，校长亲自抓职业技能培训工作。在管理机构上，一开始就设立了负责各类短期培训的培训部和负责自考助学任务的自考部，配备部门负责人和管理工作人员，搭建了较为完善的工作班子。学校专门制定了一系列关于职业技能培训的规章制度，如《培训部主任岗位职责》《辅导班任课教师职责》《辅导班班主任工作职责》《学生学费减免条例》《高教自考助学班奖励毕业生方法》等。按照制度进行教职员工督促、定责、考评等人事考评，做到人负其责、人尽其责。有制度，才有规矩，才能使工作有章可循，条理井然。

规范，就能"过硬"，是实力的体现。规范办学，是强化实力的最好的途径。

（二）创特色，才有竞争力

特色一：树立品牌意识，打造特色专业。

特色是品牌的竞争力所在。职业技能培训在专业设置、师资建设、服务项目上努力彰显自我特色。

例如，自考助学中的英语本、专科专业，经多年苦心经营，已成为学校自考助学具有全市影响的特色专业、优势明显，声誉卓著。1990年开办英语专科助学，1996年，开办了第一个自考本科专业——英语本科助学，成为上海最先举办该本科专业的社会助学单位。此前，全上海英语本科每期参加考试的每门学员数不足百人，此后，学校英语本科每期人数均在千人左右，在办学规模上具有重要的开创意义。学校各科的合格率绝大多数超过市合格率，有些科目达100%，英语本科的专业课更是全面超过市平均合格率。在曾经统计过的1999年和2000年两届全市英语本科26名毕业生中，有23名学员在黄浦业大就读，在全市可谓独一无二。在自考求学者心目中，"英语自考到黄浦业大"，已渐入人心。

特色二：追求高层次，办学全方位。

职业技能培训市场化程度较高，要想持续发展，就要与时俱进，努力开拓不同层次——尤其是高层次领域的办学，满足社会的多样化学习需求。

再如，在自考助学相关重点领域中，近年来，越来越多拥有大专学历的求学者人并不满足已有的学历和原有的知识结构，他们急于继续深造，提升自我；已经具有本科学历的从业人员，也希望继续开拓在第二专业领域学有所成，努力将自己锻造成、培养成为复合型的高层次人才。正是因为社会需求旺盛有这样的需求，学校自考助学将重点放在本科专业。在学校开设的39个自考助学专业中，本科类已达到22个，占到一半以上，本科就读人数大为增加，专业特色越发鲜明。

在追求高层次办学的同时，学校还坚持全方位办学。学校在多年的职业技能培训办学中，逐步架构起多类型办学格局，既有学历性质的——自考助学，又有技能性质的——职业技能培训；既有证书考级类型的——食品安全知识合格证、营业员上岗证，又有素质提升类型的——企业职工培训；既有较长期的——自考助学，又有较短期的——会计继续教育。由此，学校职业技能培训呈现出全方位、有系统性的特征。

又如，在自考助学中，无论在专业上，还是在科目上，学校尽可能满足学员的多元要求。凡是主考院校新开设的专业，只要有条件有可能的，学校立即开展这个专业的自考助学活动。有些专业，凡是当年开考的，全部开展助学；有的科目，学员人数仅有四五个，学校照样开课，给了学员较为充裕和完整的选择的空间，提供全方位的教育服务。

学校兼顾社会效益和经济效益，赢得了社会的声誉。

特色三：以学员为本，树服务意识。

以学员为本，为学员服务。从招生报名开始，到组织教学，到考试报名，真正实施一条龙服务；学校还为学员订购、发放有关教材、考纲、材料、报刊；前些年，在还没能为老师办公室安装空调的情况下，先为教室安装空调，并配备多媒体视听设施、无线话筒，保证了非学历教学的硬件条件。

针对军人、残疾人、困难学员，有一整套减免学费的做法，特困学员学费全免，全程服务，直至毕业。

为职业技能培训学员开设免费名家名著讲座，如《英美文学赏析》系列讲座，由上海外国语大学名师主讲，讲莎士比亚、罗素、英美散文等名篇，使自考学员在接受助学的同时，别开天地，领略无穷的文学艺术之美。

以"特色"带动整个办学，是盘活全体、强化活力的有效途径。

（三）抓质量，才有生命力

优秀的师资，是质量的保证。

在师资建设上，学校十分重视专、兼职教师队伍的建设。经过多年的实践、考核、选择，学校已形成了一支结构合理、相对稳定的非学历教师队伍，其中68.8%具有高级职称。学校聘请社会各界、高等院校的专家学者，特别是学校聘请的上海外国语大学、复旦大学、上海财经大学等全日制名校的教授专家，他们不计报酬，不计时间，在业余时间，在双休日赶来学校为学员授课。他们崇高的师德、渊博的学问、精湛的授课，使学员们深感来听课就是一种精神上的享受。例如其中自考助学英语本科，专业课全部由上外教授主讲，阵容齐整，相较于上外本部，有过之而无不足。这些全日制名校的专家教授任教于学校，使学员在学校就能得到名校名师的教学服务，有效地保证了考试合格率大大提升并领先。同时，校内学校的一批教学效果显著的教师也参与到职业技能培训的队伍中来。这些德艺双馨的老师们成为学员们追慕的对象，可以毫不夸张地说，正是因为有了这样德才兼备的优质师资，才使学校各类职业技能培训的教学质量有了切实的保证。

优质的师资，带来了显著的成效。在历年各类职业技能培训的考试中，学校各科的合格率绝大多数都超过市平均合格率，这样就使不少学员连续选择在学校参加学习。正因为如此，学校职业技能培训工作才得到了学员们的认可，获得了社会的好评。

就学校总部几个主要的培训项目而言，2018年全年培训学员，自考助学650人次左右；会计继续教育2500人左右；食品安全知识培训1200人次左右。2019上半年培训学员，自考295人次；会计继续教育1200人左右；食品安全知识培训700人次左右。

优高的质量，是强化办学生命力的最主要途径。

这些工作中形成的良好意识和做法，在未来的改革发展中，相信仍具有较大的推动力。

三、以"供给侧改革"理念展望未来精准定位

（一）要有进行自我革新的勇气

要进行自我革新重在观念更新。供给侧改革，重在"改革"。改革就是破旧立新，剜疮剔疽，往往会感觉到短疼、阵痛，缺乏勇气者，每每临"改"退缩。人都有惰性，似乎是天生的，最好"一动不如一静"。所以，有些改革者，只想改革他人，总想要他人来适应自己。需求不足，总是觉得是需求本身的问题，实际上，需求并非不足，症结在于供给不善。

供给侧改革，要之，是观念的改革，要从变要求他人改变革新为主动自我改变革新。

学校职业技能培训，当深切反省自身办学现状，办学是否对路？办学是否完备？办学是否适应了需求？职业技能培训工作，当深切反省自身办学现状，应当深刻探究，保持优势，除去弊端。职业技能培训，处于办学市场前沿，应放正位置，认清形势，"朝南坐"一去不返，"朝南等"亦将落空，只有"朝南行"，踏出脚步，行入市场，反思自身，改革供给，才能求生机、谋发展。

（二）要有把握多变需求的眼光

适应多变需求重在导向把握。供给侧改革，不是供给侧"闭门造车"，即使"闭门造车"，还得"出门合辙"。所谓"合辙"，就是供给要合乎需求。改革供给，也是为了再度激发和唤起需求。一切改革，最终都是求取和谐，供给侧改革最终也是要和需求侧构成平衡为目标的。改革，是手段；提升供给侧质量，是要求；调整结构、获得平衡，才是目标。

因而职业技能培训供给侧改革，必须十分重视学员、市场的需求，重视需求导向，由此出发，以更积极的态度和更锐利的手段改革自身。在具体办学中，应该注重"三贴"（贴近、贴紧、贴实需求），及时调整办学方向，完善项目，精细课程，强化师资，提升质量，将是供给侧改革的进取之途。

（三）要有开拓改革路径的意识

开拓路径重在方法择取。有人说："改革皆被动。"可谓实在之言。既然如此，

足可见主动自改，并非人人能够做到。改革自我，需要勇气，也需要动力。

改革之动力，能够源于自身内在，当以强大内驱力为第一，这当然是最好了，但是这未免过于理想化了。其实，动力，常常源于外在的环境刺激为第二，"困而知之"、推动鞭策，如果这样的动力是自上而下的，那么就能收效更大。

学校职业技能培训改革，也需要依靠自上而下的推进。学校层面引领方向，把控大局，制定方略，拟定政策；工作部门感知需求，安排步骤，激励教师，总结得失。应于部门之内有所谋定，激发活力，凝聚动力，强化部门乃至学校办学生命力。

职业技能培训，是学校办学的重要组成部分、支撑部分。在学校整体进行转型发展的当下，以"供给侧改革"理念重新审视职业技能培训办学，并加以领会、实践，定会给非学历办学乃至学校整体发展开创出新局面。

（上海市黄浦区业余大学职业技能培训项目组）

增加职业技能培训的"含金量"

——家政、育婴项目"供给侧改革"视域下的深度发展

成人教育是开放型教育,职业技能培训尤其如此,其教育需求社会化程度极高。可以说,职业技能培训从社会需求到教育满足几乎就是零间隔。其教育需求是直接而快速地产生于社会经济文化发展态势之中,直接而快速地产生于社会各级各类人群的学习变化之中,并直接而快速地寻求教育需求的满足。

基于此,成人职业技能培训的教学供给也必然要求紧贴社会、紧贴市场。一方面,要求感应敏锐,对社会教育需求要随时随地、巨细不遗;另一方面,要求反应迅速,教育供给面对多样、多变的社会学习需求应快速应对、恰到好处。

学校培训部近年来强化供给侧改革理念的学习、领会、贯彻,在各项培训——尤其是家政、育婴项目中以此作为工作指导,寻求转型发展。

本文就家政服务和育婴员培训项目,从供给侧改革理念指导下的转型发展角度,进行初步的分析。

一、家政服务和育婴员项目非学历培训概况

家政服务(专项能力)培训项目,是学校培训部根据市人力资源和社会保障局的批准开设的。该培训通过和家政行业协会、家政公司的合作,为他们的员工提供专业的培训,提高他们运用家政服务相关技能,在家庭条件下,提供保洁、烹饪、居家护理等家政服务的能力。2020年初为20位学员提供了培训。

育婴员初级项目,开设于2018年,是学校响应上海市政府的号召,在开放大学的牵头下申请的人社局培训项目。该培训通过在学校家政服务与管理学历班宣传、网站招生广告、学员相互介绍等方式进行招生,开展培训。旨在指导学员对0—3岁婴幼儿进行专业化的照料、护理和教育服务,并能辅助家庭完成科学育儿工作。截至当前,共为206名学员提供了培训。2019年4月,育婴员中级项目也成功完成申请,对首班20位学员开展了教学工作。

二、家政服务和育婴员项目与学历教育相结合的做法

其一,在学校"家政服务与管理"学历班的筹建发展过程中,培训部利用家政

服务（专项能力）培训项目及鉴定考站家政服务（专项能力）鉴定考生的流量，积极宣传学校"家政服务与管理"的专业特色及优惠措施。在学员进入学历班学习之后，为他们提供免费的家政服务员中级、高级培训，为他们的烹饪实训课提供场地、设施设备等。

其二，应"家政服务与管理"学历班的需求，在开放大学的牵头下，申请了育婴员的培训项目，为首批参加培训的学员提供免费的培训，培训证书可以帮助学员去抵扣学历教育学费和学分。在日常开班过程中，对育婴员的培训学员宣传学校的"家政服务与管理""学前教育"专业，鼓励他们参加学历教育，引导他们提升学历，丰富知识结构。

其三，利用教育附加费为企业开展集中非学历培训过程中，与企业协商，达成共识，即企业学员参加学校的学历教育，非学历培训费上给予企业一定程度的优惠，以此强化企业和学校进行学历合作的意愿，促进学校学历教育与非学历教育的共同发展。

三、家政服务和育婴员项目的启示

从以上材料可以看到，学校培训部在开展家政服务和育婴员项目的培训工作中，有理念、有计划、有实施、有效果，从中可以得到以下启示。

（一）成人职业技能培训要提升供给结构的开放度

按照较为现成的观念，职业技能培训与学历教育是有着不同属性、各自成体系的不同教育类别。不过，从供给侧理念来看，两者都是提供教育服务的供给方，其供给结构完全可以更开放，以达到互相通融。

学校培训部，利用已经拥有的"家政服务（专项能力）"非学历项目的各种优势，为学校"家政服务与管理"学历教育班的举办提供便利、助力。培训部有为"家政服务与管理"学历教育班配套开设"育婴员"职业技能培训项目。

由此可见，职业技能培训可以是学历教育的先行，也可以是学历教育的配设。职业技能培训的供给结构可以是自备自足，更可以是开放兼容。

职业技能培训，一方面应敏锐感知职业技能培训需求，另一方面也应敏锐把握其他教育类别——比如学历教育的需求，从中找到市场所需要的教育需求，从而提供相应的教育供给，进而提升供给结构的开放度。

（二）成人职业技能培训要提升供给内容的适切度

供给侧改革，就是要求供给方能提高供给质量，就是要求供给方能扩大有效供给，实现最优配置。

供给侧与需求侧之间，最要者是供给与需求是否适合，是否切准。其中，尤以内容——供给内容是否能优化配置为重。

学校培训部，应对社会发展态势、国家发展要求迅速反应，能够及时呼应国家号召，快速应对教育需求，积极联系主管部门，审时度势，得风顺水，争取到各方支持，开设出符合需求侧要求，具有领跑意义的"家政服务"和"育婴员"培训项目，使培训具有较强的生命力。

在举办职业技能培训的同时，培训部拓展供给内容之面，为职业技能培训的学员提供学历教育——"家政服务""学前教育"的信息和渠道，使学员在接受职业技能培训的同时，获得一定的其他类别教育——学历教育的供给服务。培训部又能够为学历教育及时有效地提供职业技能培训服务，比如为"家政服务与管理"学历班配置"育婴员"培训。培训部还在与教育需求方的沟通中，提供职业技能培训与学历教育相结合的"打包服务"，使之能及时了解学校能够提供的多方面教育服务和供给内容。

内容的适切，满足了供给的高效；提升了供给内容的适切度，就是提升了职业技能培训的生命力。

（三）成人职业技能培训要提升供给方式的丰富度

需求方的教育需求是多样化、丰富化的，就要求供给方也能适配，供给方式的丰富多样是其中要义。

培训部在教学实施中，提供多样化的教学方式和手段，既有课堂讲授，也有实践操作；既有面授，也有远程；既有线下，也有线上；既有书面，也有多媒体。丰富的供给方式，尽其所能满足多元的需求，提升了教育供给的开放度，保障了向服务型职业技能培训的转型发展。

综上，成人职业技能培训作为教育服务供给方，应当树立"供给侧之供给必须与需求侧之需求相适应，并能在一定程度上激发、改善需求"的办学理念。同时，应善于将需求化为供给的动力，提高供给的开放度、适切度、丰富度，办市民需要的、市民满意的职业技能培训。

（上海市黄浦区业余大学　郑剑辉）

线上线下"连线" 课中课后"贯通"

——《经典咖啡制作》课程混合教学模式研究

"经典咖啡制作"是人力资源和社会保障部的职业技能培训项目，实行线下面授实训教学。2020年的新冠病毒疫情带来的"停课不停学"要求，让我们开始思考培训机构该如何去开展职业技能培训工作。当前，各培训机构都在积极开发既有课程的线上资源，同时，结合学校近几年开展的信息技术与高等教育深度融合的研究实践，在发挥传统教学优势的基础上，探索利用互联网技术、移动终端设备开展线上线下混合教学模式。本研究基于培训项目"经典咖啡制作"，培训对象为咖啡兴趣爱好者，注重对咖啡知识的了解、对咖啡制作原理的探究以及对咖啡制作操作技能的实践，力争将传统课堂教学与数字化教学有机整合，着力构建起有效的混合教学模式。

一、线上线下混合教学模式的概念

线上线下混合教学模式，是指教师借助于互联网、移动学习终端等现代信息技术搭建的线上网络学习平台，将传统课堂教学分解为课前、课中、课后三部分。课前，教师根据需要推送相关的资源到学习平台、微信公众号或者班级微信群，并设立相关的教学任务点，学生自己分配时间对课程进行预习。教师在学习平台、公众号或者班级群关注学生的预习状况、学生提出的难点问题，并对学生遇到的问题进行汇总。课中，针对性地安排教学，重点讲解，对一些基本知识点进行拓展加深，增加学生的知识深度，达成设定目标。课后，发布在线作业，上传拓展资料，帮助学生巩固知识，支持学生进一步学习交流。线上线下混合教学，打破了时间和空间的限制，学习方式灵活多样，线下课堂教学简洁直观，大量的学习资源轻松分享，生动有趣。满足了学生个性化、自主化学习的需求，过程教育也能完整体现。

二、线上线下混合教学模式的构建

（一）理论依据

《经典咖啡制作》课程是享受人力资源和社会保障部的政府补贴培训，在传统的教学中，授课教师基本按照授课大纲或统一的授课计划进行线下培训，以满足人社局的课时要求及随时的督导检查。2020年3月24日人社部印发了《百日免费线上技能培训行动方案》，明确参加线上培训的学员可按照规定享受补贴培训。在此基础上，培训学校为了满足学员的培训需求，利用网上共享平台为学员提供基础理论知识。教师基于学生的个体差异，成为学生学习的引导组织者，引导学生在互动分享过程中，掌握方法与原理，能自主尝试解决问题。

（二）混合模式的优势

线上线下混合教学模式集中了课堂教学和线上教学的优势，能够更好地调动学生的积极性和主动性，上课可以更加有的放矢，而且，线上教学平台可以整合大量的优秀教学资源，很多示范课程可以比较容易引入课堂。另外，相对传统教学模式，线上教学能够完整地记录学生的整个学习过程，帮助学生重视过程性学习。

（三）经典咖啡制作课程混合教学模式教学方案

课前线上自主学习	教师	上传教学资源	发布学习要求	布置实训内容
	学生	线上自主学习	提出重点难点	准备实训材料
课中线下课堂教学	教师	重要知识点讲解	线上教学资源学习互动	点评总结
	学生	汇报分析	实训操作	相互讨论
课后线上拓展练习	教师	教学反思	作业布置	拓展资料分享
	学生	完成作业	学习体会	教师评价

1. 课前线上自主学习。课前预习是学习过程中非常关键的一部分。《经典咖啡制作》的传统教学中，因为是技能兴趣班，一般不对学员布置提前预习任务。现在，通过中国职业培训在线平台的咖啡制作的基础知识视频分享，班主任在该学习平台上建立了该课程和班级学员信息，学生确认加入班级，平台之外，班级微信群的建立将课程交流随时化。在课堂教学开始之前，教师根据需要推送相关的资源，并制定课程的学习任务。职业培训的对象一般都是在职人员，建立线上教学满足了学员利用碎片化时间随时进行预习学习的需求。教师关注学员的预习进度，对学员遇到的问题进行汇总，方便在课堂教学时能够进行重点讲解，实训演示并展开讨论，对于一些基础的知识，在课程上则可以一带而过，或者进行拓展延伸讲解，增加学员的知识量。

2. 课中线下课堂教学。《经典咖啡制作》的传统教学高度重视学员的实训操作，在每一次的课程中也强调学员的实训演示。基本上是教师边讲解边演示，然后学员进行实训操作。在此过程中，部分学员对为什么进行这样操作一知半解，或者觉得就这么跟着多练习几次就掌握了操作的要领，于是放弃了探究的必要。实行混合教学模式后，在课中首先对上节课的知识进行复习，对新的知识点进行讲解，对学员在预习过程中遇到的重点难点进行答疑及拓展讲解，引导学员进行自主讨论，充分调动学员的主动性和积极性。在关键要点讲解结束后，安排学员直接进行实训操作，观察学员对知识点掌握程度，对一些错误或者不到位的操作，学员之间相互点评和纠正，教师注意总结，最后教师进行规范性的操作演示讲解，这样，学员基本能做到融会贯通。

3. 课后线上拓展练习。《经典咖啡制作》的传统授课中，学员关注实训操作，下课后没有实训设备学员就没有了任务。混合教学模式中，课后教师通过平台或者微信群下发讨论题、教师课件、教师示范操作视频等，学员反复观看，这种形式比较灵活自由，能启发学员进行深入的思考，同时学员完全可以利用闲暇时间来安排复习。对于不理解的问题，随时向教师提问，极大地提高了学习的效果。

三、经典咖啡制作课程混合教学模式实践

现以《经典咖啡制作》课程教学为例，阐述线上线下混合教学模式的具体实践。

1. 课前线上自主学习

序号	资料类型	资料名称
1	书本	安全卫生要求、操作需要设备
2	教学视频	《半自动压力咖啡机结构》《意式浓缩咖啡制作流程》
3	PPT	使用半自动压力式咖啡机制作意式浓缩咖啡
4	问题思考	什么是意式浓缩咖啡？食品安全和安全卫生操作的关联有哪些？

教师将基本安全知识布置给学员，提出大食品的概念，让学员去拓展安全卫生操作和咖啡食品的关联。在安全的前提下，去思考什么是意式浓缩咖啡。因为很多人并不能真正区别咖啡店琳琅满目的咖啡品种，教师有意识地引导学员去了解意式浓缩、美式、拿铁等的区别，帮助学员真正地理解咖啡的内涵。在此基础上指导学员去观看教学视频《半自动压力咖啡机结构》《意式浓缩咖啡制作流程》，思考常见的咖啡概念到底是什么，讨论对食品安全知识的理解、对用电安全的意识等，这些

在微信群可以随时去讨论沟通，通过在中国职业培训在线平台观看小视频或者教师发布的小视频，初步了解咖啡机的结构、意式浓缩制作流程及注意事项。

2. 课中线下课堂教学

序号	教 学 形 式	教 学 内 容
1	学员分组讨论、总结预习心得	安全知识、咖啡的基本概念
2	教师演示讲解	咖啡机、磨豆机的结构及使用
3	学员尝试实训操作	意式浓缩咖啡制作
4	师生互动交流	学员相互点评操作，教师总结
5	教师示范操作	教师规范性示范，并拓展讲解意式咖啡的相关内容

本段内容是授课教师和学员的讨论。在帮助学员回顾预习内容后，教师对本节课的知识点意式咖啡的制作流程、所使用的咖啡机进行示范讲解，此讲解侧重于理论说明，包括半自动压力式咖啡机的结构、使用方法和意式咖啡制作过程中相关专业技术和名词的解释，提出学员在制作过程中要关注咖啡油脂、咖啡的萃取参数等内容。学员带着问题进行意式浓缩咖啡的制作，教师和其他学员观察，指出操作过程中不规范的地方，解释为什么咖啡流速过快、过慢等现象，最后由教师进行示范操作，从准备杯碟工作开始，调节磨豆机的研磨度、完成萃取，在此过程中从体积、油脂、咖啡液浓度、时间等方面对标准意式浓缩咖啡、短萃意式浓缩、长萃意式浓缩以及冰意式浓缩的区别进行初步讲解，为后面的课程埋下伏笔，也为学生的课后思考提供方向。

3. 课后线上拓展练习

序号	形 式	名 称
1	内容巩固	意式浓缩咖啡制作的注意事项
2	小组讨论	不同的萃取方式对咖啡口味的影响
3	资料查阅	咖啡萃取油脂的影响因素

课堂教学结束后，教师根据课堂的反馈对比较难的知识点提出巩固要求，比如在咖啡萃取前为何要进行排水降温？如何根据流速判断咖啡豆研磨的粗细？这些学员常见的难点仅通过一堂课都是难以融会贯通的，必须结合课后的自我复习、思考

进行巩固。学员则需要根据老师提出的问题提交复习心得，内容字数形式不限，方式灵活。这些反馈既可以将知识点内化，又可以帮助教师进一步去优化线上线下混合教学。

四、师生对混合教学模式的反馈

本研究对课前、课后的部分内容进行了摸索性的尝试。通过前期的筹备、和教师的个别访谈以及学员的反馈来看，总结如下：1. 线上线下混合教学颠覆了教师传统的教学思路，特别是技能培训教师对实训操作烂熟于心，而且一般从教多年，往往是走进课堂信手拈来、娓娓道来，这次的混合教学模式帮助教师重新梳理了知识点，对教学内容进行了精心的设计，确立了教师的主导地位，对教师的教学能力进行了全方位的提升。2. 学员抱着兴趣而来，课堂上看老师实训演示，自己动手跟着操作，往往是课堂上兴趣盎然，出了教室再回想今天学了什么，可能就一知半解，而线上线下混合教学使得学员主体地位得到落实，自主学习能力得到了极大提升，对知识的掌握能够驾轻就熟。3. 现有资料显示，在缺少现场实训的条件下，对咖啡制作课程的传授、理解和学习的影响较小，特别是有一些工作繁忙，不能每次到课的学员表示，如此详细的课前课后线上内容，除了没动手，感觉掌握的内容比之前一次线下课丰富多了，这充分说明了线上教学的有效性，对全面实施线上线下混合教学奠定了基础。

五、线上线下混合教学模式的思考

本论文研究是基于黄浦区业余大学校本课题"《经典咖啡制作》课程线上线下混合教学融合模式研究"的前期筹备实施过程，仅针对线上部分进行了初步尝试。结果发现对停课期间该课程的持续性教学起到了极大的辅助作用。通过对教师和学员的调查反馈发现，不论对教师的教学还是对学员的学习兴趣、知识掌握都起到了积极的作用。为了进一步激发学员学习的主动性，有效推进线上线下混合教学模式，我们还需要对以下几方面进行深入的思考。

1. 充分挖掘线上教学资源

高质量的线上教学资源是提升教学质量、激发学员学习兴趣的基础。目前网络上充斥着各种参差不齐的教学资源，线上教学虽然方便了教师对资源的利用，但是一些优质的教学资源往往涉及版权问题，并不能随心使用。所以，在有效利用网上资源的同时，教师应充分发挥上海市就业促进中心为各培训机构搭建的教研组平台，与各培训机构优秀的教师合作制作经典的咖啡课程小视频，既解决教师个人的局限性，不涉及版权问题，又发挥了群体教师的优势。另外，教师要不定期地参考咖啡行业里的一些活动、论坛，利用好咖啡行业协会平台里大量的优秀咖啡企业，他们各式各样的咖啡制作流程、不同型号机器的操作，不同实习学员的示范操作，这些第一手的资料均可成为课堂丰富的教学案例，教师自身也可获取最新的咖啡行业动态，提高自己的专业水平！

2. 提高教师信息技术应用能力

当前，信息技术发展日新月异，和教育的融合日益紧密，而我们技能培训却停留在传统的水平上，特别是很多鉴定项目培训教师还是传统的应试教育，只针对题库进行讲解，重视鉴定结果，忽略对知识的更新，更谈不上对信息技术的与时俱进。事实证明，线上线下混合教学模式的推广跟教师的信息技术应用能力以及所使用的教学平台有着极大的关系，会严重地影响教学质量。技能培训积聚了一批年龄较大的教师，接受新知识的能力有些欠缺，从而对线上教学持排斥态度，因此我们需要加强对教师的培训，提高教师的信息化素养，将线上线下混合教学有机整合起来。另一方面，培训机构在使用中国职业培训在线的时候，发现疫情期间使用人员剧增的情况下，平台经常出现无法登录等不给力的情况，所以，在条件允许的情况下，培训机构也可以尝试开发学校的自有网络平台，这样对教师自行开发的课件只开放给本校的学员，对教师的优质课件起到保护作用。当然，这都需要教师具备一定的信息化素质，能开发出优质的线上教学资源。

3. 坚持理论实践一体化教学

《经典咖啡制作》课程是一门实训操作性极强的技能培训课，传统的教师往往重视技能实训操作课程，对理论部分只是提供常规的鉴定题库，让学员去死记硬背基本知识点。线上线下混合教学模式的推广，首先强调了基础理论知识的理解，这对教师和学员都提出了一定的挑战：教师要注重培养学员理论与实训紧密结合的习惯，帮助学员从平常实训动手变成知其然也要知其所以然，而学员因为课程的要求，必须进行预习复习，才能避免课程上一头雾水的状况发生，这种变化真正体现了职业技能培训对理论和实训一体化的要求，对提高职业技能培训的质量是一种及时有效的转变，期待职业技能培训能够因为疫情而对线上培训实现更广范围内的接纳。

（上海市黄浦区业余大学　陈永红）

媒 介 篇

供给侧改革为成人高校转型发展再展"新灯"

教育与技术是"孪生兄弟"，有着密切的关系。教育借助技术而发达，技术依仗教育而显威。教育与技术的高度融合，成为现代教育的基本特征。

　　先进的教育技术，为供给侧改革提供了强劲的动力，成为促进成人高校转型发展的"再生力量"。

　　先进的教育技术，可以提升课程内容的分量，增强课程传授的能量，可以丰富课堂教学的手段，展现课堂互动的魅力，是供给侧改革的利器。

　　供给侧改革为成人高校转型发展再展"新灯"，这个"新灯"因信息技术的广泛运用而增辉，因人工智能的强劲支撑而显神韵。

改变学习资源的内容及其呈现方式

——基于微信公众平台《市场营销学》课程学习资源设计的实践与研究

一、研究背景

2019年2月，中国互联网络信息中心（CNNIC）在国家网信办新闻发布厅发布的第43次《中国互联网络发展状况统计报告》显示：截至2018年12月，我国手机网民规模达8.17亿，网民中使用手机上网的比例由2017年底的97.5%提升至2018年底的98.6%。2018年，我国网民的人均周上网时长为27.6小时。随着我国信息化水平的不断提高，网络技术和通信技术的不断发展，在发达地区，只需要一部智能手机就可以立刻查找到想要了解的信息与资讯，以及解决在工作、生活、学习上的诸多问题。智能手机在不知不觉中融入了人们的日常生活，"使用智能手机处理一切"似乎已逐渐成为一种生活习惯，这也对人们学习习惯的改变带来了革命性的影响。

2018年，移动网民经常使用的各类App中，即时通信类App用户使用时间最长，占比为15.6%。微信，作为即时通信类应用中的领军者，目前拥有着数量庞大且活跃的用户群体。微信于2012年推出了"微信公众平台"业务，支持多种形式的信息及资源发送，如文字、图片、音频、视频等，可提供多样化的内容和实时性的交流。智能手机时代下，"微信公众平台"作为移动学习的辅助平台，有着巨大的发展及应用前景。

二、研究意义

以移动媒体为代表的新媒体环境已日渐成为传播和交流信息的重要载体，人们获取信息的新途径主要来自以用户和社交为中心的社会化阅读，移动学习、微型学习、泛在学习等学习新模式不断涌现。如今，传统的课堂教授模式已经难以完全满足学习者取得知识的需求，电脑端式的线上学习使用频率也呈逐年下降趋势，而手机成为学习者最优先选择的学习媒介，因此，学习资源的输出渠道与输出内容也亟待改变。移动媒体赋予了学习者随时随地学习的可能，因而，学校必须适应当下移动学习的新场景，实现学习资源"随时随地可获得"。

本文旨在利用微信公众平台，设计符合业余大学学习者学习需求的课程移动学习资源，改变学习资源的内容及其呈现方式，以激发学习者的学习兴趣、提高学习者的学习效率、转变"教师为中心"的教学模式、实现基于微信公众平台的移动学习环境。

三、基于微信公众平台课程移动学习资源的设计

（一）理论基础

1. 非正式学习理论

非正式学习理论最早出现在林德曼的作品中，直至1950年劳勒斯明确引入了非正式学习这一术语，20世纪末，各国研究学者开始对其进行成体系的研究。

学者马席克通过对非正式学习与正式学习的比照来对非正式学习的概念进行分析，他认为非正式学习具有如下特征：非正式学习发生在人们的日常生活中；非正式学习的发生源于个体的心理变化或情境触发；非正式学习大多数情况下是一种非意识化行为；非正式学习往往是随机出现的；非正式学习是对个体反思的实践体现；非正式学习和各种学习方式之间存在联系。

我国的余胜泉教授认为："非正式学习是指在非正式学习时间和场所发生的，通过非教学性质的与社会日常交往来传递和渗透知识，学习的动机由学习者自我发起，学习的内容与学习的进度由学习者自己调控，学习的评价由学习者自己负责评估。"

综合来说，非正式学习就是在正式课堂学习以外的学习，可以不受时间、空间所限制，是一种随时随地获取且形式多样的学习方式。非正式学习理论为基于微信公众平台的课程学习资源设计与实践的可行性提供了理论依据，让课堂外的非正式学习资源得以创建与延伸。通过建设多样化、模块化的学习资源，帮助学习者聚焦核心知识点、开阔学习视野，并满足学习者移动学习的要求，开展有意义的学习。

2. 多媒体学习理论

理查德·迈耶基于认知主义学习理论的基础，提出了"双通道假设""有限容量假设"和"主动加工假设"三个假设，建立了多媒体学习的认知理论。他认为，多媒体学习将词语和画面有效整合在一起，便于学习者通过视觉表征和言语表征之间建立联系，加深对学习材料的记忆和理解，从而使得学习者能对同一学习材料的多种表征进行建构和协调。

迈耶结合认知心理学与建构主义教学理论和多媒体学习研究实验结果提出了多媒体信息设计原则，包含多媒体认知原则、空间邻近原则、时间邻近原则、一致性

原则、通道原则、冗余原则、个性化原则、分割原则、强调原则、声音原则等。

多媒体学习理论及多媒体学习原则对基于微信公众平台的教学资源的设计有一定的指导意义，针对不同类型的学习资源选择相对应的媒体呈现形式，从而提升课程教学资源设计的质量并有效提高学习者的学习效果，帮助学习者完成知识建构，促进学习者有意义学习的进行。

（二）学习特征及课程特征分析

1. 学生分析

上海市黄浦区业余大学的教学对象为成人。通过与部分在校及历届学生的交流访谈，总结出成人学习者在学习上存在的困难：其一，成人学习者的工学矛盾较为突出，经常会因为工作或家庭的原因缺席课堂面授课；其二，由于成人学习者需要利用业余时间开展学习，在课外要做到像在校生那样长时间地专注学习对他们来说存在一定难度；其三，成人学习者对获取即时资讯及实践知识的需求比普通在校生更为强烈，但课堂学习时间有限，课堂内的讨论与拓展往往无法对接他们的实际需求。

据了解，目前黄浦区业余大学的学习者大都乐于使用手机来获取学习资源，且具备利用移动学习资源进行自主学习的能力。基于微信公众平台的《市场营销学》课程移动学习资源的创建，能够缓解黄浦区业余大学学习者的工学矛盾，帮助学习者通过利用移动学习资源补足、巩固和拓展课程知识，实现碎片时间里的碎片化学习，将课堂课外内容相融合。

2. 课程分析

《市场营销学》课程是一门实践性较强的学科，内容包含市场营销观念的演变、市场营销环境分析、市场营销调研、竞争策略、目标市场营销及营销组合策略等基本理论和方法。本课程涵盖的知识点较为密集繁杂，内容由浅入深、由点至面，由此形成完整的知识网络体系。

同时，本课程最大的特点在于课程内容与学习者的工作和生活十分贴近，兼具趣味性及应用性。在日常生活中有许多与课程理论知识相贴近的实践案例，随着课程的推进，不断有新的实例涌现，可供讨论与分析。

在微信平台开展《市场营销学》课程的学习活动，有利于将密集繁杂的知识点进行碎片化的整合，有利于进行课程知识的拓展及讨论的开展，有利于学习者对所学内容进一步深入吸收。

（三）移动学习资源设计

1. 设计原则

根据学生特征分析及课程情况分析，对《市场营销学》课程学习资源进行设计。在资源的设计上遵循以下原则：第一，碎片化。将课程学习内容以碎片化呈现，以"精"和"简"为准则划分成学习者易于接受的知识点段落。第二，实用化。创建基于微信公众平台的学习资源，是出于便于学生移动学习的目的而做。因而，在资源的设计呈现上应体现学习内容的实用性及易理解性，方便学习者在浏览中即时理解消化。第三，灵活多样。学习资源在呈现形式上可以是多种多样的。学习资源的内容以学习者最容易接受和最容易吸收的媒介形式提供给学习者，可以是复合形式的，从而在潜移默化中提高学习者的学习效率。第四，完整化。知识点的划分要始终满足完整原则，平台上所有该课程的知识组块的结合最终组合成课程的知识地图，完整地呈现出《市场营销学》课程核心的知识全景。

2. 媒体设计

媒体设计依据多媒体信息设计原则，创建文本资源、图片资源、视频资源和动画资源等。

文本资源。文本是生活中使用最为频繁的一种信息表达方式，在移动资源的设计上可以用来描述课程内容中的基本概念。在设计时，文本资源尽量精炼，考虑文本的长度、篇幅和格式等。在文本的排版及设计上，合理运用色彩、字号、粗细等格式，吸引学习者阅读并突出学习重点（见表1）。

表1：《市场营销学》课程文本资源设计

资源名称：市场营销环境	资源标题：宏观市场营销环境
资源字体：宋体	文字色彩：白色、灰色、蓝色
学习内容：了解宏观市场营销环境的含义，掌握宏观市场营销环境的具体构成。	
呈现形式：	

　　图片资源。图片资源通常能带给学习者直观的感受，相较于文本资源更具视觉冲击。同时，图片资源可以对文本资源进行补充及丰富，图文结合的资源往往比单一的文本资源或图片资源取得更好的效果。在设计时，应考虑图片的大小、格式、分辨率等是否合理，以及所选取的图片是否能精准地做出表达和呈现（见表2）。

表2:《市场营销学》课程图片资源设计

资源名称：市场营销战略	资源标题：波士顿矩阵法
图片格式：JPG	图片大小：50 KB
学习内容：波士顿矩阵法的基本原理、基本步骤及应用法则。	
呈现形式：	

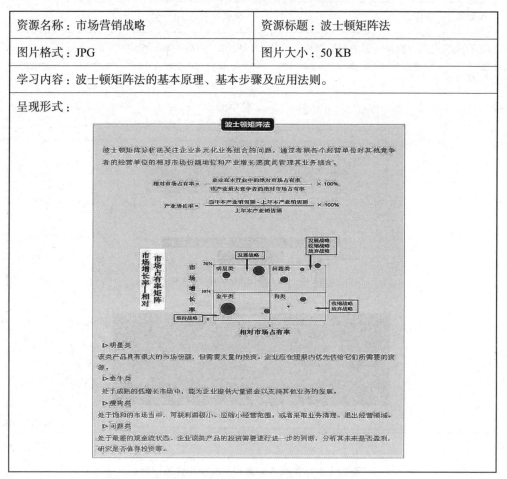

　　视频资源。视频资源能给予学习者最直观的体验，在众多资源中是较能吸引学习者注意力的一种资源形式。在《市场营销学》课程的视频资源设计上，分为转载视频资源和自制视频资源两类。转载视频资源就是那些网络上现有的、与本课程教学内容相匹配的视频内容段落，是由教师在网上筛选的；自制视频资源为教师本人亲自录制的，主要是对于课程重点、难点部分的精讲。自制视频在制作上注重对于

内容的把控、画面的呈现、讲授时的语音语调、时间的控制及背景音乐的搭配等，力求在5—10分钟内完成对知识点的精炼表达（见表3、表4）。

表3：《市场营销学》课程转载视频资源设计

资源名称：内容预告之促销策略	资源标题：公共关系
视频格式：MP4	视频时长：10分钟以内
学习内容：观看视频，思考可口可乐公司是如何发挥"公共关系"作用的。	

呈现形式：

表4：《市场营销学》课程自制视频资源设计

资源名称：课程导学	资源标题：微课视频
视频格式：MP4	视频时长：10分钟以内
学习内容：《市场营销学》课程的导学。包含对于"为何学""学什么"和"怎么学"三个问题的解答。	

（续表）

呈现形式：

动画资源。动画资源能将抽象的原理转化为直观的模型，帮助学习者降低学习难度。动画可以展示知识的过程，生动形象的动画资源可以帮助学生提升学习效率。在设计时，动画画面应保证连贯，清晰流畅。

3. 板块设计

在公众微信平台的资源呈现上，共分为五大板块：学习预告、知识库、趣味集、内容回顾和每周一练。

"学习预告"板块，是在每次面授课前对即将学习的内容向学习者的提前告知。该板块可以帮助学习者预先了解将要学习的知识范围，提示学习重点与难点，并提出思考题，有助于在课内进行互动讨论。

"知识库"板块，由打碎的知识点构成。通过对"知识库"的点阅，学习者可在课下对知识内容进行巩固。对于存疑或一知半解的知识点，可通过该板块进行补足，减少出现知识链断层、学习跟不上的情况。

"趣味集"板块，是对课外内容的拓展与补充。"趣味集"用于发布与《市场营销学》课程内容相关联的实践案例和即时资讯，可以让学习者在第一时间获取与课程理论知识挂钩的实例，是对课堂内容的延伸与扩展。"趣味集"板块能够丰富教学维度、增强课程的实践性与应用性。比如，在一则"趣味集"中，通过观看益达口香糖的广告视频，引导学习者发现其在广告语的设计上所蕴藏的营销理念。

"内容回顾"板块，是每次面授课后对已教授内容的浓缩，涵盖较为密集的知识串联。学习者在遇到工学矛盾、无法参与面授时，可经由该板块进行"补课"，避免课程学习出现断档。

"每周一练"板块，是匹配课程学习进度的配套测试与练习。通常由单项选择题、多项选择题和判断题这三类客观题型所构成。主要用于检验学习者阶段性的学习成果，起到自测和巩固的作用（见表5）。

表5：《市场营销学》课程板块设计部分展示

版　块　名　称	资源内容展示
"学习预告"板块	
"知识库"板块	
"趣味集"板块	

（续表）

版 块 名 称	资源内容展示
"内容回顾"板块	
"每周一练"板块	

四、研究反思与展望

（一）取得的成果

为了适应数字化学习环境，有效培养学习者的自主学习能力，提升学习者的学习素养，黄浦区业余大学开展了基于微信公众平台的课程改革。将微信中的微信公众平台作为资源的载体，将《市场营销学》课程的资源进行微型处理，搭建基于微信公众平台的移动学习环境，以期转变传统的教学模式、提高学习者的学习效率、增强学习者自主学习的水平。主要成果概括如下：

1. 实现了《市场营销学》课程知识的易学性。打碎的知识点更适合作为移动学习的资源出现在微信公众平台上。为了对课程的资源进行微型化处理，第一步就是将本门课程的知识体系切换为知识模块，再将知识模块拆分成一个个小的知识点。

2. 完成了《市场营销学》课程移动资源的设计。课程资源设计以非正式学习理论及多媒体学习理论和原则为理论指导，针对具体的知识点构思出学习内容所适合采用媒体的呈现形式，进行了媒体设计；针对学习者的学习特征及课程特征情况，进行了板块设计。

3. 获得了《市场营销学》课程学习者的使用和认可。在课程移动资源创建后，由选修该课程的学习者进行了使用，学习者使用课程移动资源完成了对课程知识的补缺、巩固与拓展，获得了学习者的认可。有的学习者还将课程移动资源转载于微信朋友圈，用于给更多人学习与浏览。

（二）不足之处

1. 资源的丰富性角度

《市场营销学》课程资源的载体以图片、文字、视频、动画等形式出现在各个资源板块中，资源内容主要围绕着课程的核心知识点展开。从资源的丰富性角度来看，尚有继续添加和丰富的空间。

2. 微信公众平台的功能利用角度

课程在资源的设计与制作上运用了平台"素材管理""留言管理""投票管理""自定义菜单"等功能，但对于其他一些可用功能还未深入涉猎，在对微信公众平台功能的使用上还可更进一步。

3. 资源内容设计的可看性角度

课程资源内容的设计由教师个体独立完成，必然存在一定的主观性，在今后资源内容的设计和补充上应更严谨和全面；在资源美观度、设计感上，资源的排版与美工有待进一步加强和完善。

4. 资源制作的技术水平角度

移动资源中的自制视频的录制、剪辑、配乐等均由课程教师一人完成，由于制作技术水平相对有限，在视频资源呈现的精致度上稍显不足，有待进一步加工提高。

（三）展望

1. 进一步丰富课程资源内容

在现有资源的基础上，进一步完善基于微信的微型移动学习资源设计移动学习资源的分类，更深入地解读移动资源的设计原则，完善现有资源的设计与内容，并进行资源的进一步扩展。

2. 深入挖掘微信公众平台功能的使用

开发更多微信公众平台适合课程资源设计与呈现的其他功能，如"小程序""自动回复""搜一搜"等。比如尚未充分利用的"自动回复"功能，当学习者需要对某个资源进行锁定时，学习者无须在平台上来回翻阅查找，而只需要通过键入学习资源的关键词，就可获得与关键词相关联的系列资源。借助更多微信公众平台的功能，提高课程资源使用的实用性和便捷性。

3. 提高教师多媒体技术水平

为了适应现代教学的需要，教师要不断提升多媒体技术水平，大力提高信息化技术所要求的综合信息素养。参与多媒体教学辅助技术的相关培训，学习视频制作、图片处理等方面的专业技术。或在基于微信公众平台资源建设工作中引入团队协作，提升移动资源设计与制作的整体水平。

（上海市黄浦区业余大学　潘文）

基于微信的混合教学模式研究

——以《经济学原理》课程为例

一、前言

网络创新给教育注入了全新的学习方式，单一的教学方法已经不能满足现今个性化学习者的需求，结合传统学习面对面讲授优势和网络学习优势的混合学习成为一种受学习者追捧的新类型。在传统教学方式下，时间和空间上都是相对受限，教学也呈现了许多不足，学生无法很好地融入信息时代自定步调、个性化、自适应的学习方式，以至于学习兴趣欠佳、学习效率低下。笔者的学生都是成人学习者，这些学生大多数利用工作之余来学习进修。因此，本文将利用微信平台，结合混合学习理论，以经济学课程为例，对混合教学模式应用进行探索研究。

二、基于微信的混合教学模式的理论基础

（一）混合学习界定

传统的教学模式中提倡教师教、学生学的教学模式，学生处于相对被动的学习状态，这使得学生学习效果不佳，传统的教学方式已不符合培养现代化素质人才的客观要求。混合学习模式以综合运用学习理论、技术手段和应用方式来实施教学，有机地整合面对面的课堂学习和在线学习，实现优势互补，由线上自主学习和线下面对面学习相结合。在整个教学实施的过程中，可以实现教学媒体、教学方法和教学策略的优化组合。对于"经济学"这样的理论课程而言，要求学生能够全面理解经济理论的逻辑，同时能对经济现象进行解释。为达到这一目标需要有案例教学、互动学习、课堂练习等教学手段。混合学习模式以学生为主体，教师为主导，融合了线上线下，使学生能够在线下对重难点知识反复思考，课上则可以进行更多的讨论和逻辑分析。

（二）微信特点及其在教学中的优势

微信已成为受众最多的实时通信软件。由于广泛普及，尤其是年青一代更是最主要的受众群体。其主要特点有：1. 操作便捷。微信是手机终端的应用软件，功能分区明确，没有复杂的操作流程。2. 交互实时性。微信主要是以移动终端为主，内

容比较精炼，推崇小而精，相较网络教学平台和QQ、微博等社交软件是基于PC端，微信移动即时通信可随时地进行交流互动，且实时显示对方的实时输入状态。

微信在教学中体现出的优势也非常明显。笔者的教学对象都是成人学习者，大都有自己的固定工作，这样就使得成人学习者在学习时间上具有局限性，并且成人学习者的生活环境、工作环境不同，使得成人学习者不能在相对统一、固定的时间和地点进行学习。微信平台的应用正好弥补这一空白。利用碎片化的时间学习"零存整取"。每个主题细化为小的具体的知识点，学习者只须消耗少量的时间进行微型学习，就能有针对性地解决重点和难点，可以作为一种辅助工具，补充和拓展课堂教学，避免成人学习者时间和空间上的限制，根据自己的实际情况灵活安排，个性化学习。微信群、微信公众平台等都可以资源共享，学习者也可以利用多样的学习资源自主学习，且微信操作的便捷和交互的实时性为学习者的协作提供了便利，遇到疑问可及时交流解决。在微信辅助下的混合学习模式可以延伸课堂，促使学生课后巩固知识，促进知识内化。

三、基于微信的经济学混合教学模式的设计构建

经济学原理作为经济管理类专业核心基础课程，研究的是经济运行的基本原理，具有较强的理论性，对初学者来说内容较抽象和不易理解，在教学设计上要以学生的需求出发，不同的学习者对于学习资源的需求不一样，根据学生个体情况，准备形式多样的学习资源和制订教学计划。

在混合式教学模式中，有不同的教学媒体，其学习环境、学习内容、教学工具、交互方式都与单一的传统学习或单一的网络学习有差别。混合学习强调教师的主导性和学生的主体性并重。而本文研究的主要是基于微信平台的混合教学模式设计构建。如何有效地发挥出教学模式的优点，涉及前端分析、课前课中课后活动与资源的设计、教学评价设计等。基于微信的混合学习下的教学思路如图1所示：

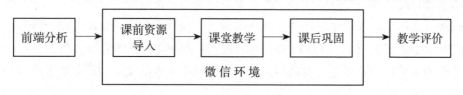

图1：混合学习思路图

混合学习模式由前端分析、混合学习过程设计、教学评价三部分构成。第一部分前端分析包括对学习目标、学习内容、学习者特征和学习环境分析。第二部分

混合学习教学过程设计最为重要，主要有课前预习、课堂讲授、课后巩固及延伸组成。教师在课前把整理好的资源通过微信平台推送给学生，学生通过此进行课前预习，掌握课程计划和内容并借助微信群和教师、同学交流解决问题。课后，教师把整理好的易错易混淆点，以及课后知识的延伸学习通过微信公众平台发布，供学生自主选择。在整个混合学习教学活动中，教师都参与微信群的交流、讨论，通过已获得的教学反馈动态，改进教学活动，使教学更符合学生的实际学情。教学评价是混合学习思路的最后部分。评价中形成性考核贯穿整个混合学习教学活动始终，采取形成性考核和期末终结性考核相结合的方式，期中形成性考核评定应充分考虑学生的学习态度、在微信上的活跃程度、完成任务情况等方面。

（一）前端分析

一是学习者的特征分析。学生来源广，基础不一，整体相对较弱，且接受新知识的能力不同。由于学生是非全日制的，很多成人学生在下班之后或周末来进修学习，所以难免有工学矛盾产生。《经济学原理》课程本身理论性、逻辑性较强，概念抽象，如消费者行为理论、生产成本理论、国民收入决定理论、宏观经济政策等，教师在课程前可以通过微信平台采用调查问卷的方法对学生进行简单的调查测试。调查显示，100%的学生都用的是智能手机，而教师提出的微信平台的混合教学模式，学生都有兴趣。另外，学生对于生活中的经济学也饶有兴趣，希望通过这个课程的学习，对自己的工作生活有所帮助。二是学习目标的分析。《经济学原理》是一门涉及很多理论的课程，教学内容上要注重适用性、实用性和应用型，把经济学原理和生产生活实例完美融合，以培养学生的经济学思维为核心，提升学生的职业发展能力。学生能够运用经济学的基础理论和有关原理，解释和探索本专业领域内的相关问题，紧密联系实际，养成自学能力与主动解决问题的能力。三是学习环境分析，利用微信公众平台和微信群来辅助教学，创建课程的学习交流群，要求本学期参与课程学习的所有学生入群，并进行实名认证。创建微信公众号，教师个人申请普通订阅号类型的微信公众平台。学生可以通过搜索微信公众号或通过扫描二维码的方式添加。当学生成功关注并进入微信公众号平台时，自动为用户推送公众号欢迎消息，教师在后台可以识别出关注公众号的同学的微信号。随着课程的开展，上传于平台的资源也日益增多，学生可以利用平台的关键词回复功能查询学习所需的资源，实现自主学习。

（二）学习活动和资源的设计

课程的学习活动是一个连续进行的过程，教师可以将其分为课前、课中、课后三个阶段。

1. 课前资源导入

根据前期学生的特征分析和课程内容，教师利用微信公众平台的消息推送功能实现对学习内容的告知、视音频学习资料的分享，提前把图片、文字、视频等方式的资源上传，解析重难点，学生明确学习目标、学习内容和学习内容后，方便学生自主预习。学生在课前阶段的预习过程中，产生的疑问可以在微信或课程微信群向老师和同学寻求支持。一方面通过提问，教师可以对问题归纳整理，针对问题了解学生的预习情况。另一方面也在培养学生的自我学习的能力。比如，在学习熟悉"市场运行"这章内容时，提前通过微信公众平台导入关于需求与供给、均衡价格、需求价格弹性的知识点的PPT课件、视频和延伸阅读资料，明确学习目标和知识点。

2. 课堂学习

通过课前的预习，学生基本把握了即将学习的内容，教师基本掌握了学生存在的问题，比如有些知识点太难，学生无法通过自主学习的方式掌握，继而针对学生的问题着重分析探讨，解惑答疑，集中讲授，而学生通过课堂中学习合作探究，完成课堂学习任务。课堂中有侧重地对知识进行剖析，学生也能获得更深层次的理解。比如，在课堂互动探究环节，以冰激凌市场为例，冰激凌的需求或者供给如何变动，均衡如何变动；引入薄利多销和谷贱伤农的案例探究需求价格弹性和总收益的关系，以此进一步加深学生对这些知识点的理解和掌握，并提出一些理论联系实际的问题供学生思考，以提高其思维能力和解决问题的能力。

3. 课后学习阶段

课后应该是对课堂的巩固和拓展。上课时间，因为课时有限，教师对于知识的传授不可能面面俱到，因此教师利用微信公众平台的消息推送布置作业，巩固复习知识难点，针对教学中出现的问题和难点，教师还可以通过微信群与学生讨论，学生可以通过聊天记录功能查询知识点，还可以借助点对点交流直接向教师寻求帮助。这样的方式下，教师可及时获得学生学习的反馈，进而动态地调整接下来的教学内容和进度。基于微信平台的多种交互方式，最大限度上实现资源的共享和提高课后的学习效率。

（三）教学评价设计

教学活动的进行是教师教学生学习的一个过程，采取科学的评价方法，对教师的教学能力和学生的学习效果、教学资源等做出有依据的判断，所以评价的过程也是一个双方的过程，是对教与学过程的监管与控制作用。对于教师而言，借助微信公众平台，利用后台的图文数据统计分析、学生的探讨交流信息，把握学生对当前教学的学习状况，以及针对学习中遇到的难点、内容兴趣点等状况，及时做出方案的调整，以更加切合学生的学习实际情况，增强教学效率。因为混合学习模式更加注重过程性，教师将学生在各个环节的表现合理纳入整体考核结果中。而教师在完成以上教学环节后，需要总结教学活动的效果，可以通过发放调查问卷和开展自我评估的方式，总结遇到的问题，并不断加以改进。

四、基于微信公众平台的混合式教学模式实施效果

《经济学原理》是一门涉及内容比较多，理论性很强的课程，如果完全通过课堂教学完成教学任务，培养学生的综合能力，通常是无法实现的，这也是为什么教学效率低，学生学习不积极的问题，其主要冲突在于没有能有效解决课时有限、课程内容多和成人学习者的工学矛盾等问题。第一，混合式教学的初衷就是要充分调动学生学习的主动性和积极性，通过学生和老师的互动探索来提高教学的效果。因此，混合式教学更适合小班教学，且符合当下情况。第二，基于微信的混合式教学模式，实现效果是显而易见的，教师提前将新内容关键点告知、视音频学习资料分享给学生，不但可以培养学生的自我学习自觉性，提升学习能力，增强了碎片化时间利用率，还解决了课程内容繁多的问题。第三，基于微信的混合教学模式有助于对学习过程进行全过程的指导，学生可以在课下利用微信平台按照老师的指导对所学内容的若干知识点进行有针对性的学习，而在课上老师和学生利用面对面的机会可以进行更高效的沟通。这也就协助老师处理好内容深度、广度与时间有限的矛盾。

《经济学原理》混合教学的实践还须在今后进一步探索。挖掘微信更多的教育手段，加强对学习者的督促和管理，不断优化基于微信的混合学习设计，使其更符合成人学习者多元化的学习需求。

（上海市黄浦区业余大学　谢芸）

移动教学模式的实践与研究

——以开大软件工程专业《数据库原理及应用》课程为例

一、研究背景

移动教学是指教师和学生之间利用移动网络和移动智能终端，实现交互式的教学活动，这种教学活动打破了时空的限制，使得师生之间、学生之间可以随时随地开展教与学。

近年来，微信应用在智能手机上悄然兴起。随着宽带、5G网络等通信技术的迅速发展和使用成本的降低，以及免费WIFI的覆盖率升级，致使人们都乐于通过智能手机的微信App便捷而经济地来获取各种信息资源；同时，智能手机和微信应用在年轻人中颇受欢迎，针对成人学生的问卷调查表明，智能手机拥有率和微信App使用率都达100%。另外，微信具有操作简便、交流高效、信息推送精准等优点。这些都为实现基于微信平台的移动教学奠定了基础。

二、研究目标和意义

分析传统的成人教学模式，存在以下问题：一是部分工学矛盾突出的成人学生，无法参与所有的传统教学活动；二是没有参加面授课的学生，落下的课程无法弥补；三是学生与教师之间缺乏充分的沟通与交流。因此，利用移动智能终端和随处可得的无线网络资源，开展移动教学的研究，对缓解成人学习者的"工学矛盾"有着重要的现实意义。

本文以黄浦开大软件工程专业的《数据库原理及应用》课程为例，针对成人教学的实际，探索合理的基于微信公众平台的移动教学模式，并尝试应用于实际的教学当中，为成人教学改革提供借鉴与思路。

三、实践过程

（一）基于微信公众平台的移动教学设计

1. 移动教学的准备

教师申请课程微信公众号，要求学生关注；利用录屏软件，录制、编辑视频教程；利用图文编辑器来编辑、同步图文素材和对公众号的管理。

2.移动教学资源的建设

为了适应基于微信公众平台的移动教学特点，方便学生利用移动智能终端学习，平台资源必须满足以下特点：

（1）微小而精简

考虑到学生将通过智能手机端来浏览公众号上的资源，因为手机屏幕小，容易引起视觉疲劳，所以平台资源须满足"微小和精简"的特点，如微教程、微视频、微测试，等等。讲述1—2个知识点的图文，篇幅不宜过长；5—7分钟的教学视频，保证学生能在较短的时间内学完。精简的教学资源，既有助于学生利用碎片化时间学习，又能保证移动教学的有效实施。

（2）清晰的图片与视频资源

受手机屏幕分辨率的限制，学习资源中的图片和视频，必须达到一定的清晰度。对于计算机操作类课程，教师通过录屏软件录制视频时，对一些关键的操作细节，必须放大处理。这样即便视频被压缩后，在移动终端依然能呈现出清晰的效果。

3.移动教学资源模块设计

在设计微信公众平台上的微资源时，既要充分考虑学生的实际需求，又要与总校平台的网上资源互补，所以建议在移动平台上可以添加诸如"课程导学""重要知识点""面授课小结""作业指导""期末复习"等符合学生个性化需求的模块。

"课程导学"阐述本课程的教学计划、考核方法、作业要求，以及适合本课程自主学习的方法和可用的学习资源；"重要知识点"和"面授课小结"主要呈现每次面授课主要内容和重点知识；"作业指导"主要讲解记分作业和实验；"期末复习"主要呈现与复习考核相关的内容，包括复习视频、复习题库等内容。

4.移动教学资源的组织

教师根据课程实际教学需求，合理组织、引导和推送平台资源，例如通过合理布局自定义菜单，引导学生自主浏览和查看学习资源；对于一些与课程进度不是很紧密的内容，学生可以在公众号内输入关键字后，得到自动回复；对于与课程进度紧密相关的教学资源，如"课程小结"等内容则可以通过群发功能，精准推送给每个学生；对于学生在微信学习群中的求助，教师则可以将资源直接分享到群内，便捷高效。

只有实现充分的师生互动，才符合教学的要求，达到教学的效果。基于微信平台的移动教学模式,正是能够实现时间、空间、主体、任务分配等多维度契合,突破传统教学模式的局限,为学习者提供线上线下无缝学习的支持。

(二)基于微信平台的移动教学的实施

《数据库原理及应用》作为上海开大软件工程专业的必修课,理论性强,对学生的综合应用能力要求高。本文以《数据库原理及应用》课程教学为例,阐述基于微信平台的移动教学实施情况。

1.教学准备和学习资源模块划分

确定和申请本课程的公众号"数据库原理及应用移动学习站",并组建"数据库原理及应用"微信学习群,让学生扫码入群后,统一关注本课程的公众号,以便日后接收公众号群发信息和进入公众平台自学。

根据本课程的教学需求,将平台资源划分为"课程重点""实验指导""期末复习"三大模块。各模块资源分布如表1所示。

表1:公众号资源模块设计

课程重点	课程导学
	课程重点视频(知识点+课程小结)
	作业练习
实验指导	SQL Server2008安装指导
	实验一 库表操作及查询
	实验二 数据库设计
	实验三 数据库安全与维护
	实验四 数据库应用开发
期末复习	复习题库
	复习视频

课程重点模块包含课程导学、面授课重点视频、课程小结视频及随堂练习。课程导学在开课前推送,课程小结视频等则在每次课后推送;实验指导模块,主要针对四次实验,给出详细的图文说明及操作演示视频,还包含实验环境下载与安装的说明指导。期末复习模块包含复习题库和复习视频。图1所示为课程重点模块。

2.教学组织

(1)课程内容推送

在实际的教学过程中,教师通过公众号群发功能,将学习资源(课程小结、难点解析、实验指导视频、作业参考图文等)按照教学进程和学生需求依次推送给学

图1:"课程重点"模块

生,或针对学生个体学习的差异性,点对点推送相关的学习资源,有的放矢,实行个性化教学。既满足学生课下自主学习的需求,也弥补了缺课学生的损失。

（2）菜单与页面模板导航

在微信公众平台上,通过结合页面模板自定义菜单,组织和导航移动教学资源。进入"数据库原理及应用移动学习站"公众号,可以看到"课程重点""实验指导"和"期末复习"三个菜单项,点击后可进入对应的页面模板,浏览相应的学习资源。学生可以通过菜单和页面模板导航,快速地找到想看的学习资源。图2为菜单和页面模板导航示例图。

（3）消息自动回复与留言功能

微信公众平台提供消息自动回复功能,包括关键词回复、收到消息回复以及被关注回复。群发的图文消息,可以开通留言功能,学生可以在浏览学习后留言。消息自动回复和留言功能,都有助于师生间的互动,方便教师了解学生的学习情况。

（4）微信学习群

利用微信班级学习群和小组讨论群,充分实现师生互动。本例中,由教师组建"17秋数据库原理及应用学习群",教师通过发布群公告,将重要的作业提醒通知到

图2：菜单和页面模板导航

每位学生。学生在学习上的任何疑问，教师都可以在学习群中，为其答疑解惑。而由学生自发组建的"学习小组群"，用于完成类似"数据库设计"这类大作业，小组成员之间可以互相切磋与交流。

3.教学反馈

基于微信平台的移动教学效果反馈主要来源于以下三方面的信息。

（1）数据分析

微信公众平台的后台数据分析，包括用户分析、图文分析、菜单分析、消息分析等。通过用户分析可以了解关注公众号的人数增减及关注时间。通过图文分析可以了解群发图文送达的人数，对阅读的人数进行统计。通过消息分析可以了解学生输入关键字查询课程信息的情况。菜单分析可以从菜单点击次数、菜单点击人数和人均点击次数来全方位了解学生在公众号平台上的学习情况。根据这些数据反馈，教师可以随时调整教学策略，适当运用监督和必要的强制措施保证教学效果。

图3是本课程公众号平台各菜单项点击情况的阶段统计图。由图可见点击数最多的是实验指导模块，其次是课程内容模块，再次是期末复习模块。从点击的折线图来看，在学期初、学期中两个阶段，学生对课程内容和实验指导内容的访问量较

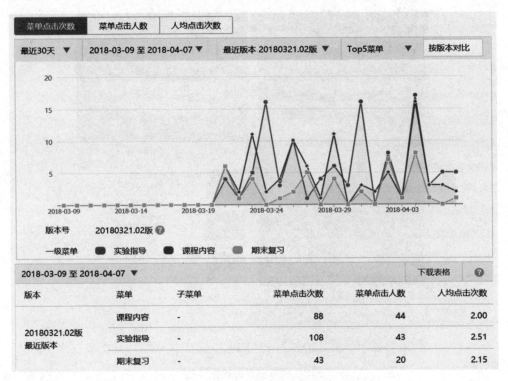

图3：公众平台学习资源点击情况分析

大，可以预测，接近学期末时，对期末复习模块的点击率必将明显上升。

（2）学生反馈

教师通过查看学生的课前课后作业完成情况，了解学生在公众平台上的学习效果；通过查看公众平台上学生留言和关键字查询痕迹，了解学生的学习情况；也可以通过直接面对面询问的方式，了解学生课下移动学习的情况。根据学生反馈，改进和调整移动教学策略。

（3）投票调查

表2"基于微信公众平台的移动学习情况"是本学期对17秋软件工程班发起的投票调查，全班同学参加了本次投票。结果显示，100%的学生都主动关注了本课程公众号；93%的学生学习了公众号推送的资源，其中近70%的学生学习了老师推送的每项资源。当问及在实验完成过程中，是否有借助公众号推送资源时，选择"是"的学生占比100%。由此可见，以学生为本，坚持"精简、实用、有效"的原则搭建的微信公众平台资源，在实际的教学过程中，发挥了积极有效的作用。最终，全班同学100%认可了这种基于微信平台的移动教学模式。

表2：基于微信公众平台的移动学习情况

调 查 项 目	选项内容	票数	百分比	备 注
是否关注了本课程公众号？	已经关注	15票	100%	全体学生关注了本课程公众号
	否	0票	0%	
是否学习了公众号推送的学习资源？	我学习了老师推送的每项资源	9票	60%	大部分同学学习了公众号推送的学习资源，占比93%
	我学习了老师推送的部分资源	5票	33%	
	我没有学习老师推送的资源	1票	7%	
在完成实验时，是否有借助公众号资源辅助完成？	是	15票	100%	全班学生都借助微信公众平台资源辅助完成实验作业。
	否	0票	0%	
利用公众号推送的资源辅助学习，对你是否有帮助？	有，非常好	15票	100%	全班学生一致认为微信公众号推送资源有助于学习
	一般，无所谓	0票	0%	

（三）教学成效

1. 构建了全新的适应成人学生的移动教学模式

通过设计开发适合成人学生的基于微信公众平台的移动教学资源，构建适应成人学生的基于微信公众平台的移动教学模式，创造性地将大众熟悉的社交软件（微信）应用于实际的教学当中，为成人教育移动学习课改提供借鉴与思路。

2. 加强师生互动，形成紧密的师生关系

学生可以通过留言或在微信学习群与教师互动，教师可以发起投票或利用后台数据分析工具了解学生的学习反馈。通过这种基于微信平台的移动教学，实现了前所未有的师生间的互动与交流，形成紧密的师生关系。

3. 因材施教，实现个性化教学

基于微信公众平台的移动教学，有利于实施个性化教学。教师根据学生的实际，建设和推送个性化的教学资源，因材施教；学生进入公众号即可选择需要的学习资源，也可通过微信学习群寻求教师在线辅导，实现个性化教学。

4. 教学成效明显，考核成绩提高

在基于微信公众平台的移动教学辅助下，大大提高了学生记分作业与实验的完成率。期末考核表现良好。以17软工为例，形成性考核优秀率为83.3%。卷面及格率为90.0%，高出平均水平5.1%。表3为17软工学生作业完成情况统计。

表3：学生记分作业与实验完成情况

百分比 17软工	完 成 率	合 格 率	备 注
记分作业	100%	100%	全部完成
实验一	100%	100%	
实验二	100%	100%	
实验三	94%	94%	仅1名同学因住院未能完成
实验四	94%	94%	

四、实践反思与研究

（一）取得的经验

基于微信公众平台的移动教学，最大限度地突破了时空的限制，允许师生随时交流。对于学生而言，能够全方位地获得教师的指导与帮助，对于教师而言，可以随时掌握学生的学习动态。微信点对点的沟通优势，使得师生之间的关系达到前所未有的紧密。

关于公众平台移动教学资源的建设，取得如下经验：

1. 关于公众号：在基于微信平台的移动教学实施前，向微信公众平台申请公众号时，要事先设计好公众号名称与公众号图标，响亮的公众号名称和特征鲜明的公众号图标有助于学生识别和记忆。及时保存好公众号专用的二维码图片文件，供日后需要时随时调取。

2. 图文编辑与发布：微信公众平台本身提供图文编辑器，但是由于其功能单一，只能做简单的编辑操作。要想编辑一个赏心悦目的图文消息，有必要选择一款第三方图文编辑器。目前可以免费使用的135编辑器、365编辑器、秀米编辑器等都是值得推荐的编辑器，这些编辑器都提供可直接套用的图文模板，即便是图文编辑初学者，也能轻松使用。

编辑好的图文消息，都存放在公众平台的素材库中，当需要发布时，有两种途径，分别为绑定菜单项和群发式。前者要么将编辑好的图文直接挂到自定义的菜单项中，要么整合成页面模板后挂到菜单项，都可以供学生进入公众号点击浏览；后者是通过群发的方式，直接推送给所有关注者。当然推送图文的时间点最好选择午休时间或是下班时间，这样身为上班族的学员们就有空闲时间来浏览和阅读。

3. 多媒体资源的整合：在公众平台的素材库里，包含图文消息、图片、语音和视频四种素材类型。通常我们会将文字、图片、语音或视频整合到一个图文消息中，向学习者展示和推送。大小不超过 5 M 的图片，30 M 以内的音频文件，以及不超过 20 M 的视频文件，都可以直接上传到公众平台的素材库里，方便使用。超过 20 M 的视频文件可先上传至腾讯视频，再通过插入视频链接的方式，添加到图文消息中。

（二）存在的问题分析

基于微信公众平台的移动教学模式，实施下来效果明显，也在学生中引起了很好的反响。以下是实施过程中遇到的需要解决的一些问题。

1. 资源建设：微信公众平台上的学习资源，如何完全达到既实现对教材和总校教学资源的补充，又达到学生的预期，满足学生的实际需求，使得学生的移动学习、课堂学习、传统网络学习三者完美融合，这需要教师花更多的时间来研究与设计。总之，进一步优化移动端学习资源，完善适合实际教学需求的教学设计，是任课教师不断追求和努力的方向。

2. 软硬件：由于学生使用的移动学习终端一般都是智能手机，然而手机屏幕小、分辨率低，无法传达复杂的画面，从而导致微课视频内容的局限性。稍大一些的视频文件上传网络平台时，还会被再次压缩，影响其清晰度。针对计算机类实践性较强的课程，想要将清晰的操作流程传递给学生，需要增加一定的视频编辑处理，这都是教师在录制微课视频时需要兼顾的问题。

3. 微信公众平台：我们鼓励学生积极参与移动端的学习，然而微信公众平台数据反馈受时长限制，更无法锁定到学习者个体数据，因此教师无法针对学生个体给出评价；另外平台本身缺乏激励机制，无法奖励那些认真学习了公众平台资源的学生。

（三）相关建议

针对以上问题，提出相关建议：

1. 开设教学设计培训课程，提高教师的教学设计能力；

2. 开设教学信息化培训课程，提高教师的信息化水平。特别是关于视频编辑类的专题培训，有利于提高教师微课录制和视频编辑的能力；

3. 为了弥补公众平台缺乏激励机制的缺陷，教师可以根据课前作业和课中反馈来评价学生移动学习情况，酌情打分并纳入期末考核成绩中。

五、结语

　　基于微信公众平台的移动教学弥补了传统的面授教学的不足。以学生为主体，提供个性化教学服务，从移动端补充和完善了课程学习系统，使得基于微信平台的移动教学与传统的课堂教学相融合，实现系统化学习与碎片化学习相互补。总之，基于微信公众平台的移动教学将为课堂教学注入新的活力，成为传统课堂教学必要的补充，也必将成为新时代混合式教学中不可或缺的一部分。

（上海市黄浦区业余大学　鲍筱晔）

壮大在微信公众号上的新型教学

——供给侧改革视角下审视微信在成人高校教学中的应用

《国家中长期教育改革与发展规划纲要（2010—2020年）》强调信息技术不仅推动了教育的发展，并且对教育以及社会的发展有着变革性的意义。Web3.0技术的发展更是促进了教育的信息化和智能化，教师和学生更容易获取教育教学资源，教育教学的方式也更加灵活和自由。在成人高等教育领域，成人学生工学矛盾突出，渴望更加灵活的教学方式，同时他们又具备主动获取教育资源的能力，所以成人高校开展信息化教学尤为迫切和可行。

随着移动设备的普及和网络的全覆盖，微信的使用范围越来越广泛，微信的功能用途越来越多样。微信及微信公众平台作为一项新技术，一个新生事物，在短短几年里已经跟每个人，尤其是成人，紧密相连，它已然成为成人生活世界必不可少的一种使用习惯，一个载体，微信的普及为信息化教学提供了有效平台，也为成人教育带来了新的契机。微信教学作为移动互联网技术与教学改革结合的产物，开启了实践探索之旅。

上海开放大学黄浦分校作为一个基层分校，为缓解学生工学矛盾，解决学生出勤率低、师生课外互动少、网上资源利用率低等问题，已经连续多年在全校推广了微信公众号的教学实践，并将继续推广下去。通过微信开展的非正式的师生互动则更是由来已久，而且越来越多的成人高校也陆续将微信引入教学中。与此同时，在开展微信教学的过程中，也碰到了很多问题和诸多挑战。如何适应时代发展要求，更好地发挥新媒体在成人高校教学改革中的作用，值得深入探索。

本文以上海开放大学黄浦分校为例进行研究，通过问卷星，利用微信分别向教师和学生发放了调查问卷，其中给教师发放43份，回收41份有效问卷，学生问卷回收247份有效问卷。围绕问卷的统计结果，找若干教师、学生和管理者进行了访谈。整个调查一方面是为了从实践出发，研究微信在成人高校教学中的应用情况，分析其具体现状、遇到的问题，总结经验教训；另一方面是要以供给侧理念为指导，从学校管理的角度，提出一些有针对性的、可操作的、可行的建议，助推微信教学的可持续发展。

一、微信在成人高校教学中的应用现状

（一）微信教学的方式方法

调查发现（如表1）：在教与学的过程中，微信私信和微信群是教师和学生共同使用较多的方式方法；公众号则是教师用得多，学生用得少；朋友圈和小程序，师生用得都比较少。

表1：教师和学生微信教与学的方式方法

	微信私信	微信群	公众号	朋友圈	小程序
教　师	85.37%	95.12%	87.8%	19.51%	12.2%
学　生	74.44%	87.79%	31.56%	17.8%	15.38%

（二）微信教学的最佳时机

55.43%的学生进行微信学习是在晚上，16.99%的学生进行微信学习是在上下班路上，19.01%的学生随时可以进行微信学习。因此，晚上是微信教学的最佳时机，在这个时段推送学习资源，能让更多学生参与到学习活动中，进行更有效的学习。

（三）微信教学的主要用途

调查发现：微信教学的方式方法不同，其用途也不同。从教师微信教学的角度来看（如表2）：微信私信主要用于交互互动、催交作业、在线答疑；微信群主要用于交互互动、教学资源发布与共享、在线答疑、布置作业；公众号主要用于资源发布与共享、布置作业。从学生微信学习的角度来看（如表3）：微信私信主要用于跟老师交流、接收老师的各类通知；微信群主要用于查看教师推送的教学资源、接收老师的各类通知、跟老师交流、查看作业；公众号、朋友圈、小程序用得比较少。就其功能而言，微信群教学能实现统一的疑难解答，实现多人互动、多人学习。私信主要限于个性化教学。微信公众号作为一种自媒体，具有群发消息、订阅推送、关键词回复、内容分享、投票等功能。朋友圈则重在通过分享，告知好友并吸引好友对其进行评论或点赞。小程序可以通过有奖问答、微调查、微抽奖等形式，进行过程性和结果性评估。

（四）微信推送的资源形式

不同的微信形式，推送的资源形式有所不同（如表4）。微信私信推送的主要是

表2：教师微信教学的用途

	微信私信	微信群	公众号	朋友圈	小程序
教学资源发布与共享	34.15%	73.17%	82.88%	14.63%	4.88%
交互互动	70.74%	80.49%	48.78%	14.63%	9.76%
在线答疑	56.1%	60.97%	19.51%	4.88%	4.88%
布置作业	29.27%	53.66%	63.41%	7.32%	4.88%
教学反馈	34.15%	34.15%	34.15%	12.19%	2.44%
统计出勤人数	2.44%	4.88%	4.88%	0	2.44%
催交作业	60.98%	48.78%	0	2.44%	0
相关教学、管理和考试的通知	29.27%	34.15%	39.02%	2.44%	7.32%

表3：学生微信学习的用途

	微信私信	微信群	公众号	朋友圈	小程序
查看老师推送的教学资源	47.37%	78.94%	28.34%	14.17%	12.95%
跟老师交流	63.97%	65.18%	18.22%	12.95%	10.52%
查看作业	40.89%	61.94%	25.91%	11.33%	12.55%
请假	13.36%	14.57%	2.83%	3.64%	3.24%
接收老师的各类通知	51.42%	68.42%	23.89%	11.33%	11.33%

Word文档、文字；微信群推送的主要是Word文档、文字、图片；公众号推送的主要是文字、视频、Word文档和图片。就学生喜欢的微信学习资源而言，66.35%的学生喜欢视频；57.05%的学生喜欢图片；56.64%的学生喜欢文字；55.43%的学生喜欢Word文档；46.93%的学生喜欢PPT课件；36%的学生喜欢音频。

表4：微信推送的资源形式

	微信私信	微信群	公众号	朋友圈	小程序
语音	24.39%	19.51%	9.75%	0	0

（续表）

	微信私信	微信群	公众号	朋友圈	小程序
Word文档	60.98%	73.17%	53.65%	12.19%	4.88%
视　频	26.83%	36.58%	60.97%	0	7.32%
图　片	41.46%	56.09%	53.65%	14.63%	4.88%
文　字	60.98%	70.73%	65.85%	17.07%	7.32%
PPT课件	39.02%	43.9%	31.7%	0	7.32%

二、微信在成人高校教学中的问题及原因分析

（一）教师微信教学积极性不够

56.1%的教师非常看好微信在成人高校教学中的应用前景，但在教学实践中，教师自觉参与微信教学的积极性不够。访谈过程中，绝大部分教师反映：如果学校不要求、不培训，他们只是通过微信私信或微信群与学生进行交流，主要用于交互互动、催交作业、在线答疑等，不会主动去创建课程公众号，专门发布与课程有关学习资源。究其原因，主要有三：

1. 不熟悉微信技术

65.85%的教师认为自己的微信教学能力不够，不会使用与教育相关的微信功能，不会编辑微信页面，不懂如何进行微信教学。

2. 精力有限

31.71%的教师反映没有时间，微信学习资源的制作、编辑、推送、反馈、交互、统计等都不是能够在规定课时内完成的，微信教学打破了传统的教与学的时空规定，增加了教师的工作时间和强度，教师要做到全天候的教学服务很难。

3. 缺乏科学的教学设计

在实践调查中，很多老师对微信在教学中的应用停留在"被要求""被动摸索"阶段，相关的教学设计缺乏针对性，有的甚至没有系统的教学设计，对微信教学的学习主要围绕的是"微信技术"，没有主动去学习、了解和研究不同专业、不同课程中微信教学设计的科学性。成人高校里基本是"一位教师对应一门课程或多门课程"，不同教师任教相同课程的机会较少，教师就某一课程的教研活动很少甚至没有，很难有经验可以借鉴。

（二）学生微信学习主动性欠缺

堪迪认为个人的学习意愿是决定学习效果的关键因素之一。除了学习意愿，自我学习管理也同样重要，它不仅是一种学习态度，更是一种独立学习的意识和能力，具体包括学习内容、进度和方法的选择，以及学习时间、地点和节奏的控制等。调查显示，对于微信学习，仅有19.51%的学生感兴趣，53.66%的学生根本不看或者看得很少。即使点击了公众号，很多学生反映对教师推送的微信资源只是点击浏览一下，并没有认真深入地去学习。有的学生在使用，但也需要老师催促提醒，不提醒就不看。有的学生对微信资源内容的选择，取决于个人的感受与需要，因此微信学习表现出较大的随意性。导致这一现象的原因主要有四：

1. 习惯性思维阻碍使用微信学习

微信从产生之初，就是一种聊天工具，对于学生来说，也很难把微信作为一种学习平台，对微信公众号的使用喜好远不如微信群和微信私信。学生普遍反映微信群比微信公众号更方便师生间的沟通，微信私信更适合个别化辅导。

2. 干扰因素太多

微信的承载工具主要是手机和平板电脑，尤其是手机更是随身携带的必备工具，很多人甚至成为"手机控"，导致在课堂上过度使用手机，利用手机进行社交、阅读、玩游戏、看视频，而忽视了相对枯燥乏味的课堂知识。微信中与教学无关的信息多于教学资源，诱惑大，更容易吸引学生，很容易干扰到学生的微信学习。此外，62.3%的学生认为微信群和公众号太多，照顾不过来，经常自动忽略微信提醒，以黄浦分校为例，学校要求参与教改的课程都要建立公众号，而且教改课程普及率较高，尤其对青年教师来说，都积极参加教改，所以每个青年教师都有一个公众号，一个公众号里面有1—3门课程（公众号限制），有的教师由于课程太多，甚至无法在一个公众号里全部体现出来。鉴于这种情况，不仅加大了教师的工作量和难度，也给学生带来了很多困扰。

3. 没有时间学习

42.07%的学生表示学习时间不够，虽然通过微信学习资源可以进行碎片化的学习，但成人学生白天要上班，晚上要照顾家庭，好不容易挤出点碎片化的时间，还要浏览一下其他内容，根本没有时间学习。

4. 网络流量有限

微信中有很多音频、视频，31.56%的学生表示自己移动终端的网络流量不够浏览网络页面和视频资源。

（三）微信平台的教育功能较弱

微信在教育领域中的功能主要体现在两个方面：一方面是作为辅助教育教学的工具，另一方面是作为社会化的学习工具，比较集中于信息通知、宣传活动、图书馆信息推送服务等方面。也可以说，微信仅仅是作为一个交流工具或信息发布平台发挥其教育功能的。然而，微信并不是专门针对教学开发的，其教学方面的功能存在很多不足，企图将教材内容直接搬到微信上是不现实的，不能完全满足教学的需要。

1. 微信学习资源较少

在正规的教学中，能够通过微信公众平台推送给学生的有效学习资源相对较少，对学习资源的梳理、加工、评价等更少。在推送的各类学习资源中，各学科也存在较大的差异，人文学科类的资源较多，理工类学科的教育资源极少。微信学习资源相对短缺，大多数微信公众号在很长时间里得不到更新，难以吸引学习者的眼球。

2. 微信公众平台功能不健全

39.02% 的教师认为微信教学功能有限。微信本身界面小，分辨率低，展示的信息有局限；公众平台本身发送的信息数量受到限制，每天只能推送1条信息；互动效果难以保证，学生可能只看标题；不能上传整个文件；编辑不便捷，需要花时间，违背了微信教学便捷的初衷，导致不是为教学使用微信，而是为了使用微信而使用；微信呈现内容有限，仅能呈现碎片化知识；微信学习时间不连贯；等等。这些都是微信教学无法回避的短板。

（四）微信教学的管理有待提高

调查过程中发现，无论是学校的教学管理，还是教师的课堂管理，对微信教学的管理都较为简约，缺乏系统管理和监督。

1. 缺乏相应的系统管理平台

学校的教学管理部门，对微信教学的管理主要是看微信公众号的资源数量，对资源的质量和点击率无法监控，由于没有开发与之匹配的系统管理平台，不能及时收集和整理系列数据，实现不了与教改同步管理的信息化和实时化。

2. 缺乏制度性约束

教师对微信教学的管理更细化一点，可以统计资源的浏览量、出勤率，以及对资源的掌握程度，但由于对教师和学生都没有制度性的激励和约束，学生学习主动性不够，教师精力不足，也难做到与微信教学相应的课堂管理。

三、微信在成人高校教学中可持续发展的指导理念

微信改变了人们的沟通方式，乃至生活方式，也影响到教学的方式方法。微

信突破了时空的限制，为有着严重工学矛盾的成人高校学生提供了一个崭新的辅助平台，不仅能帮助教师和学生建立融洽、和谐的师生关系，还有助于教师顺利开展课内的教学工作。但微信在成人高校教学中的应用也确实遇到了许多瓶颈，要解决这些问题，光靠教师自下而上的摸索是不够的，还需要学校自上而下给予支持。因此，本研究立足学校管理角度，试图引入供给侧改革理念，促进微信在成人高校教学中可持续发展。

供给侧改革即侧重、偏重供给方面的改革，通过改革使供给方面更加优化，提升供给体系质量和效率，更好地满足需求。供给侧改革不是否定需求，而是达到供给与需求的有效平衡。在了解需求的同时，改革供给，提供更好的教育服务。结合国内外的研究成果，在教育领域引入供给侧改革，就是要优化教育结构，解决"优化组合"问题和"产能过剩"问题，走创新发展之路；高水平的人才供给是教育供给侧改革的重要策略；强调良好的环境对推进教育供给侧改革的重要性；教育供给侧改革需要民办教育机构的加入和参与，激发教育发展的活力；"供给侧"改革应加强"互联网+教育"的研究，实现教育的"精准供给"。

四、微信在成人高校教学中可持续发展的策略

（一）整合微信学习资源，系统设计教学

教育供给侧改革要求优化教育结构，解决"优化组合"问题和"产能过剩"问题，针对现有微信群和公众号太多的问题，就要整合各类微信资源，不同教师任教的相同课程，可以进行公众号的整合；公共必修课、公共选修课、专业必修课的排课要考虑教改过程中微信公众号的创建，重新优化组合。对于微信资源的建设，要有明确的目标，集中说明一个知识点；微信内容要渗入娱乐性元素，提高学习者的学习兴趣；资源内容要新颖简洁，符合学生的学习需求，能够激发学生的主动学习和互动交流。

（二）打造独立的官方微信学习平台

教育供给侧改革应加强"互联网+教育"的研究，实现教育的"精准供给"。这里的精准供给，不仅仅是对学习者学习资源的供给，应该是一种系统思考，以确保"精准供给"能够得到可持续发展。微信教学要有实效、有质量、有可持续性，就必须打造独立的官方微信学习平台，其中包括学习平台、运营平台和管理平台。学习平台要把所有专业、所有课程的微信公众号资源进行重组与整合；弥补微信平台功能不健全的缺陷，实现微信教学资源的系统化、便捷性；改变教师和学习者对微信社交功能的习惯性思维，充分发挥微信平台的教学功能。管理平台旨在加强学

校对微信教学的信息化管理和教师对微信教学的课堂管理。运营平台则要实时跟踪微信用户的学习需求，开发建设与之适应的资源内容；以符合微信用户的使用习惯为导向，适当加快内容更新、助学促学信息的推送频率；结合微信的智能应答、分组管理和实时交流技术，创建多元化学习情境，提供与之配套的学习支持服务，使微信公众平台支持下的课程学习能更好地实现知识信息的制作、传输、获取、接纳与散播，扩展社会效益。

（三）加强教师培训

高水平的人才供给是教育供给侧改革的重要策略，对于成人高校的微信教学来说，就是要培养微信教学人才和微信运营人才。随着微信的普及，微信订阅号作为辅助教学平台，教师也进入了探索性的自媒体时代，教师作为知识传播的主体，首先要具备利用新型媒体传授知识的新思路。教师在微信教学过程中，要充分发挥监督引导作用，关注学生的关注点是否围绕相关话题，要保持学生对微信内容的即时反馈，用鼓励的言辞、积极的态度潜移默化地感染学生；将微信与学生的学习生活紧密结合起来，通过微信渗透"教育"。教师不仅要在课堂上传授知识、管理学生，还要在掌握微信技术的基础上，掌握有效的交互技能、管理评价技能、教学设计能力。教师还要掌握一定的管理知识和运营技能，营造良好的微信教学环境，通过运营管理，提高微信教学的实效。综上，在微信教学中必须具备的新教学能力、信息素养能力、管理运营能力，等等，都突破了对传统教师的要求，为了适应新时代的发展，必须加强教师培训，号召和动员教师不断提升自我，开展终身学习。

（四）营造良好的支持环境

良好的环境对推进教育供给侧改革至关重要，对于成人高校的微信教学而言，良好环境的营造离不开学校的支持服务，包括师生的心理环境、学校的制度环境，等等。

徐梅丹等人的研究发现，感知易用性影响了高校教师对微信辅助教学的感知有用性，感知有用性、感知易用性对高校教师使用微信辅助教学行为意向有直接正相关影响；年龄、学历会影响高校教师使用微信辅助教学意愿；感知有用性是关键因素。所以在微信教学应用中不应该局限于学习软件本身，而应通过提高学生的学习成绩，使学生增加获取学习知识的机会等方式，来提高教师对辅助教学软件的有用性认知。

微信教学需要系列的配套措施给予保障。首先要从制度上加以明确，从管理层面上保证其有序进行，给师生提供可行的环境，积极探索并推进管理制度和评价体系的改革，需要不同于传统课堂的、更加灵活的考核方式和评价体系。从课程标准、教学计划、教学资源、微课制作等方面进行审核；通过微信公众平台查看后台管理数据、记录签到次数、访问量、交流频率等内容作为考核内容；将学生在微信公众平台上的表现纳入最终成绩考核中，包括在微信公众平台上进行的关键词查询、消息提问、课堂上对平台知识的回顾等，以加权形式计入最终成绩；借助微信社交网络的技术与平台优势，为微信用户的个性化学习提供情感支持和约束性服务。如：采用带微信语言特点的学习鼓励、设置学习的定时提醒、协助制订微信课程的学习计划，等等，以丰富学习者的学习体验，提升学习效果。

（五）激发微信的教学活力

在微信教学中，要激发其教育功能，需要充分利用其社交功能。国内外的研究者发现，学习的社交化有利于提升学习者的学习绩效。也有研究学者指出，社交媒体已经作为分享知识和集体学习流行的在线学习平台，并认为这类媒介能够帮助学习者与其他人建立更为多元与有效的沟通，更好地帮助他们构建认知、分享想法并收到实时的反馈。基于社交媒体的社交学习，具有学习性和社交性两大特征。学习者基于社交媒体获取知识、分享知识、交流心得、探讨问题，形成集体性智慧；同时，借助社交媒体所建立的社交关系，通过互动、交流沟通，分享知识和建立情感，形成良好的学术氛围，提升学习绩效。

（六）要有系统的分析与思考

教学设计是一项以"学"为中心的系统规划工程，要根据学习对象和学习目标，以解决学习问题和优化学习效果为宗旨，按照分析、开发、实施、评价等不同阶段逐步开展教学过程。很多学者就微信公众平台在具体学科领域教学中的应用开展了实践研究。张艳超通过对新生代员工学习需求、资源建设、平台搭建、教学设计、教学评价等五个环节的调研和分析，利用微信公众平台，构建了适合在职人员的移动微型学习模式。杨丽青借助微信公众平台的教育优势，重构分层教学模式，打破时间和空间的限制，力求解决分层教学中存在的问题。徐梅丹等人研究了基于微信公众平台的混合学习模式。对于成人高校的微信教学来说，由于专业不同、课程不同，其教学模式也呈现出多样性、专业性等特点，但不管任何专业和课程，都要有系统的分析和思考，并结合其各自特点，构建相应的教学模式。对于学生的学习过程来说，也要有多个环节，如视频学习、参加测验、完成作业、参与讨论以及课程考试等，整个教学过程和学习过程都要呈现出开放性、规模化、碎片化、自主性、交互性等特性。

微信平台操作的便捷性，内容推送的丰富性，交流的高效性和及时性、普适性强，资源素材的微型性、整合性等特征，使之成为基于互联网的一种新型学习支持环境，满足了学习者对碎片化、即时互动、移动学习和个性化学习的诉求，也非常符合成人学习者的特点，将成为成人高校教学改革的必然趋势。但是，并不是所有课程都适合做成微课程，也并非所有微课程都适合放到微信平台。基于微信的课程开发主要用于辅助教学，并不能完全替代教师课上教学，但借助其社交功能，更能提高成人高校教学的质量和成人学习者的学习效率。

（上海市黄浦区业余大学　王润清）

网络直播课堂应用策略研究

——以成人高校网络直播课堂教学实践为例

引言

庚子年春，COVID-19病毒以前所未有的规模和猛烈程度对人类发起袭击，严重打乱了社会运转的正常秩序，学校正常教学秩序也不例外。为保证疫情期间教育教学工作的正常进行，我国教育部提出了"停课不停学"的要求，各高校积极响应，采用网络直播课堂开展线上教学。现阶段，网络直播课堂对于中国高等教育有着不可替代的作用。

网络直播课堂是"互联网+教育"的典型案例，通过网络直播平台，师生异地同时加入"虚拟课堂"，以直播的形式来完成教学过程。这一教学方式打破师生地理位置限制，创设"虚拟"面对面情境，避免了疫情期间师生的聚集，有利于遏制病毒的传播。同时，就成人高校而言，这一教学方式在很大程度上缓解了成人高校长期以来存在的线下实体课堂学生出勤率低的难题。

网络直播课堂这一新型的教学模式，对成人高校的教学管理者、教师和学生都提出了较高要求。如何解决成人高校网络直播课堂教学中存在的问题，全面提高网络直播课堂教学的有效性，成为当前亟待解决的课题。

一、研究的必要性

（一）成人高校教学改革的需要

经济快速发展和生活节奏不断加快，成人高校的学生面临着日益严重的工学矛盾。成人高校教育的学生多数学历层次不高，在工作单位的层级不高，其工作呈现工作时间长、劳动强度大、劳动报酬低的特点，使其难以很好地统筹安排工作和学习的时间，学习经常给工作让路。同时，成人高校教育的学生，年龄段以26—46岁之间居多，比如，此次对"行政组织学"这门课程的学生进行调查发现，26—45岁的学生人数占75.67%（如图1所示）。处于这个年龄段的学生，不仅面临着工学矛盾，还面临着结婚生子、养家糊口的家庭压力导致的家学矛盾。所以，对于身负工作和家庭两大压力的成人高校学生，面授课出勤率低是常态。当前成人高校如何尽可能满足学生学习需求，提高学生课堂出勤率，缓解工学、家学矛盾？这一问题成为成人高校的教育教学改革焦点关注的问题，也是成人高校供给侧改革的关键内容。

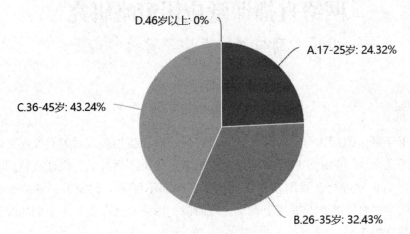

图1：“行政组织学”网络直播课学生年龄分布

（二）网络直播课堂的优势

传统面授教学，依靠教材、PPT、板书等，教师与学生真实面对面进行。这一教学模式有利于教师及时根据学生需求，调整教学内容、进度，并给予学生学习评价；也有利于师生、生生沟通交流，增加班级归属感。但就成人高校而言，传统的面授教学，因面授时间、地点固定，无法很好地解决成人高校学生因工学、家学矛盾导致的出勤率低、学习效果差的问题。

而网络直播课堂，将教学与信息技术高度融合，让师生可以通过直播平台的“虚拟教室”，以网络直播“虚拟面对面”的形式开展教与学，打破了师生地理位置限制，是解决成人高校学生工学、家学矛盾，实现教学真正发生的重要形式和手段。其优势如下。

实时直播，实现“虚拟面对面”交互

网络直播课堂采用实时直播形式，构建“虚拟教室”，让老师和学生可以在很大程度上模拟线下真实课堂环境中的教学互动。教师可以在教的过程中，讲解、提问、答疑；学生可以在学的过程中，提问、讨论、交流；教师可以随时根据教学实际情况调整教学内容、教学节奏。网络直播课堂“虚拟面对面”的互动形式，尽可能还原真实课堂，代入感强，有利于学生展开学习和交流互动。

突破教学限制，实现资源共享

网络直播课堂以大数据、云计算等新兴技术为基础，通过直播客户端，实现实时异地课堂直播，突破了传统课堂教学对地域和学习人数的限制，实现了教育资源的共享，提高了教学效率，促进了教育均衡发展。借助网络直播课堂学习，与老师互动，共享优质、开放的教育资源。

（三）以学生为中心，提高学生学习的自主性

网络直播课堂以学生的"学"为中心，强调学生主动建构知识，重视学生的主体性地位和自主性学习，有利于增强学生主动参与课堂学习过程，培养学生主动学习、主动思考、主动探究的自主学习能力。

综上，研究网络直播课堂的应用策略，稳妥审慎开展网络直播课堂教学，对推进成人高校教育教学改革具有十分重要的现实意义。

二、网络直播课堂教学实践

疫情期间，学校积极响应教育部"停课不停学"要求，审慎解读上级教育部门的通知精神，根据本单位实际情况和教学需求，制订了网络直播课堂教学方案，并开展了网络直播课堂教学。

（一）网络直播课堂教学前期准备

为确保网络直播课堂教学的顺利开展，学校认真落实上级教学要求，细化各项工作，保证网络直播课堂教学的顺利开展。

精心组织网络直播平台和技术运用的培训，任课教师深入学习腾讯会议、钉钉、晓黑板等网络直播教学平台的操作，确保直播教学平台各功能的娴熟运用。

落实直播平台班级组建和学生平台操作培训、测试等工作，确保学生覆盖100%，保证学生顺利进入网络直播课堂参加学习。

各系部开展线上集中教研，探讨网络直播课堂教学要求和模式，要求各直播教师撰写教学方案。

（二）网络直播课堂教学实施过程

对于常年开展线下课堂面授教学的老师而言，网络直播教学是一个新的挑战。为上好网络直播课，任课教师纷纷化身在线主播，研究教材、研究学生，精心设计教案、制作课件，设计精巧互动，并精炼直播教学用语。网络直播教学流程如图2所示。

（三）网络直播教学满意度调研

为更好地满足成人高校学习者的学习需求，用好网络直播课堂这一远程教学模式，笔者对网络直播教学的满意度进行了调研。鉴于课题时间关系，本课题以疫情期间2019春（秋）行政管理专科74位学生为研究对象，针对"行政组织学"网络直播课堂教学实践展开调研，以期管中窥豹，对网络直播教学的授课效果予以初步

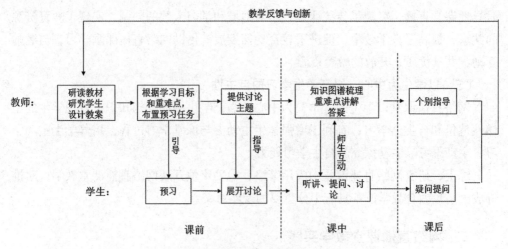

图2：网络直播课堂教学流程

了解，并基于调研结果反思、探索，提出网络直播课堂应用策略，以期在之后的教学实践中，提高网络直播教学的有效性。本次调研共发放问卷74份，回收有效问卷72份，回收有效率为97.3%。

网络直播课堂学习条件分析

从设备来看，成人高校学生既无电脑也无智能手机的人数为0；电脑、智能手机兼用的占比为45.71%；只用智能手机的占比为37.14%；只用电脑的占比为17.14%。此数据说明，成人高校开展网络直播课堂教学的电子设备已具备（见图3）。

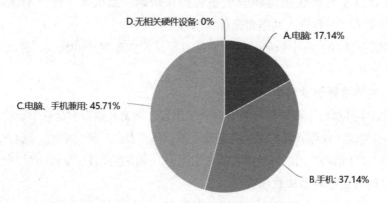

图3：网络直播课堂教学的硬件设备情况

网络直播课堂接受度分析

问卷调查中发现，"喜欢"和"非常喜欢"网络直播课堂这种教学形式的学生，占比77.15%；持"无所谓"观点的学生，占比20%；而持"不喜欢"态度的学生，占比2.85%（如图4所示）。同时，与录播视频课相比，成人高校学生更喜欢网络直播课堂形式（如图5所示）。可见，网络直播课堂这一教学形式较受成人高校学生喜爱。

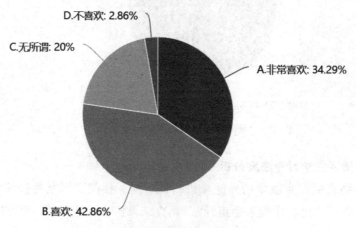

图4：网络直播课堂教学的认可度

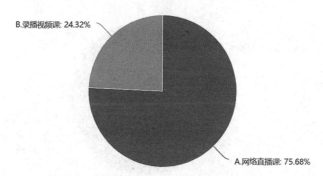

图5：网络直播课与录播视频课的偏好对比

网络直播课堂出勤率分析

在对网络直播课堂的出勤率进行统计时发现，2020年春季学期的"行政组织学"课程共计4次课，全勤的学生占比为91.43%，出勤1次、2次、3次课的学生占比均为2.86%（如图6所示）。与往年"行政组织学"课程的出勤率相比，不难看出，网络直播课堂的出勤率远远高于传统面授课堂。往年，因工学、家学矛盾，该课程的出勤率在60%左右。

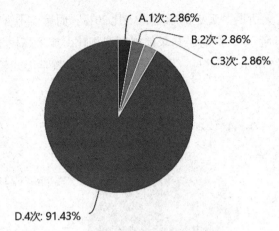

图6：网络直播课堂出勤率

网络直播课堂学习专注度分析

在对网络直播课堂教学的专注度进行调查时，提问"网络直播课堂的学习你能坚持始终吗？""过程中是否会走开？"调查结果显示（见图7），68.57%的学生能够保证网络直播课堂学习的专注度，但仍有31.43%的学生，出现中途走开的现象。不难看出，网络直播课堂教学过程的监控还须进一步完善和加强。

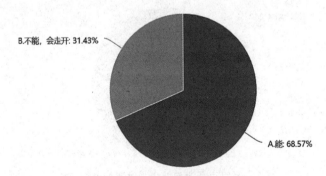

图7：网络直播课堂学习专注度

三、网络直播课堂存在的问题

网络直播课堂虽然在很大程度上增加了在线教学的参与感、仪式感和交互性，提高了成人高校学生的出勤率和教学效率，但对网络直播课堂教学实践进行反思，我们不难发现网络直播课堂教学还存在着一定的问题和难点。

（一）从教学管理者角度来看

教师网络直播教学的技能有待进一步加强。不少老师反映，网络直播课堂教学虽然进行了一定的培训，但直播教学实践中遇到的教学设计、PPT制作、在线教学平台操作、在线交流互动、课堂学习效果评价等问题，还是难以自如面对和解决，增加了教师网络直播教学的畏难心理。

网络直播课堂的组织、管理需要进一步加强。如课程集中教研的组织，共同研讨教学内容、教学方法，确定教学设计方案；如直播教学的技术支持，为网络直播课堂教学的顺利开展提供技术保障。

（二）从教师角度来看

缺乏远程教学的相关知识和技能。教师对远程直播教学的认识不足，未能真正认识网络直播课堂与面授教学的差异，仍然采用面授教学策略，以教师的"教"为中心。

课前准备不足。未能根据网络直播课程特点，充分研究教材和学生，做好教学设计预案，影响了课程直播教学的流畅性和有效性。

直播课堂互动不够。教师缺乏网络直播课堂教学互动设计的经验和能力，以及互动技术工具的熟练度不够，导致互动设计难以以"学生"为中心，难以激发学生的有效学习。

（三）从学生角度来看

自主学习能力不够。大部分学生未能主动进行课前预习和课后复习，坐等课堂教师知识灌输；同时很少进行自主思考、就学习中遇到的问题向老师提问。

学习动机不足，缺乏学习的积极性，课堂互动参与度不高，课后作业完成不及时。

（四）从网络直播课程本身看

网络直播课程易出现卡顿、不流畅现象

在实时网络直播教学过程中，或由于网络通信信号不畅，或由于数量过多的学生在同一时段登录学习，造成网络负载过大，导致直播教学中断，画面、音频卡顿等现象，影响了网络直播课程的教学效果。

班级氛围受影响

传统课堂中，学生可以更好地跟同伴彼此影响、互相学习，鼓励、提醒自身，不断学习提高，班级凝聚力较强，师生、生生关系较紧密。而在网络直播课堂教学中，师生、生生处于准永久分离状态，技术媒体代替了常规的、口头讲授的、以集体学习为基础的教育人际交流，不利于师生、生生情感的交流、传递，学习的互相促进，远端班级文化氛围较松散。

有效监督难

传统课堂中师生真实面对面互动，教师可以能更好地关注到自觉性较差的学

生，有效监督学生学习。而网络直播课堂教学过程中，"虚拟面对面"教学的"隔离感"，师生互动的"虚拟化"，使得教师难以更好地对学生的行为进行有效监督。

四、网络直播课堂应用策略建议

为提高成人高校网络直播课堂的教学效果，结合网络直播课堂教学中存在的问题，从"教学管理者""教师""学生"三个角度，提出以下网络直播课堂应用策略。

（一）从教学管理者角度来看

从"教学管理者"的角度来看，要提高网络直播课堂教学的有效性，需要做到以下几点。

建立网络直播课堂"四位一体"管理机制

成人高校可以建立网络直播课堂"四位一体"管理机制，保障网络直播课堂的顺利开展。

网络直播课堂"四位一体"管理机制中的"四位一体"，是指前端教师、远端教师、把关教师、技术教师，共同作用于网络直播课堂教学的各个环节。

前端教师负责课程主讲直播，要求其教学经验丰富、教学能力优秀、直播反应灵活。

远端教师负责组织课堂、引导学生思路、解答学生质疑、批阅学生作业、分析学生成绩；远端教师须熟悉现代化教育技术，参与前端教师的备课探讨。

把关教师指导前端教师完成教学准备工作，确定教学目标、教学重难点、教学形式，对整个教学内容的设计做好指导和把关，一般由教学经验丰富的名师担任。

技术教师在网络畅通、平台故障排除、师生互动等方面，起着不可或缺的保障作用，一般由专业的技术保障工作人员担任。

前端教师、远端教师和把关教师，开展集体教研活动，从教学内容、教学方式、互动讨论、效果评估等方面，做好直播课堂教学设计，打磨高品质网络直播课，保障网络直播课堂的教学质量。

教师信息素养培训常态化

信息素养，是信息化社会人们需要具备的信息思维方式和能力，包括信息的收集、处理、利用和创新等。信息素养是大数据时代教师必备的基本素养，尤其是信息技术的创新应用能力，更是教师需要加强培养和提高的。

网络直播课堂改变了传统的教育思想、教育内容和教育方法，需要广大教师更新教育观念，改革原有的教学模式，其对教师信息技术能力有着较高的要求。成人高校需要进一步加强教师信息素养培训，并将教师信息素养培训常态化，不间断地推动教师的信息素养的提高，提高教师网络直播课堂的教学能力。

（二）从教师角度来看

从"教师"的角度来看，要提高网络直播课堂教学的有效性，需要做到以下几点。

做好网络直播课程的课前准备

要打造一堂高效的网络直播课，开课前须注意以下几点：

熟悉直播平台。根据教师自身技术水平和偏好，在课程伊始选定一个直播授课平台，并接受相关培训，掌握平台使用技巧和常见问题解决方法，尽可能在整个课程教学过程中不要更换直播平台。

课前与学生沟通。正式上课前，提前10分钟进入直播间，一是做好视频、音频、课件的调试工作；二是与早进入直播间的同学交流沟通，拉近与学生的距离，帮助学生更快融入课堂。

精心设计预习清单。预习清单是保证教学效果的重要工具，在设计预习清单时，要注意基于学情，设计难易适当、且具趣味性的学习项目，同时关注学生学习能力的层次性，设计不同预习内容。

基于建构主义学习理论，创新网络直播课堂教学模式

建构主义学习理论认为，学习是一个意义建构的过程，学生通过新、旧知识经验的相互作用，来形成、丰富和调整自己的认知结构。换句话说，学习是学生自己根据已有的知识和经验背景，建构新知识的过程。在整个教学过程中，教师不是知识的灌输者，而是学生学习的组织者、指导者，充分重视学生主动性、积极性的发挥，从而使学生实现对所学知识的意义建构。

在网络直播课堂教学实践中，教师应基于建构主义学习理论，考虑哪些课堂教学策略可以很好地转换为远程环境，哪些策略不能很好地转换为远程环境，以及教师可以采用哪些新方法开展远程实时直播教学。

以"行政组织学"网络直播课程为例。"行政组织学"是行政管理学的一个分支，是专门研究行政组织的产生、发展、变革、运行及管理的学科，主要讲解行政组织的基本概念、相关理论、政制环境、结构设计、决策过程、绩效评估以及变革发展。根据该课程的学科性质，以下两种教学方法比较适合网络直播课程教学。

支架式教学

支架式教学法是基于建构主义学习理论提出的一种以学习者为中心，以培养学生的问题解决能力和自主学习能力为目标的教学法，其教学思想来源于前苏联著名心理学家维果斯基的"最邻近发展区"理论。该教学法是指教师在教学时，应该依据最邻近发展区理论，基于学生已有的知识水平和能力层次，一步一步地为学生的

学习提供有利于有效理解知识的"支架"（线索或提示），让学生借助"支架"逐步发现和解决学习中的问题，深层次理解教学内容，提高问题解决能力，成长为一个独立的学习者。

支架式教学模式一般包括以下步骤：创设教学情境（根据教学内容和学生层次，确定教学主题，创设教学情境），搭建教学支架（研究分析学生当前发展区，以其为基本点，搭建邻近发展区教学支架），开展独立探究（教师介绍知识背景、启发引导，学生积极主动探究分析，教师相当于学习顾问），鼓励协作学习（教师根据学生类型分组，让学生以小组形式展开协商、讨论，通过合作互助学习，共享集体智慧，完成对所学知识的意义建构），评估学习效果（对自主学习能力、协作学习贡献和所学知识的意义建构进行评价）。

案例式教学

案例教学法起源于哈佛商学院的情景案例教学课。案例式教学通过创设现实生活场景和事件，让学生运用已有知识和经验来分析、解决案例中的问题，促进隐性知识与显性知识的不断转化。

采用案例教学法时，要根据教学内容的不同，精心选择、精心设计教学案例。案例的选择应符合以下要求：

1. 案例要贴切、恰当，能很好地反映教学内容。

2. 案例要生动有趣，能吸引学生积极参与、积极思考，从而提高学员分析问题、解决问题的能力，使学员很好地掌握所学内容。

3. 案例选择要充分考虑到学生的个性差异，难易适度，易于被学员理解。

4. 案例要贴近学生的生活、工作实际，更有助于提高学生的参与性。

案例教学过程中，教师要注意以下几点：

1. 案例提问要围绕教学目的精心设计，问题不宜过多过难，以免增加课堂教学的掌控难度。

2. 案例提问要科学设计，由易到难、层层诱导，充分考虑学员的认知顺序。

3. 案例教学过程中，要注重引导、解决各种突发情况，从而掌控整个教学过程。

4. 案例教学过程，需要教师具有较好的课堂掌控力，适时适度地提问和解答，语言风趣幽默，可以很好地吸引学生的注意力，有助于学生认真专注课堂教学。

（三）网络直播课堂互动策略

教学是教与学的互动过程。在这一过程中，教师与学生通过交流、互动，实现教学相长与共同发展。有效的互动有利于激发学生有意义学习，网络直播课堂也不例外。

互动时机的选择

高度专注的时间，一般只能维持在开始的10—15分钟，如图8所示的英国格雷厄姆·吉布斯注意力曲线，随着时间的流逝，专注度不断下降。美国著名慕课平台edX曾做过一项调查：用户实际观看网上微课的时长一般不超过10分钟。因此，我们可以找到网络直播课堂互动的时机。教师根据知识框架，将网络直播课堂的教学内容碎片化，每个片段在15分钟范围以内，在教学片段之间，间隔插入师生互动。

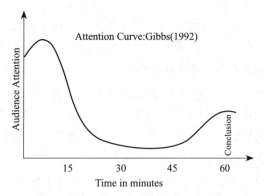

图8：格雷厄姆·吉布斯注意力曲线图

互动的形式

网络直播课堂教学实践中，可以运用多种互动形式，提高教学效果。

1. 开展头脑风暴。根据教学内容，以个人或小组为单位，发起头脑风暴活动，分享交流讨论结果，既增进了师生、生生间的课堂互动，又激发了学生学习动机。

2. 开展辩论。课前选好论题，让学生选择各自立场，展开辩论。既可以活跃课堂气氛、增加学生的参与度，又能促进学生批判性思维、表达能力提升。

3. 直播问答。根据教学内容和进度，设计课堂问答题目，请学生主动发言或点名发言，敦促学生保持学习注意力，有效促进师生互动。

4. 课中题库。课前，教师根据教学知识点，制作简单题库，以单选、多选、判断等客观题为主，根据教学进度开放题库，要求学生在互动专区给出答案。

5. 同伴互评。在课堂教学中，就课上学生的观点陈述、问题回答等，组织同伴互评，增进生生互动。

（四）从学生角度来看

自主学习是与传统的接受学习相对应的一种学习方式，强调学习以"学生"为主题，通过学生独立地分析、探索、实践、反思、创造等方法来实现学习的目标。提高成人高校学生的自主学习能力，可以让学生更好地适应网络直播课堂的学习，满足自身终身学习、自我发展的需要。

为更好地培养成人高校学生的自主学习能力，可以开展自主学习能力培训，引导学生学会合理安排时间，设立恰当学习目标，有效监管自身学习，增强学习动力，摈弃消极学习态度，积极参加网络直播课堂的学习，课前预习、课后复习、课中专注听讲并积极互动。

（五）教学效果评价

网络直播课堂教学可以通过学生的课堂表现、讨论、笔记、考勤来完成形成性评价，通过小测验问卷或学习心得来完成总结性评价。这需要在教学设计阶段和教学实施过程中，按照流程做好准备和执行。

但由于网络直播课堂依赖于直播平台所建立的虚拟教室，除非互动非常紧密，否则教师并不一定能够验证学生是否在听。建议可以通过WebEx跟踪小测验、Zoom video Webinars提供的交互式功能，如问答和投票、实时聊天、与会者举手和注意力指示器等掌控教学效果。

在疫情特殊时期，网络直播课堂从作为教学辅助手段到成为教学主要方式之一，不仅是教育的需要，也是信息技术、互联网技术发展的科技成果。在今后的教学中，深入研究如何更好地提升网络直播教学的教学质量，如何更好地增加课堂互动的有效性，不仅是现在，也是以后教学中需要继续关注和研究的问题。网络直播课堂是"互联网+教育"的模式创新，是大数据时代的选择，将会对成人高校的教育教学改革产生深远的影响。

（上海市黄浦区业余大学　孔丽）

教育直播在成人高校的未来走向

一、问题提出

全球领先的新经济行业数据挖掘和分析机构iiMedia Research（艾媒咨询）权威发布《中国在线直播行业研究报告》显示，从2016年到2019年，中国在线直播用户人数飞速增长（如图1所示）。且艾媒咨询分析师认为，未来直播将嵌入民众生活各个方面，用户规模持续稳定扩大。当前，"直播+"领域的拓展，已涵盖公益、综艺、教育、非遗、电商等，旨在构建多元化和高品质的直播生态体系。

图1：2016年—2019年中国在线直播人数规模

2020年受疫情影响，各级各类教育"停课不停学"，纷纷采取了线上教学/网络直播课堂的形式。黄浦区业余大学、上海开放大学黄浦分校在开学之初，也加入教育直播大军，全体师生积极响应。教育直播试运行一个阶段后，作为教师，面对镜头，从最初的"慌乱"到后来的"沉着"。现在再谈教育直播，有必要回归理性，追本溯源，探讨教育直播的发展历程、内涵和特点，对教育直播实践进行"反思"。开展教育直播是面对疫情的被迫之举，那么疫情过后，成人高校的教育直播何去何从？

二、教育直播的发展历程和内涵特点

（一）发展历程

教育直播起源于电视会议，20世纪80年代传入中国，教育的电视直播开始出现。1998年中央广播电视大学推出教育直播的首播，师生通过电话热线进行交互。21世纪初，国内各广播电视大学通过双向视频会议进行系统实时授课，师生通过计算机网络或邮电通信进行交互。2009年，少数在线教育机构借助平台进行语音直播，师生通过QQ语音进行交互。2016年被誉为"中国网络直播元年"，教育直播飞速发展，一些教育机构实行"线下教育线上化，线上教育直播化"的策略，以降低教育成本，扩大生源范围，纷纷推出直播类教育产品，师生之间、学生之间可通过微信、直播平台等进行文字、语音、视频等多种资源的交互。有数据显示，在垂直类直播排行TOP10中，六成是教育直播。

（二）内涵特点

1. 教育直播的内涵

学术领域对于教育直播的内涵界定，至今尚没有统一的说法。笔者罗列了个别有代表性的界定，主要如下：

郝春娥认为教育直播是由主播通过视频录制工具，在互联网直播平台上直播教学活动，学生可以通过弹幕或者打赏方式与教师互动，是一种在互联网平台上直播教学的行为。陈卓认为教育直播是面向教育的互联网技术，是基于云计算技术的高效、便捷、实时互动的远程教学课堂形式，通过互联网界面共享文档、PPT、网页、数据、应用等，跨越空间与全球各地的学生、教师、家长等不同用户构建教学过程。胜楚情认为教育直播是以计算机、多媒体和现代通信技术等信息技术为主要手段，将信息技术和现代教育教学思想有机结合的一种新型远程教育模式，能够有效地利用各种教育资源。张珏等人认为教育直播是指在师生分离的情况下，利用直播平台开展实时教学活动，实现教育者与学习者之间的教与学。刘青松认为教育直播就是教育机构在互联网上注册一个域名，教师或教育类主播在这个域名上开设自己的直播间，在直播间通过导播设备为学生进行实时教学直播，此域名即教育直播平台。

2. 教育直播的要素

分析上述内涵界定，教育直播的要素主要有：

参与主体：面授课上一般只有教师和学生，直播课除了教师（也被称为主播）和学生（或称为网友、顾客）固定外，教务管理人员、班主任及学生的家人朋友（或称为网友、路过的陌生人）随时可以自由进入和退出。

教学媒介：教育直播不再需要固定的教室实体，而是需要借助视频录制软件，用手机、平板或者电脑等设备在互联网直播平台上（或称为域名、或称为虚拟直播间等）开展教学活动。

教学资源：教育直播对教材和PPT等资源的依赖性有所降低，主要是通过互联网界面共享文档、PPT、网页、数据、应用、音频、视频等多样的电子学习资源。

3. 教育直播的特征

实时性：直播强调实时参与，陈昭琛认为教育直播就是实时地把传统实体课堂"搬到"虚拟的直播间。学生可以在规定时间内，即使空间上分离，也能一起实时参与教学活动。

便捷性：教育直播突破时间限制，超过规定时间，便可形成在线录播课，缺勤的学生或理解上有困难的学生可以看回放；教育直播打破空间的限制，让身处不同地区的学生，避免来回奔波，只须通过互联网就可以上课。

交互性：教育直播发展至今，已经可以实现师生双向交流，利用直播平台上的相关功能，或以聊天弹幕的形式回答老师问题，或以打赏的形式与老师互动。其互动的内容和形式与面授有所不同，为方便学生迅速快捷地回答问题，可能提问更多倾向客观题，主观阐述问题的交互较少。

多样性：教育直播已成为当前教育的一种风向、一种时尚，但对其内涵的界定仍有不同看法。教育直播是一种教学行为、一种教育模式、一种课堂形式、一种教学手段、一种教育形态、一种教学技术，等等，可见，对教育直播尚没有统一的规定，在探索期间，教育直播的实践和理论发展必将呈现多样性，百花齐放。

在疫情肆虐的情况下，黄浦区业余大学2020年初，动员广大师生开展了教育直播。根据教育直播的发展历程和内涵特点，笔者设计了相应的调查问卷，并于2020年4月—5月对全体在校学生进行了全抽样问卷调查，全校在读学生600多人，通过问卷星调研，收回555份有效问卷，回收率达到90%以上。从学生体验、交互性、学习困难、学习效果等方面进行了调查。同时，还对相关教师进行了访谈交流。

三、成人高校教育直播的现状与问题

（一）教育直播的总体评价

学生是教育直播的体验者，也是主要的评价者。调查显示，学生对参与教育直播的学习效果（如图2），50.45%的学生表示"满意，比面授好"；34.05%的学生表示"一般，和面授一样"，总之，总体评价比较满意。

学生表示满意的主要原因就是教育直播非常方便。77.84%的学生认为教育直播非常便捷，可以不受地域的限制。74.41%的学生认为教育直播带来了便利，节省了上下学路上的时间。有的学生说："我现在还在老家，如果要上面授课，就算没有找

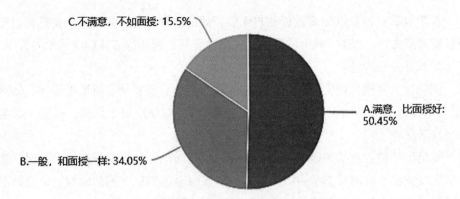

图2：学生对教育直播的学习效果的满意度

到工作，也要返回上海求学，生活成本很高。"有的学生说："我们工作调动很频繁，选择工作还要考虑离学校不要太远，现在的话没有这个顾虑。"有的学生说："以前面授课还要请假，现在戴上耳机，可以边工作，边听课。"有的学生说："我家孩子没人带，以前面授课，我都带孩子过来，现在可以在家边带孩子，边听课。"所以，教育直播使得每个班级的出勤率都非常高。

其次，直播平台的选择、教师的教学水平和能力以及教学直播过程也是影响满意度的重要因素。调查显示，对现在使用的直播平台（腾讯会议），67.75%的学生认为很方便，28.47%的学生认为一般。对老师教育直播的效果，57.66%的学生表示"满意，比面授好"；32.97%的学生表示"一般，和面授一样"。对教育直播中的师生互动，46.49%的学生表示"满意，比面授好"；39.82%的学生表示"一般，和面授一样"。

（二）教育直播面临的挑战

学生参与教育直播的困难很多（如图3），主要是网络不稳定，占比55.32%；家里干扰因素多，占比42.52%；缺乏上课的感觉占比36.4%，工作太忙没时间占比35.86%，缺乏师生互动占比29.91%。

网络不稳定。教育直播过程中，由于网络问题或者技术问题，画面和语音都会有一定的延迟或卡顿，这将影响教学活动的正常进行。31.53%的学生认为现用的直播平台（腾讯会议）功能有限。教师也缺乏对网络和直播平台的技术了解。

学生缺乏约束容易分心。42.7%的学生表示偶尔分心，8.29%的学生表示总是被干扰，偶尔听听，3.08%的学生则只是挂在线上，基本不听。在学生的个别访谈中，有的说："现在听课是很方便，可以边听课，边干自己的事情，但很容易被各种事情分心而不能专注于学习。"

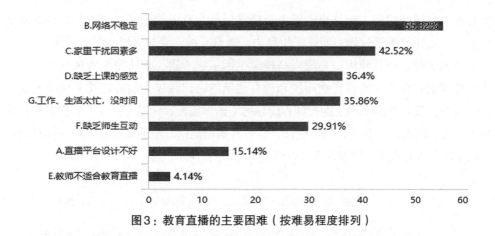

图3：教育直播的主要困难（按难易程度排列）

缺乏沟通交流的情境感。调查虽然显示，很多学生对教学中的互动比较满意，但在与师生进行访谈后，有不同的声音。访谈中，很多同学都表示教育直播跟老师和同学的交互不方便、没有情境感和亲近感。有的说，"教育直播跟面授课交互的感觉不同，缺乏在教室里跟教师和同学交流的亲切感"；有的说，"一个人对着手机和电脑听，看不到真实的老师和同学，没有上课的感觉，容易瞌睡"。教师也认为对着电脑讲课没有感觉，因看不到学生也不知道学生的反馈怎么样，感觉一直在"自说自话"。

教育直播经过不断的改变，已逐步成为当前的热点。反思一个学期的教育直播历程，学校的教育直播虽是被迫，但也是契机，为未来的教学改革开辟了一个崭新的道路。面对全新挑战，我们徘徊、惶恐，但最终沉着应对。而且，对照教育直播的内涵、要素和特点，经过摸索，还积累了点滴经验。那么，疫情过后，教育直播是否能全然代替面授？如果不能，与面授以及其他教学形式又应如何权衡，为主还是为辅？教师和学校又应采取什么策略激励学生学习的自觉性？一系列问题，都值得我们思考和探究。

四、完善成人高校教育直播的建议

（一）明确教育直播的重要地位

教育直播在成人高校教学是一种必不可少的、重要的辅助形式。如图4，调查显示，学生喜欢的教学形式呈现多样化特点，喜欢面授课的居多，占比为18.02%，喜欢单一教育直播的学生占比为12.61%，喜欢面授与教育直播相结合形式的学生占比9.01%，喜欢面授、录播与教育直播相结合的学生占比17.48%。这组数据表明学生对线上录播的倾向。但这里的线上录播是对教育直播的录播，非教育直播的录播材料因无法还原教学过程，而缺乏生命力。教育直播，要与面授和线上录播相结合，效果才能更好。究其原因，是成人高校学生因工学矛盾，无法完全实现教育直播的实时性和面授课程，所以喜欢面授和教育直播的占比较少，而喜欢线上录播的学生占比较多。教育直播实现了面授课程跨越时空的可能性，又赋予了线上录播材料鲜活的生命力，因此，三者结合效果更佳，教育直播则是同时激活面授课程和录播材料的有效手段和重要方式。学习者也可以根据自身需要，随时选择不同的学习方式。

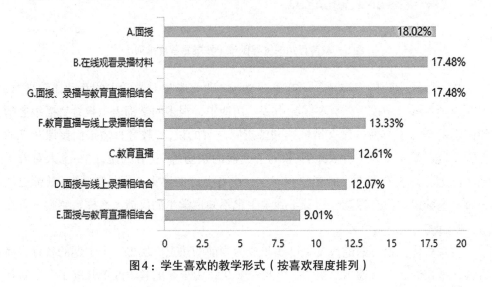

图4：学生喜欢的教学形式（按喜欢程度排列）

（二）明细教育直播的时间节点

调查显示，学生参与教育直播的设备主要是手机，占比70.09%。教育直播的时间相对比较分散，分别是工作日晚上、周末白天、周末晚上。76.4%的学生希望教育直播的频率为一周1—2次，不要太多。81.8%的学生希望教育直播的时长为1—1.5小时。82.16%的学生会看直播的回放。这些数据对直播平台的选择、直播课程的安排都有一定的参考意义，尤其强调要有对直播的录播及回放功能。如果采取面授、教育直播和线上录播同步的方式，就要列出明细的不同知识点播出的时间节点，以让缺勤学生在回看时能准确找到感兴趣的"节目"，节省时间，提高自主学习效率。

（三）选择教育直播的主要内容

成人高校的专业种类繁多，知识类型也多样。不是所有的课程、所有的内容都适合教育直播。据了解，教育直播效果好于面授的知识主要是课程导学、理论性学习和语言类学习，分别占比69.55%、64.86%和44.5%。面授效果好于教育直播效果的知识主要是操作类学习、期末复习和计算类学习，分别占比68.11%、55.32%和47.75%。面授课、教育直播和线上录播的结合，一方面可以满足缺勤学生的远程学习和延期学习需要，另一方面也可以使缺勤学生通过观看真实课堂而增加其参与感和情境感。但是，对于操作类等知识，还是要强烈建议学生参加面授课。

（四）提升教师队伍的直播能力

教师参与教育直播，时空发生了改变，媒介发生了改变，资源发生了改变，面对的学生发生了改变，一系列的改变使得教师从面授辅导教师转变为"主播""主持人""媒体从业人员"。这些转变要求提高教师队伍的直播能力。

首先要加强教师能力建设。主播需要具备更多的综合能力，如要有良好的思想政治意识，过硬的专业知识能力，灵活的表达和沟通能力，应急能力，多媒体技术编辑能力，直播平台功能应用能力，等等。其中尤为重要的是教师的思想政治意识，教师作为"传道授业解惑者"，本来就应该传递正确的价值观，特别在互联网时代，任何言语都要传递正能量，否则就失去了"为人师表""教书育人"的初衷。

其次要加强教师队伍建设。教育直播不再是教师"单打独斗"，而是需要团队合作和联盟。完整的一堂直播课，除主讲教师外，还需要辅导教师、技术团队的协作。就同一门课程而言，对于业大或开大来说，有教研组和系统教学网络，因此可以形成教师联盟，主推一些特别适合的教师作为"主播"，其他教师则作为辅导教师进行个性化指导，这样也可以实现直播课程的经济性。

（五）尝试教育直播的营销策略

教育进入直播后，已经不仅仅是一种教学行为，更是一种媒体行为，因此需要宣传营销，动员学生不仅要参与进来，还要互动起来，为此，可以尝试相关的营销策略，以提高对教育直播的参与和互动。如：开展线上翻转课堂的教学形式，课前发布能吸引人进入的课程预告，发布学习资源并且督促学生提前学习，了解学生在预习中的难点，等等；课中可以分析作业，引导学生参与互动；课后进行小结等。又如：借助多种平台交互使用推进教学，平台服务于教学，而不是教学服务于平台，只靠教育直播平台，难以完成任务，要借助微信群、微信公众号、微信小程序等手段。再如：借助互联网技术，对积极参与互动的学生赠送"鲜花""掌声"甚至是可以折合成平时成绩的"积分"，以示奖励。还可以通过各种手段培养"粉丝"，把教学内容变成通俗易懂的"故事情节"，转换成可以吸引学生的"包袱"，给学生"情感关怀"，把教学互动变成"才艺比拼"，让学生彼此之间关注，等等。

（六）营造教育直播的课堂氛围

教师和学生认为教育直播最大的问题是"没有感觉"，营造真实的课堂氛围非常重要。如果是面授课，要同步直播和录播，参与面授的学生可以同步观看直播视频；互动时，要对教师、到场学生和镜头里的学生进行灵活的镜头切换，让实时参与直播和课后观看录播视频的学生能真实地感受到课堂氛围。如果是教育直播，要避免系统性的"灌输知识"，而是要开展"主题讨论"，鼓励学生积极参与互动，对无法参与而只能观看录播的学生，也要有作业布置，延时提交自己的观点。技术上，校内要配置镜头可以自由切换的录播教室，保障网络的安全与畅通；校外要综合比较多种直播平台，从平台功能、流畅度、便利性等方面，选择较为合适的直播平台。

综上，教育直播尚不能完全取代面授形式，但会成为一种必不可少的、重要的辅助形式。不同专业、不同课程、不同知识如何进行教育直播，需要教师的大胆创新与尝试，进行精细、科学的教学设计；需要学生的主动参与；需要教辅人员的支持配合；需要技术的大力支持；需要同类兄弟学校的共同研讨。

疫情过后，春暖花开，教育直播也将迎来更美好的明天。

（上海市黄浦区业余大学　王润清）

计算机实操类课程网上直播教学实践探索

——以《网站设计与开发》课程为例

一、研究背景与意义

2020年新年伊始，受新型冠状病毒肺炎疫情影响，教育部做出延期开学的决定，要求各高校积极开展线上授课和线上学习等在线教学活动，实现停课不停学，确保疫情防控期间的教学进度和教学质量。

此次突发疫情，也将成人高校的线上教学全面推上日程。以往的"教学信息化改革"，主要围绕着传统面授和网上教学互补的混合模式展开。而在此次疫情防控期间，将完全脱离传统面授，实施全网络直播教学模式，这对成人高校的教师提出了新的挑战。

成人高校开展"网上直播课堂"教学将面临直播平台选择、直播课堂组织、教学设计、直播课堂教学反馈、教学评价等诸多问题。而成人高等教育中计算机实操类课程，由于涉及学生上机实践环节，要实施网上直播教学必然会遇到更多的困难和阻碍。如何顺利开展计算机实操类课程的网上直播教学，成为计算机专业教师必须面对和思考的问题。

本文作者立足于教学实践，以黄浦开大软件工程专业的《网站设计与开发》课程为例，开展对计算机实操类课程网上直播教学的实践研究。针对计算机实操类课程特点，从直播平台的选择、直播课堂教学设计和直播教学反馈等多方面，分析和探究计算机实操类课程网上直播教学存在的问题及应对之策，并根据问卷调查的统计分析结果，对直播教学的实践予以反思，为成人教育信息化改革和计算机实操类课程直播教学模式探索提供借鉴和思路。

二、计算机实操类课程网上直播教学的实践

《网站设计与开发》是上海开放大学黄浦分校软件工程专业的一门专业课程，通过该课程的学习，使学生掌握网页设计与制作的基础技能。强调任务驱动、实例教学和能力培养相融合。实例与任务相结合，学生在完成任务的同时，掌握解决实际问题的能力。

(一)网上直播教学的平台选择

突如其来的疫情，使得学校层面要尽快选择合适的直播平台用于教学。当前可选择的直播平台众多，如"钉钉""腾讯会议""Zoom"等平台都是不错的选择，各具优势。但首先要考虑下载是否方便、安装是否简单、直播效果是否通畅。保持各个学科直播平台的统一性，可以避免师生因多平台安装、切换带来的负面影响。

考虑到计算机实操类课程对师生互动要求高的特点，直播平台需要具备实时语音互动功能以及相互屏幕共享功能，满足学生边上机操作、边随时向教师求助的实际需求，因此所选用的网上直播平台应具备以下特点：

1. 具备视频会议功能，满足视频和语音实时交互。

2. 能够实现应用软件共享和屏幕共享，满足教师的操作演示与师生互动。

3. 提供聊天板，供学生直接文字交流和信息反馈。

4. 直播平台App下载安装方便快捷，支持电脑、手机、平板等跨平台应用。

5. 直播平台操作简单、使用方便。

6. 自带录屏功能，实现服务器端存储、在线回看。

由于疫情期间"腾讯会议"提供免费服务，尽管该App还不具备自动录屏功能，但其他条件都基本满足，故《网站设计与开发》课程最终选用了在"腾讯会议"App上开展网上直播教学。

(二)网上直播课程的教学设计

1. 教学方法

TBL教学法。TBL（Task-Based Learning），指任务导向学习法，是将任务驱动教学、实践教学和案例教学相结合的一种教学方法。指教师布置给学生学习任务，让学生通过完成任务的过程，自然而然地学习并运用知识的教学方法。所谓"学习任务"通常指能够让学生运用知识点，去完成某项任务或解决一个问题的开放式教学活动。任务导向学习法，有利于调动学生学习的主动性和积极性，注重互动、交流和解决实际问题。

在《网站设计与开发》课程的教学方法上就采用任务导向学习法，教师事先给学生布置一个任务，例如创建"电子商城首页"，通过任务驱动学生课前自学，课中直播实例讲解，使得学生在完成任务的同时，学会网页设计的基础知识与技能。任务导向学习法有利于学生边实践边思考，在实践中发现问题，寻找和学习解决问题的方法与技术，从而使得完成任务的过程成为学习和内化知识的过程。

2. 教学准备

(1)网络环境与直播设备

网络环境的优劣直接决定了网络直播课堂的效果好坏，所以需要配备高速宽带的网络环境，以确保课程直播时上行下行通道的顺畅，为网络直播课堂的顺利实施保驾护航。

由于计算机实操类课程，需要学生进行上机实践操作，而智能手机和平板电脑这类终端只能观看和实现简单的互动，无法满足计算机实操类课程网络直播的需求。所以师生首先必须选择内存足够、性能优良的计算机作为网络直播课堂的教学终端，既能支持直播平台和教学软件同时运行不卡顿，也能满足学生上机实践操作的需求；其次要配备效果优良的摄像头和话筒，一方面保证直播端画面的清晰度，另一方面也能实现师生语音的正常交流。

（2）教学软件共享下载

计算机实操类课程，需要软件的支持，故直播课前，教师需要将上机时要使用的软件和素材文件提早分享给学生。以《网站设计与开发》这门课为例，由于需要通过网页开发软件"Adobe Dreamweaver CS6"来实践学习网页的设计，所以直播课前需要学生的电脑都安装好这个网页开发软件。课上实践需要的素材文件也要提早共享给学生。共享途径包括百度网盘链接、微信、QQ、E-mail等。

（3）组建微信学习群

"腾讯会议"只是个临时视频会议直播平台，并没有教学组织功能，所以课前课后的线上教学组织和师生交互只能依赖于"微信学习群"。"网站设计与开发"课程学习微信群的建立，方便师生课上课下的实时沟通。"腾讯会议"直播课程的邀请信息也是通过微信学习群发布。

3.教学过程设计

《网站设计与开发》这门课，学生将学习网页开发软件Dream Weaver CS6的使用、网站设计与开发的基本知识、网页动态特性及CSS样式表的基本应用等。教学过程中师生都离不开软件的操作实践。网上直播课堂更需要注重课前学习与课后巩固。下面以《网站设计与开发》第二讲"网页制作基础技能"为例，阐述本课程的教学过程设计。

教师将利用直播平台的"屏幕共享"功能，实现直播实例操作演示，并同步讲解课程要点，带领学生最终完成实践任务。具体的教学过程设计如图1所示。

计算机实操类课程的教学过程往往以教师演示、学生实践为主。如何在统一机房环境缺失的前提下，顺利开展网上直播课堂教学？这离不开师生之间的协同合作。

教师方面，合理设计教学活动，采用任务驱动式教学方法。将实验过程细分成若干项任务，在任务的驱动下，激发学生的学习兴趣；课前，教师通过布置课前任务，提供学习资源，为直播课做知识铺垫；课中，教师结合实例，讲解演示课程知

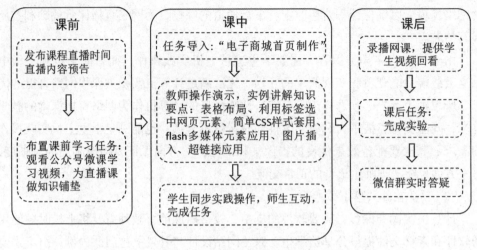

图1：网上直播课教学过程设计

识要点，更加直观易懂；实践环节，教师提供操作说明文档给学生作参考；整个实践过程，教师注重阶段小结和回顾，随时询问学生的阶段任务完成情况。碰到学生有疑难的，及时予以解决，不耽误其完成下一个任务。课后，教师提供网课回看视频，布置课后任务，同时提供微信群实时答疑服务。

学生方面，应积极配合老师，及时完成学习软件的下载、安装与调试；课前认真完成老师布置的学习任务；直播过程中，及时响应老师的互动，有问题及时提出来，做到不分心、不掉队、不外挂；课后，善于利用各种资源自学巩固，按时完成实验作业，遇到问题能够利用微信学习群及时求助。

（三）网上直播教学实践效果调查分析

作者针对计算机实操类课程网上直播教学效果发起问卷调查，共收回问卷26份。

其中，95.45%的同学认为老师的视频与声音较清晰，100%的同学认为老师通过桌面共享的方式直播演示操作过程，操作步骤清晰明了。

"网络直播课时，跟着老师一起来完成实践操作，你是否跟得上？" 38.46%的同学表示完全能跟上，53.85%的同学表示基本能跟上，这两项合计占比高达92.31%（如图2）。

"计算机类网络直播课，你觉得跟老师沟通是否顺畅？" 72.73%的同学选择"很顺畅"，22.73%的同学认为"基本顺畅"，这两项合计占比95.46%（如图3）。

关于"计算机类网络直播课，你觉得和机房上课相比是否达到你的心理预期"，有近76.92%的同学选择"达到预期"（如图4）。

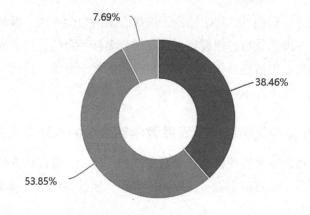

■ 完全能跟上，没问题　■ 基本能跟上，偶尔会碰到问题　■ 经常跟不上

图2：直播课教学效果分析

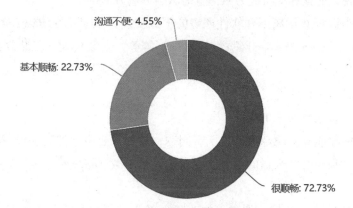

图3：直播课师生沟通效果分析

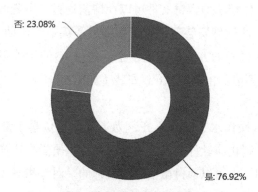

图4：直播课教学效果分析

根据问卷统计，我们可以得出结论，选择合适的教学方法、做好充足的直播课准备工作，进行合理的教学过程设计，以及结合多种平台信息技术的灵活应用，计算机实操类课程网上直播教学完全能够满足课程的教学要求，达到大多数学生的心理预期。

三、计算机实操类课程网上直播教学实践中的问题与应对

尽管网络直播教学具有便捷性、受众范围的广泛性、管理的方便性、互动的及时性等特点，但由于计算机实操类课程的特殊性，使其在网络直播课堂的实践过程中，面临诸多问题。

（一）软件环境的配置

离开了统一的机房上机环境，学生就需要自己搭建课程适用的软件环境。软件的下载、安装、配置等都将成为阻挡直播教学顺利开展的障碍。

计算机类课程教学离不开软件环境的下载安装，如SQL SERVER数据库软件、VS编程软件、Dream Weaver网页设计软件，等等，安装包大，安装复杂，容易出错，有的安装完毕后还要进行软件参数配置。如何实现让全班同学都能顺利下载和安装好上课需要的软件呢？

1. 软件安装包的共享下载

百度云网盘能够解决超大软件下载问题，教师只要将软件安装程序压缩包上传至百度云，再利用百度云盘的免费共享功能，将下载链接发给学生，学生即可在家下载。

以《网站设计与开发》课程直播为例，教学前需要学生的电脑都安装网页开发软件"Adobe Dreamweaver CS6"。每次直播课前，学生还需要下载各种实例教学需要的素材文件。体积小的素材文件可以在课前通过"电脑版微信"发送到微信学习群；而体积较大的软件安装包，则要教师另辟蹊径。比如3G以内的软件可以通过压缩包采用邮件群发的方式传递给学生，超过3G的软件则只能上传至"百度网盘"，通过发布分享链接给学生，下载安装（如图5）。

2. 软件安装指导

成人学生电脑操作水平参差不齐，为了确保每位学生都能顺利完成软件的安装，教师有必要录制相应软件的安装指导视频提供给学生（如图6）。如果学生在安装过程中遇到疑问，也可以通过微信寻求教师的一对一指导（如图7）。项目开发软件的安装，本身也是一种学习。

图5:百度云分享软件安装包

图6:软件安装指导视频

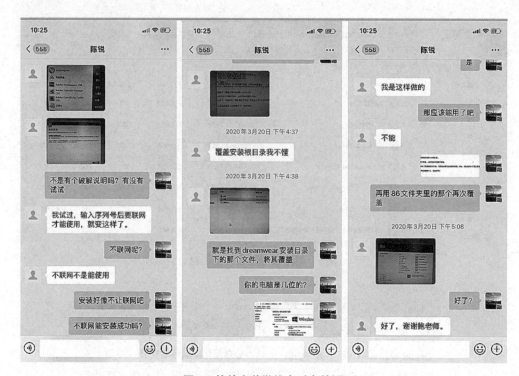

图7：软件安装微信点对点答疑

（二）直播教学中如何实现师生信息交互

计算机实操类课程网上直播教学过程中，不同于学生在机房实践时，教师可以随时观察到学生上机实践的进度，在网络直播课上，教师在网络的一端操作演示，学生在网络的另一端操作，教师需要把握学生的操作进度和技术掌握情况，比如：是否完成了阶段任务？是否碰到了疑难问题？是否已经解决？那么在直播模式，教师如何第一时间获得学生反馈，及时帮助学生找出问题症结并予以解答呢？根据问题的复杂性，师生可以采用以下三种答疑方式。

1. 语音与聊天区互动

语音通话功能，允许学生在碰到简单问题时，第一时间求助老师，老师则可以通过操作和语音结合予以解答，但仅适用于能够用语音表述完整的问题。

直播平台自带的"聊天区"也是一个不容忽略的交互途径。当教师需要及时了解学生们的操作进度时，可以要求学生在"聊天区"发送简短的文字信号给出快速反馈，从而方便教师快速统计和把握教学进度。例如图8所示，学生们正根据老师的要求，在"聊天区"发送"2"，表示自己已经成功完成了某一项操作任务。

不管是语音交互还是聊天区交互，都只适用于浅层的简单互动。其特点是快

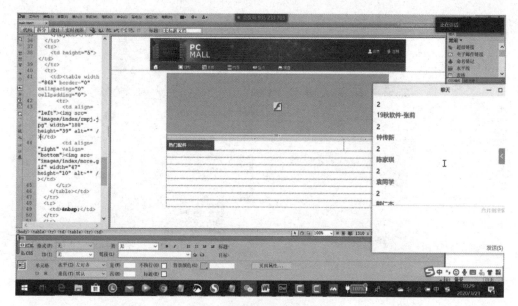

图8：直播课堂师生实时互动

速、简单。

2. 微信截屏答疑

当学生碰到复杂问题时，语音和文字都往往无法描述清晰，将自己的操作界面或代码视图截屏后发微信群，求助于教师答疑。此时教师就可以通过查看截图来给予解决。图9所示的就是学生将操作过程中的截图发在微信学习群中，教师通过直播语音给予清晰的解答。

但为了实现计算机操作类课程直播的最终效果，教师在直播课堂讲解操作的重要环节，必须安排足够的答疑时间，以帮助学生顺利渡过难关。

3. 直播平台屏幕共享

"腾讯会议"这个直播平台的特点是允许学生端也可以共享其屏幕。如果教师想直接看到学生的操作，就可以利用直播平台"桌面共享"功能，让学生将自己的电脑桌面共享给老师。这种屏幕共享的功能，能够方便教师在线检查学生的实践能力，也可以更为直观地发现学生的错误操作并给予指正。

师生屏幕相互共享，实现充分的师生互动。但由于一次只能共享一个学生的桌面，所以这种方式的最大缺点就是会占用其他学生的时间，教师还是应该谨慎使用。

（三）教学辅助资源载体

微信公众平台，作为移动教学的资源发布平台，成为此次疫情期间，网上直

图9：微信学习群截图答疑

播课堂辅助资源的载体。课程相关的教学补充资源、直播课程回看视频、实验操作指导视频，等等，教师都可以发布在微信公众平台上，既可以供学生们自主访问浏览，也可以直接推送。成功将网上直播课程延续到课下，为学生开展自主学习提供条件（如图10）。

四、计算机实操类课程网上直播教学实践反思

通过近两个月的实践，计算机实操类课程的网络直播教学在成人高校的教学应用中取得了一定的教学成效，通过将直播平台软件、网络即时通信软件、云端储存软件、新媒体平台等灵活组合应用，使得计算机实操类课程的网络直播教学得以顺利实施。在教学成效问卷调查和分析中，学生对直播课的效果总体满意度较高，但同时也存在一些问题，亟待解决。

图11所示，是学生被问及"网络直播上课与机房上课，你觉得更倾向哪个"时，53.85%的学生选择了"机房上课"，深究其原因，可以从以下几个方面来分析和反思。

（一）如何保障软硬件的配置

课堂教学，由学校提供机房及项目环境。学生只要到学校来参加面授，即可顺利完成整个课堂教学任务。然而计算机操作类课程一旦搬上网络，学生的软硬件配

图10：微信公众号资源

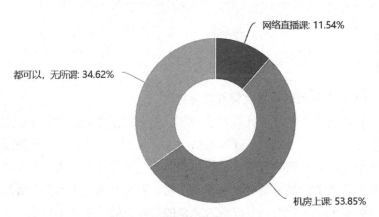

图11：网络直播与机房上课对比

备成为其接收直播教学的关键因素。学生端硬件种类的多样性与教师提供的软件版本单一性的矛盾，加上学生项目环境配置能力不足，成为制约直播课教学顺利开展的主要障碍。

要想彻底排除这一障碍，只有实现项目开发环境网络化。通过学校购买云服务提供商的平台及服务（基于应用程序开发及部署平台作为服务的形式），租用课程需要的项目软件的开发环境。这样学生和教师都不需要配备高端电脑设备，只要一台可以上网的低配电脑，通过浏览器直接访问项目开发平台，就可实现项目开发操作。实现项目开发的环境网络化后，有利于减轻终端硬件的负担，将师生从项目开发的环境配置问题中解脱出来，专注于网络直播的教学过程，从而提高教学效率。

（二）如何实现师生沟通的高效性与通畅性

网上直播课程，实施有效的师生互动尤为关键，而计算机实操类课程涉及学生上机操作。教师在直播教学过程中，除了演示讲解知识要点、操作技能外，还要负责帮助学生解决其操作过程中碰到的各种疑难问题。因此计算机实操类课程的网络直播教学，对师生的互动交流要求更高，开展的难度也更大。问卷分析中，关于与教师沟通互动仍有近5%的学生反馈"沟通不便"。

常用的"聊天板互动"，是教师通过让学生在聊天区进行简单回复的方式，能够让教师在直播课上快速了解学生的学习现状及操作进度，无法满足更复杂的互动需求。

"共享屏幕互动"方式，可以满足个别学生向教师求助解决复杂的操作及编程问题，但这种互动方式倘若频繁出现于直播课堂之上，将会妨碍教师正常的教学进程，同时也会造成其他同学闲置等待，拉低直播教学的整体效率。

要想实现师生沟通的高效性与通畅性，需要教师发挥智慧，灵活利用各种即时通信工具，如微信、QQ、腾讯会议中的"快速会议"等，为学生的上机实验提供在线答疑服务。

（三）如何实现有效的课程监督与教学评价

由于"腾讯会议"软件不具备以上功能，故本次直播实践过程中的课程监督主要依赖班主任线上统计出勤率。教师根据学生实验作业完成的速度和质量来进行相应的教学评价。然而有效的直播课堂的课程监督与教学评价，离不开直播软件的后台监测功能。直播平台如果能够增加签到功能、随堂测试、作业提交等功能，就可以实现后台数据的统计分析，形成较为完善的后台直播效果评价体系，来帮助教师实现有效的课程监督与教学评价。

五、结语

在这次疫情防控期间，网上直播教学为确保教学活动的正常开展发挥了重要的作用。相信在"互联网+教育"大趋势下，网上直播教学以其独有的便捷性、高效性、交互性以及不受地域局限等特点，与传统面授教学互补，必将成为成人高校混合教学模式中不可或缺的重要组成。

随着直播平台功能的逐步完善、教师直播教学经验的不断积累、直播技能的进一步提升，可以预见，不久的将来，成人高校课程的网络直播教学将会迈向普及化和常态化，定期的网络直播教学或不定期的网络直播讲座等，都将为学生带来更为丰富多样的直播教学体验。

（上海市黄浦区业余大学　鲍筱晔）

直播课堂教学设计研究

——以《社会保障理论与实务》课程为例

受到新冠肺炎疫情的影响，教育部发出了"停课不停学"的号召。学校为响应这一号召，确定在2020年春季采取直播课堂的形式完成教学任务。直播课堂作为在线教学的方式，面临着教学过程控制难、教学效果难以保证等现实问题。如何设计出科学的教学方案以提升直播课堂教学的有效性成为教师们研究的新课题。本文以《社会保障理论与实务》课程为例，探索直播课堂教学方案的设计、实施和完善。

一、直播课堂教学方案设计的原则

网络直播课堂作为远程教育最常用、最基本的授课手段，应该通过精心的设计，才能为学习者提供最佳的教学条件，最及时的教学指导，取得最有效的教学效果，发挥网络有效功能。网络直播课堂的设计应遵循以下原则：

（一）系统性原则

教学方案的设计首先要遵循系统性原则。教学方案的设计就是运用系统的方法分析教学需求、确立教学目标、选择教学内容和教学策略、进行教学评价和反馈并根据评价和反馈进行优化的过程。开放大学的教学强调以学员为中心，而不是以教师为中心。因此，教师在直播课堂中是教学的组织者、管理者、指导者和促进者。教师的中心任务是帮助学生主动进行知识的建构。根据系统性原则，教师的教学设计首先需要把课前、课中和课后三个阶段综合起来考虑，不同的阶段确定不同的任务，选择不同的媒介和平台，提供不同的学习资源。

（二）互动性原则

现代教育理论认为，教学不是单一的、僵硬的、单向的，教师借此统治教育教学活动，单纯传授知识的过程，而是综合的、生动的、师生平等参与、共同感受和思考并参与建构知识体系的互动过程。直播课堂中，有效的互动可以促进学生进行知识的建构，从而有利于教学目标的实现。实现有效互动的前提是选择良好的互动环境。对于性格内向，不喜欢被过分关注的学员而言，直播环境比面授环境下的互动意愿要强，因为在网络状态下，学生可以选择视频发言、语音发言和文字来表达观点。不愿意说话的学员，可以通过文字的形式表达观点。实现有效互动的基础是选择能够使学员产生共鸣的难易度适中的互动主题。要调动学员的互动积极性，首先要让学员有话说，互动主题如果都是学员感兴趣的话题，就会充分激发学员的表达欲望；要调动学员的互动积极性，还要让学员有能力说，这就要求互动的主题难易度适中。如果选择的话题难度太高，学员就无法参与互动，反之如果话题过于简单，也无法激发学员发言的欲望。

（三）导向原则

直播课堂不是面授课堂的复制。直播课堂的主要目标在于集中精力解决学员在自主学习阶段无法解决的问题。在直播课堂中，教师的主要功能是"导"不是"教"。所谓"导"就是引导学生运用理论知识分析和解决问题，引导学生学会学习。由于教师的功能不再是传递和灌输知识，所以不能像传统面授课那样按章节顺序一一讲授知识点。教师在教学设计时首先要把课程内容归纳为几个专题，其次要在每一个专题中选择重点和难点作为直播课堂的教学内容。

二、《社会保障理论与实务》教学方案的设计

《社会保障理论与实务》在坚持系统性原则、互动性原则和导向原则的基础上进行了教学方案的设计。（教学方案见图1）

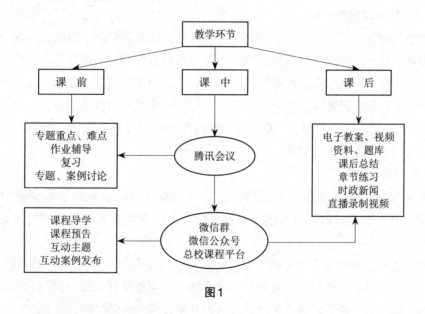

图1

（一）直播课堂的软件选择

作为直播课堂的技术支持手段，软件的选择至关重要。不同软件的功能既有相

同之处，又有差异性。在进行直播软件选择时既要考虑直播的效果，又要考虑软件对使用者使用设备的要求是否与学生现有的客观条件相匹配。经过调查发现，《社会保障理论与实务》这门课程的25%的学员没有电脑，他们需要运用移动设备完成听课任务；50%以上的学员运用多媒体技术的能力一般。基于这两点原因，《社会保障理论与实务》最后选择了腾讯会议直播软件。这款软件最大的优点在于操作简便，安装程序简单，在移动设备上安装后使用效果好，而且稳定性较好，崩溃瘫痪的可能性也非常小。《社会保障理论与实务》的课前软件测试时，100%的学员认为软件完全可以满足直播课堂的听课需求。

（二）教学目标的选择

直播课堂的开展需要对教学目标进行准确的定位。直播课堂受到虚拟时空的限制，时间不宜太长，需要浓缩课程的内容，要避免把面授课堂直接搬到直播课堂来。因此直播课堂教学目标的设定区别于面授课堂。直播课堂不再是单纯传递知识的课堂，而是帮助学生进行深度学习并能解决问题。在正确认识直播课堂功能的基础上，《社会保障理论与实务》的教学目标定位在运用上。要求学生通过自学、参加直播课堂学习后，能运用社会保障的相关理论知识和法律知识分析和解决生活和工作中的实际问题。

（三）教学内容的选取

教学目标确定以后，《社会保障理论与实务》直播课堂教学的内容选择为教学重点和教学难点。例如第一讲的直播内容只包括社会保障产生的原因、社会保障的含义、主要功能、社会保险的基本概念和原则、社会保险与商业保险的区别这几个问题。除了教学重点和难点以外的内容，通过课前布置学习任务的方式，要求学生通过自主学习完成。例如第一讲的第二章内容全部通过自学完成。教学内容的浓缩，更有利于课堂效率的提高。

（四）教学环节

课前建立课程微信群和课程微信公众号，通过微信公众号发布课前自主学习的知识点、教学材料、思考题，通过微信群通知学生直播的时间和进入直播的路径。

课中首先创设情境引出即将要讲解的课程重点和难点，其次，教师通过实时互动进行知识精讲、协作研讨、互动迁移等来提升学生的整体认知，解决自学所不能解决的重点难点。最后，总结归纳课程内容并布置课后的学习任务。

课后学员根据课中布置的任务和视频资源以及文字材料，巩固和复习前一讲的课程内容，按规定的时间完成本课程的计分作业和小组讨论。

（五）风险控制

直播课堂是在规定的时间内完成教与学的任务。成人学生因为工作原因可能无法参与直播。因此，如果可以进行课程回放，学生就可以在其他时间完成学习任务。但之前选择的腾讯会议软件并没有回放功能。为此，《社会保障理论与实务》在直播的同时又采取了录播的形式，把直播课程进行全过程录制，之后通过剪辑整理并在教师的微信公众号中发送给学生观看。

三、《社会保障理论与实务》教学方案的实施效果

（一）学员的出勤率得到了提高

《社会保障理论与实务》这门课在没有实施直播方案以前，每学期学员的出勤率在45%—75%之间。因为加班或路途遥远等原因，70%的学员都选择在课程的第一次和最后一次到校上课，还有30%左右的学员从开学初到学期末，自始至终没有出席过面授课。学员每个学期都遵循一样的规律：学期初和学期末面授课出勤率高，而学期中间出勤率低。

2020年春季实施直播课堂后，该课程已经进行了两次直播，每次直播的出勤率均为100%。学员普遍反映，以前上面授课的时候，要克服很多困难才能到课，请假之后学员还会面临被单位扣工资的风险。课程采用直播方式后，学员的时间成本得到了节约；而且直播软件操作简单，学员参与课程的学习在技术上没有任何障碍，教师的课件设计也考虑了学生运用移动设备屏幕小等因素，学员对直播课的总体感受良好。

（二）教学效率得到了提高

《社会保障理论与实务》直播课堂把教学目标定位为解决课程的重点、难点问题。学员能够通过自主学习在课外解决的内容，在直播课堂上就无须进行讲解。从目前两次直播课堂的情况来看，每次直播课都能完成预定计划90%以上的内容。剩余10%的内容课程教师通过录制视频的方式发送到微信公众号供学员自主学习，对学员没有能够完全领会的内容，在后一次安排了答疑。从学生完成作业和小组讨论的情况来看，学员对每次课程的重点和难点的掌握情况比较理想，学员作业的正确率在95%以上，而小组讨论也能围绕焦点问题展开。直播课堂在节约了学员大量时间成本的前提下，能够完成既定教学任务，说明课堂效率较面授课有了很大的提高。

（三）教师的教学能力得到了提高

直播课堂既是疫情期间解决教学任务的有效途径，也是推动教师进行教学改革

的工具。直播课堂与面授课堂相比，在信息技术以及课堂控制能力方面对教师的要求更高。这就要求教师不断提高自己的信息技术能力，并通过研究教育教学的规律掌握控制课堂的有效方法。直播课堂课程内容浓缩后，教师的备课工作量更大，教师需要在课程内容的选择、互动主题的选择和呈现形式方面下更多的功夫。直播课堂方案实施后，教师熟练掌握了直播软件以及录播软件的使用方法和技巧，同时对微信公众号平台的建设能力也更强，推送的资源质量较以往有了较大幅度的提高。直播课堂对于教师来说，是一项挑战，同时也为教师的成长提供了机遇。

四、《社会保障理论与实务》教学方案实施过程中发现的问题

（一）学员课前自主学习的积极性不高

课前自主学习是直播课堂的首要环节。课前学习的任务没有完成，在直播课堂中就会出现前后衔接不畅的问题。直播课堂主要解决的是课程的重点和难点问题，其他通过自主学习就能够掌握的内容并非不需要学习，这些知识点如果学员在课前没有了解过，在直播课上就会因为后续知识没有前面基础知识的铺垫而无法顺利学习。开放大学面对的都是成人学生，他们的学习时间很难保证。尽管《社会保障理论与实务》每次直播学生的出勤率为100%，但从教师发布的课程课前学习任务的资源点击情况来看，第一次课程资源的点击率为69.23%；第二次则为38.46%。由此可见，课前自主学习的积极性还有待提高。

（二）互动的效果不理想

如前所述，《社会保障理论与实务》直播课堂的互动形式比面授课堂更为广泛，有些性格内向的学员可以通过文字来表达自己的观点，所以在一定程度上提高了互动的积极性。但从学员参与互动的质量来看，能够聚焦互动主题的屈指可数。学员讨论中偏离主题的现象比较常见，即便没有偏离主题，能够抓住问题本质的发言数量也不多。之所以会出现这些现象，首先跟自主学习阶段学员的投入不够有必然的联系。因为事先对课程的内容没有进行足够的了解，就会导致在直播课上互动时的无所适从；其次学生的发言质量跟互动主题的难度息息相关。如果互动的主题跟学生的实际能力不匹配，就会使得互动效果不理想。

（三）教学过程监控难度大

《社会保障理论与实务》选择了腾讯会议作为直播软件。在直播过程中，一旦教师选择了共享屏幕之后，就无法直观地看出有几位学生在线。如果想要实时了解学生的在线情况就需要片刻停顿，进行屏幕的滚动以看到全部学生的在线情况。对于在线的学生，教师无法判断他们究竟是在认真听课，还是挂在网上在做其他的事

情。即使教师通过提问了解到学生不在听课，也没有办法立刻把学生拉回到课堂上来。同面授课相比，直播课堂中教学过程的监控难度明显加大。

五、完善《社会保障理论与实务》直播课堂教学方案的建议

从《社会保障理论与实务》教学方案实施过程中发现的问题来看，充分暴露了教学方案的不足，因此在方案总体框架不变的基础上，对教学环节的细节进行调整有利于进一步提高教学的质量和教学的效率。

（一）教学方案中课前教学环节设计的改进

《社会保障理论与实务》直播课堂的特点表现为知识容量大、课堂节奏快，知识点的讲解突破了教材的限制，这就对学生的接受能力和反应能力提出了一定的要求。学员要跟上快节奏的直播课，就需要在课下的自主学习中下一番功夫。目前学员在《社会保障理论与实务》课程的课前学习的积极性并不高。究其原因在于一方面教师的自主学习任务的布置不够具体，提供的学习资料不够精简；另一方面，教师对课前的自主学习缺乏监控。因此在改进教学方案时，需要充分考虑学员的工学矛盾，在自主学习任务的布置过程中坚持"少而精"的原则；另外需要在课前自主学习阶段加入监控环节。通过实时监控，不仅可以了解学员的自主学习情况，还可以督促学员在课前完成学习任务。

（二）教学方案中互动教学环节设计的改进

互动的效果不理想与学员课前自主学习的效果有关，因此加强对课前自主学习的监控也有利于互动效果的提高。除此之外，教师需要认真研究互动课题与学员自身能力之间的相关度，把互动课题的难度控制在学员能够理解的限度之内。在设定互动主题前，要通过微信群了解学员对该主题的了解程度和理解深度，如果学员不了解，就要为学员准备与该主题相关的材料；如果学员对该主题有一定的了解但理解深度不够，就需要对学员进行提示；如果经过提示发现学员对该主题的理解还存在诸多困难，那就需要更换互动主题。在教学方案中有合理的设计，便于互动的主题，使直播课堂中互动环节的设计不至于成为摆设。互动作为直播课题的有效组成部分，只有发挥其应有的作用，才能帮助学员实现知识的建构。

（三）教学方案中增加监控教学过程的措施

加强对直播课堂教学过程的监控，首先要在直播软件的开发上下功夫。《社会保障理论与实务》选择腾讯会议直播软件的主要原因为该款软件是免费使用的，主要用来解燃眉之急。如果直播课堂将来是常态化的选择，学校层面就需要加大软件的开发投入，提供给教师功能更加强大的直播软件，为教师实时监控学员的在线情

况提供技术支持。另外，教师要学会运用各种教学策略，例如可以运用案例教学法提高学员对课程的学习兴趣，还可以运用激励策略提高学员对课程学习的专注度。最后，教师要定期收集学员对直播课程的意见和建议，根据学生的反馈，优化直播课堂的教学方案。

　　直播课堂在《社会保障理论与实务》课程教学中，解决了学员的工学矛盾，提高了课程的教学效率，受到了学员的欢迎。但直播课堂教学方案实施过程中遇到的一系列问题，也在一定程度上影响了教学的质量。在教学实践过程中探索完善直播课堂教学方案的方法是教师的一项长期任务。

（上海市黄浦区业余大学　张玉莲）

技能培训网上直播课教学督导模式探寻

——以育婴员项目培训为例

一、绪论

（一）研究背景与内容

在信息化高速发展的今天，随着移动终端功能的不断完善，"互联网+教育"已成为学校教学改革的方向。早在2019年《政府工作报告》中已经明确提出发展"互联网+教育"，促进优质资源共享。在线教育的发展，为我国教育均衡发展提供了条件。据中国互联网络信息中心发布的《中国互联网络发展状况统计报告》，截至2020年3月，我国网民规模达9.04亿，其中在线教育用户达4.23亿，较2018年底增长了110.2%，占网民整体的46.8%；2020年3月疫情期间，全国大约2.65亿学生由线下转为线上直播教学，用户需求大增，在线教育态势呈现出爆发式增长。与此同时，移动宽带平均下载速率也比五年前提升了6倍多，为线上教学开展提供了保障。

2020年的新冠病毒疫情更催化了教学模式的革新，教育部出台了《关于在疫情防控期间做好普通高等学校在线教学组织与管理工作的指导意见》，人社部印发了《百日免费线上技能培训行动方案》，提出了"停课不停学""停工不停训"的要求，面对线下教学活动、集中开展职业技能培训产生的巨大影响，人社部联合财政部推出关于实施职业技能提升行动"互联网+职业技能培训计划"，作为应对疫情、推动职业培训转型升级和模式创新、实施好职业技能提升行动的重要举措。各级院校纷纷行动起来，为助力企业复工复产，为帮助农民工、贫困劳动力、失业人员等重点就业人群学习技能知识，提升就业能力做出努力，利用各类不同的在线培训平台，组织线上直播教学，"直播+教育"借助互联网平台和直播技术的新型授课模式已然成为当今职业培训的主流教学模式。

目前，对于线上直播教学模式的运行，大家都还处在摸索阶段中，但是有一些学者已经走在了时尚前沿，对线上直播有了一定的研究，但这些研究大多着重于线上直播教学现状分析、教学的实施方案设计、线上教育建设层面等，对于网上直播教学的过程、教学效果等总体的督导评估方面还有所不足。针对职业技能培训，实践操作部分课时较多，网上直播教育是否适用，效果如何，如何把好教学质量关，文章基于职业技能培训线上直播教学的特点与现状，探索与研究线上线下混合教学督导模式对进一步推广线上直播教学的作用。

（二）研究的目的与意义

本文以某业余大学培训中心（下文称"某中心"）为例，该中心承接的是区人社局的职业技能培训工作，根据区域经济发展的特点，家政类、育婴类项目为目前市场急需紧缺职业，为满足市场需求，配合区里做好疫情防控与职业技能提升、学员线上培训的工作，该中心把育婴员作为试点课程推出网上直播教学。利用第三方在线教育平台组织任课教师在线上建课、录课、网络直播等。作为试点，改革创新也不是一蹴而就的，需要老师们在教学实践中不断尝试和摸索，及时总结与分享线上教学经验。作为学校，改革目的是促进学校更好地发展。在创新教育的同时，提高教学质量仍是学校生存发展之本，是提升学校办学质量的核心问题。因此，确立科学的教学督导理念，针对网上直播教学特点，积极探索线上教学管理，构建规范合理的新型教学督导模式是学校内部教学管理改革的重要途径。

（三）研究的方法

本文研究方法有以下几种：

1. 文献分析法：通过查阅网络资源和学术论文，在充分了解线上直播课堂与教学评估的有关信息的基础上，进行总结与梳理，从已有的研究成果中得到启发，为构建规范合理的线上线下教学督导模式提供理论依据。

2. 问卷调查法：对在校参加技能培训的学生进行问卷调查，根据学生对线上直播教学模式的意见和建议，分析与传统线下教学模式相比的利与弊，进行总结。

3. 个别访谈法：通过对督导评估专家、相关教师、教务管理人员及学员进行访谈，了解线下现场教学督导的方式存在的问题与不足，并提出建议，为构建规范和合理的适合线上直播教学的督导模式提供借鉴。

4. 实验比较法：把育婴员培训分两个班，分别通过在线直播课堂与线下传统教学两种模式展开教学；根据两种不同教学模式的特点，积极探索在线下现场教学督导管理的基础上构建线上线下混合式督导管理的服务新模式，抓实抓细线上教育教学全过程。

二、技能培训网上直播课堂教学模式

（一）网上直播课堂的定义

网上直播课堂是指利用信息技术、信息资源、信息方法，把远端的教学内容、教学过程以视频的形式在教育培训平台上同步直播,从而实现超越教学时空、共享教学资源、完成预期教学任务的一种新型的教学模式。

(二)网上直播课堂的实施情况

职业技能培训有其自身的特点,主要是为了社会经济发展的需求以及学员自身就业的需要,对预备劳动力进行职业相关的基础理论教育、职业兴趣、实用技术、职业技能技巧训练的一种教育。在疫情期间,为响应政府号召,实现"停课不停学,停工不停训"的目标,中心尝试将线上直播课程应用于育婴员(国家职业资格五级)培训项目,充分发挥其交互性、个性化和共享性强的优势,更好地去调动学员的学习积极性和自主性。中心根据学员情况,分成两个班——实验班和对照班,非常时期实验班网上直播教学先开班。

网上直播教学运行至今,从课前的准备、提前邀请学员进入课堂到展开线上直播、签到考勤、网上答疑互动等环节都开展较好。

在教学过程中基本都能做到:提前下达本节课的教学任务、目标、提出学习的总体要求、根据授课内容精心准备教学资源(资料、视频),通过直播、视频等方式授课,指导学生进行练习、有操作部分内容的给学生留出时间练习,自拍视频传到微信群,教师结合学生学习情况再进行耐心细致的指导。一般情况,实操部分以教师自录视频进行动作示范、强化学生对动作、技法的准确掌握。将讲解—视频播放—结合视频学练—再讲解—督促学生反复练习,通过互动交流,实时了解学生掌握情况,由边讲边练、讲练结合的教学方法来巩固教学的重难点。做到教学内容准确、环节紧凑、教学效果良好。课后通过班级群指导学生完成课外作业来进一步复习巩固课堂内容。

网上直播整个教学过程如下图主要有教师的教学和学生的学习,以及教学管理部门实施监管三方组成的系列活动。

(三)网上直播教学实施效果分析

为加强直播课堂教学质量监控,中心在实施教学过程中对实验班学员进行了腾讯问卷调查,班主任通过网络发放了54份问卷收回54份。调查结果显示:98.1%的学员能满足网络和硬件条件,能够保证网上听课;46.4%的学员喜欢通过网上直播课堂进行学习;52%的学员会全程听课;出勤率更高或差不多的占到87%;40%左右的学员反映,学习效果较线下教学没有任何影响;教师的讲课速度、方式方法80%左右的学员都能接受、认可;77%的学员对教师的授课内容感兴趣;互动环节有50%以上的学员觉得线上教学模式效果最佳;作业与测验环节有近三分之一的学员觉得在直播教学中更好更方便。也有反映线上直播教学中存在不足的,如教师现

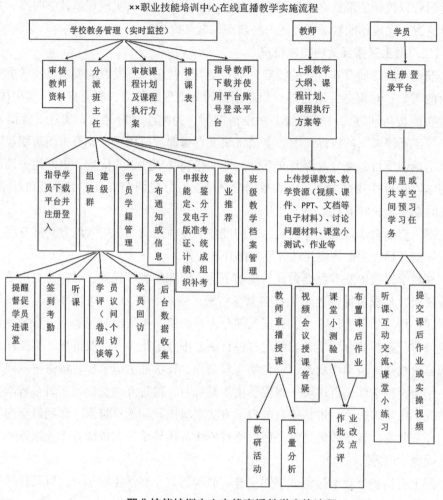

××职业技能培训中心在线直播教学实施流程

××职业技能培训中心在线直播教学实施流程

场指导不够、平台模块设计不够完善、某时间段网速慢等问题，有学员提出：希望直播互动部分教师重心放在课的重点难点上，有利于课后消化；有的希望每天上课时间以1.5小时为佳，时间太久引起视觉疲劳，效果不佳；等等。

（四）陈述网上直播教学模式的利与弊

根据学员反馈信息，网上直播教学较线下传统教学有以下几点优势：

1. 在中国的未来教育中有很大的推广空间。大部分学员具备参加直播课的条件，这与2020年的《中国互联网络发展状况统计报告》数据相吻合，也为后疫情时代网上直播教学的延续提供了依据。

2. 本班学员出勤率达86%以上，较以前传统线下教学要高很多。技能培训学员结构复杂，以成人为主，利用业余时间进行学习。网上直播课堂在时间上有更大的自由性，只要有网络覆盖，便可以通过手机、iPad、电脑等工具在线听课。这为工作日忙，难以抽出时间来校学习的在职学员或在校生，提供了方便。

3. 网上直播教学大大节约了中心的办学成本。教学不再受空间的限制，学员们再也不用困在一个固定的空间里，受人数和场地的限制，也不会因为人数多而影响听课效果，无论在家里、单位、车上，只要有网络的地方，学员就能接受同样高质量的授课，这也提高了学习的便捷性。当然，学校通常会把节约下的成本费用转投到平台建设和优秀师资的培养和储备上，来加强软件投资。

4. 直播课堂互动性强，反而拉近了师生间的心理距离。班里学员成年人居多，在线下教学中碰到上台模仿练习做游戏、唱儿歌、穿衣洗澡、喂药看病等环节的，需要与宝宝有丰富的表情、有抑扬顿挫声调丰富的语言交流时，许多学员就会恐惧、紧张，躲在小朋友后面不敢上台，就怕做错失面子。但在直播教学中，镜头前，许多学员反而敢说敢做了，还能自告奋勇积极自拍视频上传群里跟同学分享、讨论。所以远程教育克服了学员害羞、紧张的心理，锻炼了他们的心理素质。学员参与率提高，互动积极，课堂听课效率也大大提高。

5. 直播课堂教师通过平台布置课后作业，这是对教学内容的重要补充。针对本班学员在职的较多，因工作繁忙容易忽略复习已学的知识技能的情况，课后作业作为一项学习任务，间接地迫使学员对当天学习内容进行复习巩固。规定的时间内完成，教师进行批改并能及时在群里指导，以此来提高课堂教学目标的达成度。

6. 在开课的这个阶段，班里总有学员会请假或缺席的情况，网上直播课堂具有直播加录制的功能，学员可以利用空余时间，通过观看课程回放来进行补习，这较线下学校等于增加了一项服务。

以上几点情况是本班学员在本轮学习中的学习反馈，从教师的角度，开展直播教学以来，教师可以更好地借鉴和吸收先进的教育教学经验和管理模式，加快教师的专业成长，有利于提升教育教学水平。

直播教学的试行过程中，由于学员的学习基础、学习习惯存在很大的差异性，加上教师的一些主观因素，网络直播教学必然有它的缺点。比如学员上课签到，由于不能进行人脸识别或身份认证，很难辨别是否本人及控制听课时长。又如育婴员操作部分是教学难点，教师演示复杂的动作，在镜头下只能镜面示范，不能360度全方位地直播演示，导致学员在模仿练习中会缺角，动作不到位，不精确。还有育婴员操作部分要求准备的教具、实训设备比较多，直播教学中学员自备实训物品有

能量聚业 活力四燃
—— 以供给侧改革理念促进成人高校转型发展的探索与建树

难度，没有教具、设备就没有实习的氛围，没有动手操练，就无法真正掌握技术技能，教学目标很难实现。另外还有一点，按照人社局的3.0系统课时计划设置1.5小时2课时，一般学校排课相对集中以3小时来排，中间稍作休息。但网上直播长时间使用电子产品，容易引起视觉疲劳，影响视力，从而降低听课效果，等等。

通过以上几点分析，采用直播教学有好的方面也有不利因素，但总体是利大于弊，所以直播教学应用于技能培训中的可行性是毋庸置疑的，未来发展前景十分广阔，所以加强线上教学督导评价势在必行。学校可以把之前节约下的开班成本更好地投入到平台建设和优秀师资的培养和储备上，进一步加强软件投资。

三、基于网上直播课堂，新型教学督导模式探究

（一）教育督导的定义

教育督导是教育督导机关或人员依据国家的教育方针政策、法律法规对下级的教育工作进行监督、检查、评估、指导。2012年10月1日国务院实施颁布的《教育督导条例》更强调了教育督导的意义，细化了教育督导的实施办法。由行使督导职权的机构和人员受政府部门委托，依据国家相关政策和法规，对办学机构教育教学工作实施监督、检查、评估和指导。另一种定义，教育督导是学校为主动适应教学改革和发展的需要，为对接国家教育督导制度的内部质量管理制度，由学校内部对规范办学、教学质量监控实施自我监督和指导的一项制度。学校是教学监督的主体，重点是导，以督促导，以导为主，通过检查、反馈，指导，督促整改等一系列活动来完成，目的是进一步提升学校综合办学水平。

（二）某技能培训中心教育督导现状

该中心根据《教育督导条例》于2012年12月成立了教育督导小组，由教务处聘任区里资深的教育评估专家担任组长，组员有教务主任、教师代表等3—4人组成。由督导小组在上海市人力资源和社会保障局关于民办教育机构办学质量诚信等级评估的指标体系的基础上，制定了学校内部的教学督导管理实施办法。在组长领导下定期开展教育督导工作，主要对学校办学条件、学校管理、教育教学、教师发展、学生发展、满意度测评等方面进行线下现场教育督导与评估。

督导小组具体检查指标包括学校的教学组织与班级管理、教学管理制度和有关决策的贯彻落实情况、师资培养、科研、档案管理等及对课程教学内容、方法、手段、教材、考核评价等开展评估和指导。主要通过现场巡视、资料检查、师生问卷、座谈会等形式进行督查。

课堂教学和教学质量监控方面指标更细化，督导内容主要包括：课前研究教学

计划、大纲和教材，领会其精神，拟订授课计划，备好每一堂课；认真进行课堂教学；做好课后辅导工作；布置并批改课后作业和实训操作；认真进行实训指导；做好阶段性小测验及时了解学员的学习情况；积极参加教研活动和教革等。检查的侧重点也有4个方面：① 对纸质备课质量的检查侧重于教案的规范与齐备；② 对授课质量的检查侧重于任课教师对课程内容的组织、节奏、感染力，对理论表述的精确性、逻辑性、趣味性以及达到的课堂教学效果；③ 实训指导侧重于教师对专业设备操控的熟练程度；④ 测验审查主要侧重于检查题型、题量、完成程度、答案完备性等。也以现场听课、教学巡视、资料检查、访谈、问卷等方式来评价教师的教学水平、学员的学习效果等情况。

督导小组通过对以上内容的现场巡视和检查，对教学质量、教学秩序、教学管理、教学改革落实情况提出意见和建议，收集、分析、整理教学信息，汇总督导报告，反映教学工作中存在的问题，为学校决策部门提供数据参考。

（三）基于网上直播课堂，原线下现场教学督导模式存在的问题与不足

针对本次突发疫情，原来的线下课堂转为网上直播课堂，原线下现场教学督导主要局限在人工和纸质工作上，疫情期间无法正常进行，处在教学改革的试行期，如何抓好教育质量，是中心面对的新问题。育婴员五级作为线上直播教学的试点课程，如果采用原线下现场教学督导模式运行会存在哪些问题与不足呢？具体如下：

1. 办学条件方面：线下现场教学督导重在现场巡视检查学校环境、教学场地等。按照技能培训"一标准、两办法"要求教学场地要符合人均3平方米，而且每个班学员不得超过50人；教学设施设备要达到项目设置标准，实训工位要能满足每一位学员参与等。

2. 课前准备部分：对技能培训教材使用、教学大纲、课程讲义、资料、授课计划以及教师资质（理论和实训指导）等，包括课后的教师的教研活动、教学质量分析等各类会议，重在现场查阅纸质资料为主。

3. 在课堂教学部分，点名签到主要由班主任进行统计，对缺勤的学员以电话联系，提醒和了解缺席原因。教师的教学评价由督导小组现场随堂听课，检查教师语言技巧、仪表、教学方法、课堂组织形式、学习氛围等。对教师、班主任及学校管理满意度测评方面，通常采用现场个别访谈、座谈、问卷调查等方式来完成。这种方式的测评结果有时会比较主观。

4. 线下现场教学督导在资料累积、档案管理方面，以纸质资料为主。学校大大小小活动所形成的资料、教学资料等，全部打印成纸质存档。督导专家也以现场查看档案资料室、各门类档案资料归档的完整性为主。

以上陈述的几个方面是线下现场教学督导具体实施的几种方法，结合疫情阶段技能培训及线上直播教学的特点，有些方法与指标已经不能体现教育督导的实效性，已不适用于现在的教学模式。怎样利用现有的先进技术条件来进行更有效的教育反馈和教学评价呢？

4. 线上教学督导模式的探索与实践

在育婴员直播教学实施阶段，以线下督导为基础，结合平台的教务管理系统功能，利用数据分析，对学员的互动频度、出勤、教师的直播情况、教学资料、作业、在线测试、教师教研、满意度测评统计等开展线上教学督导，与线下督导取长补短，提高督导的科学性、先进性和实效性，更好地发挥督导评估的作用。

线上教学督导模式可行性分析：

（1）针对育婴员线上直播课特点，原线下学校环境、教学环境、设施设备等指标要求，线上督导侧重于直播教学环境清晰度、平台的建设、平台的稳定性、安全性、便捷性、资料的存储及教学辅助管理功能等。

（2）教学资料分课前准备和课中：主要通过平台的教务管理系统中收集数据和资料，教师课前把教学大纲、课程安排、教学方案及教学辅助资料上报至平台的共享空间。教务处做到及时审核上传的资料要符合教学大纲要求。审核通过上传至班级群或全员共享空间。班主任设立班级群，督促学员提前查看课程安排，了解教学目标，做好相关的预习工作。课中资料包括录播视频文件、文字资料或直播配套资料，内容要完整，要突出重难点等。

（3）签到考勤：教师发起直播就能看到学员签到上线人数，对未签到人员直接可以@本人，提醒或通知其进课堂，对出勤情况在直播界面能做到随时监控，如果谁掉线或离线平台会及时显示。但有一个缺点，教师直播看不见学员无法比对，除此之外，线上考勤更方便，更便于统计出勤率。

（4）听课评课环节：督导小组只要接受班主任邀请加入班级群就可以进入课堂听课，如果组织公开课教学，线上听课就比较容易了。对教师而言直播课的要求更高，每一节都是公共课。教师的仪表仪态、语言规范、课堂交互性和协作性都可以在课中体现，尤其是通过视频会议模式，可以看到屏幕前的每个学生，实时监督学生学习状态，有较好的互动效果。育婴员项目的操作性强，要求每个学生动手练习，动作要规范、对设备的使用熟练准确。线上督导侧重于教学互动次数与频率、教师的示范与指导、学生间的交流与点评。

（5）课后作业：教师在群任务栏直接布置作业。只要规定好时间段让学员把作业和操作视频上传至班级群或共享空间，教师就能及时批改和指导，直接都能在线上完成。督导小组检查学员作业及教师的批改情况更方便了。

（6）满意度测评：直播教学平台具有设置问卷的功能，督导小组或班主任采用线上设置调查问卷、发放并做统计，或者通过视频会议进行学生座谈会，只要添加好友就可以进行个人访谈等，操作起来更方便，测试效果更真实。

（7）教师教学研讨：通过视频会议模式直接进行，较线下不用受时间、空间和地域的限制，更便捷，频度高、效率高。

（8）档案资料实现无纸化管理。积极响应绿色环保行动，从教学督导信息、评估资料、教学档案资料开始试行电子化管理，这样便于及时对外公布，增加学校管理的透明度，方便师生对教学工作的监督，提高社会各方对学校办学质量的监督。

从以上八个方面对线上教学督导具体实施方法进行分析，可以看出线上教学督导可操作性较强。其实不同的教学模式有着不同的目标、程序和策略，督导评估的标准和方法各不相同，找到适合自己教学模式的评价方法才能更快更好地对教育教学工作做出公正的评价。但是目前线上直播教学模式运行不久，第三方平台建设还不够完善，完全采用线上教学督导模式还存在着许多问题。

四、完善线上教学督导模式的一些建议

通过实践，基于网上直播教学特点，采用线上教学督导评价，数据更真实，效果更好，不受时间和空间限制，更方便，效率更高。但由于平台建设问题，后台管理功能不够完善，采用线上教学督导还存在一些问题。比如，第一，签到考勤方面，教师在发起直播以后只能看到学员是否签到、上线，是不是本人是看不到的，如果后台能够增加学员人脸识别比对认证的功能，统计出勤效果就更好了。第二，按照人社局要求，需要有开班项目申请数据及批准资料，如果后台根据职业技能培训的特点开发具有人社局3.0系统的开班申请、教学计划录入、学员信息导入等模拟功能，就便于与市人社局督导评估指标接轨。第三，增加知识产权权限功能。在教师的选用和资质审核上，多数教师是不愿意把个人重要资料、身份信息上传至平台，就算放上去了资料真实性也不易被查验；所以建议增加每个教师或教学管理人员设置个人权限的功能，既保证了教师的知识产权安全，也保护了学校资料管理安全。第四，建议在后台的功能管理建立一个教育督导专栏，按督导要求进行分类建立子栏目，可以把平时的资料进行归类存放，随时做好迎接检查的准备。第五，需要加强教务管理人员、班主任的培训，要学会使用平台，提高线上信息处理的能力。

在学校教学过程中，教学督导工作不是一次性的，需要有效持续地进行，教学

督导模式也不是一成不变的，是随着教学改革的变化而变化的，选用科学合理的教学督导模式、建立完善的督导评价体系是为了更好地提高教学质量保驾护航。

　　文章在疫情背景下通过实际案例为依据，以育婴员培训作为网上直播教学试点课程，尝试采用线上教学督导评价方式对线上直播教学过程进行评估与指导。目的是更好地开展线上教学，保证教学质量。当前教育培训市场竞争激烈，学校唯有不断推进教学改革和创新，与时代同步，形成独具特色的教学模式、管理模式，使教学更具针对性和实效性，培养出更多的社会生产所需的技能型人才，才能在改革的浪潮中不被淘汰。

（上海市黄浦区业余大学　唐燕　胡永佳　陈永红　曹明珠）

图书在版编目（CIP）数据

能量聚业 活力四燃：以供给侧改革理念促进成人
高校转型发展的探索与建树 / 费秀壮主编 . — 上海：
文汇出版社，2022.6
ISBN 978 - 7 - 5496 - 3749 - 2

Ⅰ.①能…　Ⅱ.①费…　Ⅲ.①成人高等学校-发展-
研究　Ⅳ.①G724

中国版本图书馆CIP数据核字（2022）第088324号

能量聚业　活力四燃
——以供给侧改革理念促进成人高校转型发展的探索与建树

主　　编 / 费秀壮
策划编辑 / 张　涛
责任编辑 / 汪　黎
封面装帧 / 梁业礼

出 版 人 / 周伯军
出版发行 / 文匯出版社
　　　　　上海市威海路755号　（邮政编码：200041）
经　　销 / 全国新华书店
排　　版 / 南京展望文化发展有限公司
印刷装订 / 启东市人民印刷有限公司

版　　次 / 2022年6月第1版
印　　次 / 2022年6月第1次印刷
开　　本 / 787×1092　1/16
字　　数 / 300千字
印　　张 / 16.5

ISBN 978 - 7 - 5496 - 3749 - 2
定　　价 / 60.00元